应用型高等教育财经类专业“十三五”规划教材

物流与供应链管理

（第二版）

范碧霞　魏秀丽　主　编
饶　欣　徐　刚　副主编

上海财经大学出版社

图书在版编目(CIP)数据

物流与供应链管理/范碧霞,魏秀丽主编. —2版. —上海:上海财经大学出版社,2020.2

(应用型高等教育财经类专业“十三五”规划教材)

ISBN 978-7-5642-3431-7/F・3431

Ⅰ.①物… Ⅱ.①范…②魏… Ⅲ.①物流管理-高等学校-教材②供应链管理-高等学校-教材 Ⅳ.①F252.1

中国版本图书馆CIP数据核字(2019)第289020号

□ 责任编辑 江 玉

□ 封面设计 张克瑶

物流与供应链管理

(第二版)

范碧霞 魏秀丽 主 编

饶 欣 徐 刚 副主编

上海财经大学出版社出版发行

(上海市中山北一路369号 邮编200083)

网 址:http://www.sufep.com

电子邮箱:webmaster @ sufep.com

全国新华书店经销

上海华业装璜印刷厂印刷装订

2020年2月第2版 2024年7月第3次印刷

787mm×1092mm 1/16 15印张 384千字

印数:12 501—12 900 定价:45.00元

前　言

2014 年，国务院发布的《物流业发展中长期规划（2014—2020 年）》中指出：物流业是融合运输、仓储、货代、信息等产业的复合型服务业，是支撑国民经济发展的基础性、战略性产业。“十一五”特别是国务院印发《物流业调整和振兴规划》以来，我国物流业保持较快增长，服务能力显著提升，基础设施条件和政策环境明显改善，现代产业体系初步形成，物流业已成为国民经济的重要组成部分。加快发展现代物流业，对于促进产业结构调整、转变发展方式、提高国民经济竞争力和建设生态文明具有重要意义。

物流管理是指在社会再生产过程中，根据物质资料实体流动的规律，应用管理的基本原理和科学方法，对物流活动进行计划、组织、指挥、协调、控制和监督，使各项物流活动实现最佳的协调与配合，以降低物流成本，提高物流效率和经济效益。供应链管理是迄今为止企业物流发展的最高级形式，通过对供应链中物流资源和活动的有效整合与控制，实现整体价值最大化，现代物流与供应链管理已经成为企业管理及其决策中很重要的一个方面。

在这种背景下，为适应物流教育的需要，更好地培养物流专业人才，我们组织编写了《物流与供应链管理》一书。本书系统介绍了物流与供应链管理的基础概念和基本理论，全书内容共分 10 章，内容包括：现代物流管理概论，供应链管理概论，物流系统，运输管理，仓储管理与库存控制，配送管理，包装、装卸搬运与流通加工，物流信息技术，物流成本管理，物流与供应链管理的未来发展。

全书的内容体系由范碧霞确定，编写人员有范碧霞、饶欣、魏秀丽、徐刚、王靖。其中，范碧霞编写第 3、4、5、6、9、10 章，饶欣和徐刚共同编写第 2 章，魏秀丽编写第 1、7 章，王靖编写第 8 章。全书由范碧霞统稿并担任主编。

本书重点突出，内容丰富，既有理论分析，又有实践探讨，图表翔实，不但分析了物流的各大功能，还对物流成本、物联网、绿色物流等热点进行了阐述，并在每章后增加了“读一读”环节，尽可能地吸纳近几年的新理论和新方法，引导学生掌握本领域的前沿理论和知识。

向本书所引用或参考的文献和图书的所有作者表示敬意和感谢！

由于作者编写水平有限，书中难免疏漏，我们衷心希望读者予以指正，以利于我们水平的提高和共同促进现代物流管理研究的发展。

范碧霞

2019 年 8 月

目　录

第 1 章　现代物流管理概论

【学习目标】

- 了解物流的产生和发展过程；
- 掌握物流的概念、分类及物流的构成要素；
- 熟悉现代物流管理的相关内容；
- 理解物流与流通的关系；
- 掌握物流学科的主要观点和学说。

【引导案例】

“叶城的石榴人人夸，库尔勒的香梨甲天下……”凭借特有的光热条件，新疆成为我国的“西域大果盘”。只是早年受制于地理位置和交通，新疆水果外销量少价高。近年来，电子商务在新疆快速发展，物流逐渐通达，消费者可以更便捷地买到质优价廉的新疆特产了。

“我的脑子像是突然被打开了一样。”新疆尉犁县达西村村民吐尔逊·卡德尔这样形容电子商务培训班给他的收获。达西村组织的培训，让这个世代以种地为主的维吾尔族农民发现了“新的致富路”。

如今，电子商务和现代物流正在改变这个位于中国最长内陆河塔里木河边缘的小村庄。达西村党支部书记沙吾尔·芒力克说，达西电子商务创业基地已入驻电商 86 家，开展培训 62 期，培训 8 000 余人次，许多不懂汉语的维吾尔族村民也开始融入电商热潮中。

2009 年以来，新疆启动了特色林果产品“走出去”战略，先后在北京、上海、广州、武汉、长春、成都建起了 6 个自治区一级营销平台，并辐射带动华北、华东、华南、华中、东北、西南地区市场，销售网点、物流触角向二三线城市延伸。

新疆水果的畅销是物流改变经济地理的一个缩影。以往的偏远地区、农村地区，在高效物流的连接和电商的带动之下，一跃成为各种商品产销的热土。

（资料来源：半月谈网. http://www. banyuetan. org/chcontent/jrt/20161226/216686. shtml.）

思考：

生活中的哪一刻，让你觉得物流改变了我们的生活？

1.1 现代物流概述

1.1.1 “物流”的产生和发展

(1)物流的产生

物流的产生历史悠久,自从有了人类,物流这种形态就存在于人类社会之中。但是,由于人类初期的生产力低下,这一阶段的物流组织处于原始状态。物流概念是在社会经济高度发展条件下才出现的,即市场经济发展的产物。大机器生产的出现,大大提高了社会劳动生产率。但是从整个社会看,总的产品数量还很有限,一般来说,产品生产出来总可以分销出去。所以,人们的注意力都放在怎样改进生产技术,多生产产品,而不必过多担心产品分销不出去,进而也就不关心分销及其运输成本和效益,因而也不会产生物流的概念。

现代物流最早出现于20世纪初的美国,被称为“physical distribution”(PD),即“实物分配”或“货物配送”。当时西方国家已开始出现生产大量过剩、需求严重不足的经济危机,迫切需要解决商品的销售和物资流通的问题。20世纪初,在一些经济发达国家,其生产力发展到较高的水平,社会总产品数量达到比较饱和的程度,社会总需求也相应有较大程度的增长,市场竞争激烈,企业生产出来的产品不一定都能分销出去,而且再靠提高生产技术已经有一定难度。这时,人们不得不关心分销工作,希望通过分销来打开市场,这样一来,降低分销成本、提高分销经济效益就成为企业关注的大事。由此,人们才逐渐关注分销物流,物流的概念也开始出现萌芽。

在这种背景下,1915年美国市场营销学创始人阿奇·萧(Arch Shaw)在《市场流通中的若干问题》一书中提出“物流是与创造需要不同的一个问题”,并提到“物资经过时间或空间的转移,会产生附加价值”。在这里,时间和空间的转移指的就是销售过程的物流。这就是最早的物流概念,其实质是“分销物流”。

1918年,英国犹尼里佛的利费哈姆勋爵成立了即时送货股份有限公司。其公司的宗旨是在全国范围内把商品及时送到批发商、零售商以及用户的手中,这一举动被一些物流学者誉为有关“物流活动的早期文献记载”。

20世纪30年代初,在一些关于市场营销的基础教科书中,开始涉及物流运输、物资储存等业务的实物供应(physical supply)这一名词,书中将市场营销定义为“影响产品所有权转移和产品的实物流通活动”。这里所说的所有权转移是指商流,实物流通是指物流。

第二次世界大战中,针对战争中的物资供应,美国提出了“logistics”的概念,其原意为“后勤”,也就是所谓的“军事后勤学”,指将战时的物资生产、采购、运输、配给等活动作为一个整体统一部署,使战略物资补给的费用更低、速度更快、服务更好。随后,企业开始广泛应用“后勤”的概念,它同时包含了生产过程和流通过程的物流管理。

第二次世界大战后,发达国家的经济进一步发展,生产力水平进一步提高,需求规模进一步扩大,市场竞争进一步加剧,于是社会进入了大量生产、大量销售时期。这时候,为了进一步扩大市场占有率、降低流通成本,企业和社会就更加关注物流,使得物流的概念更为系统化、普遍化。

20世纪80年代末,人们对物流的概念有了较全面深刻的认识,认为原来的 physical distribution 作为物流的概念,已经不够确切,因为它只描述分销物流,而实际上物流不仅包括分销物流,而且还包括购进物流、生产(制造)物流、回收物流、废弃物流、再生物流等。应该说,这是一个闭环的全过程,就像军事后勤管理(logistics management)所包含的内容一样广泛,于是在 80 年代末 90 年代初期,人们逐渐正式把"logistics"作为物流的概念。此后,logistics 逐渐取代 physical distribution,成为物流的概念和英文名词,这也是物流科学走向成熟的标志。

(2)世界物流发展阶段

根据物流实践的内容、应用技术、实现手段和方式特点等,物流活动的发展可分为两大发展阶段。其中,20 世纪 80 年代中期可以作为发展阶段的标志。

①传统物流阶段

传统物流以手工作业、机械作业为主,重视物流的各项功能。从物流整体发展过程分析,初级物流时间阶段为 20 世纪 40 年代末至 80 年代中期,其中还可以进一步划分为若干时期,其主要特点是专业化、机械化发展,以提高运输、仓储、配送、外购等各种物流环节的效率、效益为重点。

②现代物流阶段

现代物流以电子信息技术为基础,注重服务、人员、技术、信息和管理的综合集成,是现代生产方式、现代管理手段、电子信息技术相结合在物流领域中的体现。同一物流活动中,各运作主体依托电子信息技术,使物流活动能有效地在企业内部、多企业之间、区域、全国乃至国际上展开经营活动。现代物流是在现代技术(如电子信息技术、准时制、计算机集成制造系统等)与现代经营管理(如市场营销、战略管理、全面质量管理等)相互促进的过程中发展起来的,也可以说是现代技术、电子信息技术和现代管理理论综合应用的产物。

1.1.2　物流的概念及特点

(1)物流的概念

物流的定义并不是永恒不变的,目前关于物流的定义只是站在当前的视角对当前的物流做出的定义,物流概念也会随着经济和社会生产各方面的发展而不断发展。

①distribution 分配阶段

直至 20 世纪 80 年代初,各国给定的物流定义都是基于"physical distribution"作出的。

1935 年,美国销售协会(American Marketing Association,AMA)对物流的定义为:"物流(physical distribution)是包含于销售之中的物质资料和服务从生产地点到消费地点流动过程中伴随的种种活动。"

1963 年,刚刚引入物流概念的日本给出的定义是:"在连续生产和消费的过程中对物质履行保管、运输、装卸、包装、加工以及信息等功能,它在物质销售中起到了桥梁作用。"

②logistics 阶段

自 20 世纪 80 年代起,物流已不再是"物"和"流"单纯的有机组合,而是从后勤保障系统演变到现代物流。

1981 年,日本综合研究所编著的《物流手册》对物流的定义是:"物质从供给者向需要者的物理性移动,是创造时间性、场所性价值的经济活动。"

1986 年,美国物流管理协会的英文名称也由"National Council of Physical Distribution Management"(简称 NCPDM)改为"The Council of Logistics Management"(简称 CLM),理由是 physical distribution 概念的领域狭窄,而 logistics management 概念较宽广、连贯、具有整

体性。改名后的美国物流协会(CLM)对 logistics 的定义为,以满足顾客的需要为目的,有效率地、有效益地对原材料、在制品、制成品与其相关联的信息从产地到消费地的流通与保管进行计划、执行和控制。

我国于 20 世纪 80 年代初引入"物流"一词时就已是"logistics"的概念了。1979 年 6 月,中国物资工作者代表团赴日本参加第三届国际物流会议,回国后在考察报告中第一次引用和使用"物流"这一术语。

在中华人民共和国国家标准《物流术语》(GB/T 18354-2006)中,物流的定义为:物品从供应地向接收地的实体流动过程,根据实际需要,将运输、储存、装卸、搬运、包装、流通加工、配送、信息处理等基本功能实施有机结合。该定义从两个角度对物流概念进行了概括:一是从物流的表观现象角度客观地表述物流活动的过程和状态;二是从管理角度表述物流活动的具体工作内容以及对这些工作进行系统的管理。该定义的前半部分内容明确指出了物流的特定范围,起点是"供应地",终点是"接收地",只要符合这个条件的实体流动过程都可以看成是物流,这充分表达了物流的广泛性。该定义的后半部分内容明确指出了物流所包含的功能要素,实现这些功能要素的措施是"有机结合"。因此,物流是系统化的产物,也需要"管理"。

(2)物流的特点

在物流产业蓬勃发展的今天,人们对现代物流的理解存在很多偏差。有人认为,现代物流就是送货上门的服务,就是建立拥有先进存储设施的产品分销中心,就是对传统贸易方式下的有形市场作进一步发展。事实上,真正的现代物流是要以虚拟市场取代有形市场,要压缩有形的仓储设施和商品分销中心,要精简和简化分销网络,随着社会经济的发展,现代物流也呈现出多样化的特征。

①技术信息化

21 世纪人类社会已经进入了信息时代,信息技术特别是电子数据交换技术和网络技术的应用对物流技术的发展产生了深远的影响。无论是在时间上,还是在空间上,都极大地缩短了物流活动的运作范围,使得物流活动更加快速、更为有效。物流信息化主要包括:物流信息收集的数据库化和代码化、物流信息处理的计算机化和自动化、物流信息传递的标准化和实时化、物流信息存储的数字化、运输网络和营销网络的合理化、物流中心管理的电子化及物品条码技术应用带来的产品数字化,等等。可以说,信息化是物流业发展的助推器,是现代物流发展的基础,也是现代物流最基本的特征。

②组织网络化

网络化以物流的信息化为基础,一般包括组织的网络化和计算机信息通信的网络化。高效的物流网络为物流系统各环节的顺畅运作提供了必要的保障。例如,为了向客户提供更便捷、更安全的服务,顺丰速运网络全部采用自建、自营的方式。经过十几年的发展,顺丰已经拥有 6 万多名员工和 4 000 多台自有营运车辆、30 多家一级分公司、2 000 多个自建的营业网点,服务网络覆盖 20 多个省、直辖市和 100 多个地级市。

③物流系统化

所谓物流系统化,就是将物流的诸环节(子系统)有机地结合起来,看作一个物流大系统,进行整体设计和管理,通过统筹协调、合理规划,以最佳的结构、最好的配合、合理的组织,充分发挥物流的综合效益及总体优势。物流系统化的核心与关键是物流的整合,而这也是实现物流系统化的根本途径。通过整合物流,不但有利于降低成本,更好地挖掘"第三利润源",还可以提高物流的效率,更加合理地配置和利用物流资源。现代物流从系统的角度统筹规划整体的各种物流活动，力求整体活动的最优化。

④作业标准化

物流作业标准化是物流现代化的基础，是物流现代化管理的必要条件和重要体现。没有物流标准化，就会出现物流设施不规范、物流信息不一致、物流作业流程不统一，从而致使物资流通以及信息交换不顺畅、流通费用增加、流通速度减慢，也就影响了整个供应链顺利运作。物流标准化已受到全球的普遍重视，各国制定的本国物流标准要与国际物流标准化相一致，否则会加大其国际交往的技术难度，增加对外贸易的成本。

※ 链接：

围绕着物流标准化，相关政府部门、相关企业以及专家学者均有不同的看法。然而，在这些"不同"之下，其实都离不开三个共同的关键词，那就是："很重要""很艰难"，以及"很期待"！

"很重要"，是从物流标准化的意义上而言的。物流标准化是物流产业发展的基础，其重要意义不言而喻。就企业的运营层次而言，物流标准化不仅是促进企业完成现代化管理的重要手段和基础，同时，它还对降低物流成本、提高物流效益具有重大的决定性意义。

以实现托盘的标准化为例：据 1 号店仓储运营高级物流总监郭金留提供的数据显示，一辆 12.5 米厢式卡车散货运输时装卸时间约为 3～4 小时，而实现标准托盘共用后，装卸时间可缩短至约 20～30 分钟，装卸效率可提高 90%，货品破损率也可降低 50%。不仅如此，托盘的标准化同时可以促使企业以租赁代替自行购买，使平均使用成本降低 18%。这对企业的市场竞争力和物流行业的长期发展而言均至关重要。

"很艰难"，是从物流标准化的推广和实施上而言的。"拥有合适的标准"和"合理的实施标准"是实现物流标准化的两个基本条件。遗憾的是，这两个条件在我国现有环境下的状况都不尽人意，从而导致物流标准化的推广与实施艰难异常。

仍以托盘标准化为例。目前大部分使用托盘的企业都是自行购置，托盘是企业的固定资产，如果要更换成统一的标准，一些企业甚至整个行业就得必须重新购置或租赁新的托盘，除此之外，由于配套的仓库、货架、叉车甚至流水线等可能都与托盘相互关联，这就要求企业必须更新所有相关配套设施，成本巨大，大多数企业不愿意，也难以承受。

"很期待"，是政府、企业、社会对我国物流标准化实施的共同愿望。"期待"有两层含义：一是因有益而期盼，物流标准化对社会、企业而言均有不可估量的重要意义，各相关方面均期待实现标准化后所带来的收益；二是因暂未实现而期盼和努力，我国的物流发展水平相比发达国家而言仍有较大差距，物流标准化方面的工作仍然困难重重。

（资料来源：中国物流生产力促进会. 推广实施艰难，中国物流标准化路在何方[EB/OL]. 2015—01—29.）

⑤运行社会化

物流运行社会化的产生是生产社会化的必然，随着社会化大生产的发展，流通的规模越来越大，也越来越复杂。大规模的流通已经超越了生产企业本身的能力，急需社会化物流来解决其自身的产品流通问题。简单地说，物流社会化就是指推进流通代理制，将社会物流网点集中组织，形成规模效应，从而减轻和分担企业的供应和销售压力。这将极大地节约物流费用和社会流动资金，既提高经济效益，又提高社会效益，不仅满足企业对流通社会化的要求，同时又为企业的物流活动提供社会保障。

⑥手段现代化

世界上最先进的物流系统已经在运用GPS(全球卫星定位系统)、卫星通信、射频识别装置、机器人等现代技术,实现了自动化、机械化、无纸化和智能化。同时,通过采用ERP(企业资源计划)系统,企业对库存与运输的控制能力已大大增强。利用各种自动化技术,物资在分类、配送、库存管理、计量等活动中实现无人自动化控制,极大地提高了物流作业的能力,减少了物流作业的差错。自动化设施的种类有很多,如自动分拣系统、自动存取系统、自动化立体仓库、自动定位系统、货物自动跟踪系统、条码/射频自动识别系统等。所有这些充分发挥了机电一体化的作用,大大提高了劳动生产率。

⑦服务个性化

随着经济的发展,人们的需求也发生了变化,更倾向于个性化。为了适应消费需求的变化,生产方式逐渐向多品种、小批量、灵活多变的方向转化。国际制造业也都纷纷推出各种柔性化发展的概念及技术,例如柔性制造系统(flexible manufacturing system,FMS)、敏捷制造(agile manufacturing,AM)、企业资源计划(enterprise resource planning,ERP)、供应链管理、计算机集成制造系统(computer integrated manufacturing system,CIMS)等。通过这些来实行柔性化生产,并灵活地组织和安排物流活动,以适应消费需求的“多品种、小批量、多批次、短周期”等个性化要求。

⑧反应快速化

快速反应是物流管理的目标之一。快速反应是指物流企业对客户的服务需求迅速作出回应的过程。信息技术的进步为物流企业提高反应速度、压缩服务时间提供了技术支持。目前,物流企业提高自身快速反应能力的工作重点已不再是如何提高预测的准确性,通过准确的预测与适度的准备来迅速满足客户,而是要通过建立合理的运作模式和反应机制来迅速回应客户需求。

1.1.3 物流要素

物流首先来源于商品交换活动,来源于买卖活动,即来源于商流。但是,仅仅完成买卖活动以实现商品所有权的转移,并没有结束商品流通过程。卖方还需要将商品交付给买方。商品从卖方到买方的场所转移,或者说商品从其生产地到消费地的实体运动过程,即是物流过程。它包括运输、保管、装卸搬运、包装、流通加工、配送、包装物和废品回收以及与其相联系的物流信息等各种活动。这些活动构成物流过程的组成要素。

上述这些物流活动在社会再生产过程中所处的中介地位以及促进和制约生产的作用,随着生产社会化程度的发展,将愈加显著和重要。显然,这些物流活动构成的物流要素,不仅具有各自的功能,而且又是相互联系的,因此,亦称之为物流的基本功能。

(1)运输

在社会分工和商品生产条件下,企业生产的产品作为商品销售给其他企业使用,但商品生产者与其消费者在空间距离上常是相互分离的。运输的功能就在于完成商品在空间的实体转移,克服商品生产者(或供给者)与消费者(或需求者)之间的空间距离,创造商品的空间效用。

运输是物流的核心环节,不论是企业的输入物流或者输出物流,都依靠运输来实现商品的空间转移。可以说,没有运输也就没有物流。

(2)储存保管

产品的生产完成时间与其消费时间总有一段时间间隔,特别是季节性生产和季节性消费的产品尤为显著。此外，为了保证再生产过程的顺利进行，也需要在供、产、销各个环节中保持一定的储备。保管的功能就是将商品的使用价值和价值保存起来，克服商品生产与消费在时间上的差异，创造商品的时间效用。保管是物流的主要功能之一，它包括储存、管理、保养、维护等活动。为保管商品，需要在流通领域中建立相应的仓库设施，采取相应的保管方法和保养技术，以便完好地保存商品的使用价值和价值。

(3)装卸搬运

装卸搬运是随运输和保管而产生的必要物流活动，是对运输、保管、包装、流通加工等物流活动进行衔接的中间环节，包括装车(船)、卸车(船)、堆垛、入库、出库以及连接以上各项活动的短程搬运。对装卸搬运活动的管理，主要是对装卸搬运方式的选择、装卸搬运机械的选择、合理配置与使用以及装卸搬运合理化，尽可能保证商品在装卸搬运过程中完整无损，以免造成损失。

(4)包装

为保证商品完好地运送到消费者那里，大多数商品都需要进行不同方式、不同程度的包装。因此，包装形式和包装方法的选择，包装单位的确定，包装形态、大小、材料、重量等的设计以及包装的标记、标志的设计等，都是物流的功能。

(5)流通加工

流通加工是在物品从生产者向消费者流动的过程中，为了促进销售，满足用户需要，维护产品质量和实现物流效率化，对物品进行的辅助性的加工，使物品发生物理或化学变化的功能。这种流通加工活动，不仅存在于社会流通过程中，也存在于工厂内部的物流过程中，以便使流通过程更加合理化，这是现代物流发展的一个重要趋势。

(6)配送

配送是物流进入最终阶段，以配货、送货形式最终完成社会物流，并最终实现资源配置的活动。配送活动过去一直被看作是运输活动中的一个组成部分或运输形式，所以未将其独立出来作为物流系统实现的功能，而是将其作为运输中的末端运输对待。但是，配送作为一种现代流通方式，特别是在现代物流中的作用非常突出，它集经营、服务、集中库存、分拣和装卸搬运于一体，已不是简单的送货运输，所以，在现代物流中已将其作为独立的功能来看待。

(7)物流信息

在物流过程中，伴随着物流的进行，产生大量的、反映物流过程的关于输入、输出物流的结构、流向与流量、库存动态、物流费用、市场情报等信息并不断传输和反馈，形成物流信息。同时，应用电子计算机进行加工处理，获得实用的物流信息，这将有利于及时了解和掌握物流动态，协调各物流环节，有效地组织好物流活动。

为了实现物流合理化，必须对物流进行整体系统管理，这对改进服务质量、促进生产和销售、降低库存和物流费用水平、提高社会效益和企业经济效益等方面都具有重要的作用。

1.1.4　物流的分类

由于物流对象、物流目的、物流范围及范畴不同，形成了不同的物流类型，如宏观物流和微观物流，社会物流和企业物流，国际物流和区域物流，一般物流和特殊物流等。

(1)按物流的层次分类

①宏观物流

宏观物流是指社会再生产总体的物流活动。这种物流活动的参与者构成社会总体的大产业和大集团。宏观物流研究社会再生产的总体物流，研究产业式集团的物流活动和物流行为，具有综观性和全局性。

在人们常提出的物流活动中，社会物流、国民经济物流和国际物流应属于宏观物流。主要研究的内容是物流总体构成、物流与社会的关系在社会中的地位、物流与经济发展的关系、社会物流系统和国际物流系统的建立与运作等。

②微观物流

微观物流是指生产者、销售者、消费者从事的实际的、具体的物流活动，如在整个物流活动之中的一个局部、一个环节的具体物流任务，在一个地域空间发生的具体物流任务，针对某一种具体产品所进行的物流活动。企业物流、生产物流、供应物流、销售物流、回收物流、废弃物流、生活物流等都属于微观物流。

(2)按物流的社会范畴分类

①社会物流

社会物流是指以社会为范畴、面向社会为目的的物流，其活动范畴是社会经济的大领域，研究社会再生产过程中的物流活动、国民经济中的物流互动、社会物流体系结构和运行等，带有综观性和广泛性。

②企业物流

企业物流是从企业角度研究与之有关的物流活动，是具体的、微观的物流活动的典型领域。按照物流活动在企业中所起的作用不同，企业物流又可分为不同类型的物流活动。

● 供应物流

生产企业、流通企业购入原料或辅助材料、零部件、燃料的物流过程称为供应物流，即物资资料生产者或所有者到使用者之间的物流。企业供应物流的目标不仅是保证供应，而且还要保证以最低成本、最小消耗来组织物流活动。因此，企业供应物流对企业正常生产、效益提高起着很重要的作用。

● 生产物流

从工厂的原料或辅助材料、零部件入库起，直到从成品库发送成品为止的全过程称为生产物流。生产物流与生产流程同步，原料或辅助材料、零部件等按照工艺流程在各个加工点之间移动、流转，形成了生产物流。研究企业生产物流的目的就是要缩短生产周期、杜绝生产浪费、节约劳动成本等。

● 销售物流

它是企业为了保证自身的经营效益，伴随着销售物流活动，将产品所有权转移给用户的物流活动。现代市场环境是一个完全的买方市场，通过销售物流活动满足买方需求，最终实现销售。

● 废弃物物流

它是企业对生产和流通过程中所产生的无用的废弃物进行运输、装卸、处理等的物流活动。虽然废弃物物流对企业没有直接的经济效益，但具有重要的影响作用。

● 回收物流

企业在生产、供应、销售的活动中会产生各种边角余料、废料、包装废弃物，需要回收并加以利用。这种分类回收和再加工就属于回收物流。

(3)按物流区域的空间范围分类

①国际物流

国际物流是现代物流系统发展很快、规模很大的一个物流领域，是伴随国际投资、贸易活动和其他国际交流所发生的，是不同国家之间的物流活动。它是国内物流的延伸和进一步扩展，是跨国界的、流通范围扩大的物的流通，是国际贸易的必然组成部分。国际物流是随着国际经济大协作，工业生产社会化和国际化的发展而产生的，跨国公司的发展使得一个企业的经济活动范畴可以遍布各国，国家之间原材料与产品的流通业随之发达。

②国内物流

相对于国际物流而言，国内物流是发生在一个国家范围内的物流活动。由于国家的权威性和独立性，政府在一国领土内拥有毋庸置疑的政治、经济控制力，国内物流活动处于同一法律、规章、制度下，加上受相同文化及社会因素的影响，各地经济发展水平比较接近，企业处于基本相同的科技水平和装备水平中，因而各国物流往往有其自身的特点。研究各个国家的物流，找出其区别与差异所在，找出其连接点和共同因素，是研究国际物流的重要基础。

③区域物流

区域物流是指一个国家、一个城市或一个经济区域内的物流。按行政区域划分，如北京、上海、西安、香港等区域物流；按经济圈划分，如京津地区物流、长江三角洲物流、珠江三角洲物流、东北地区物流、西部地区物流等。这种物流对提高该地区企业物流活动的效率有着重要的作用。

(4)按物流活动的对象分类

①一般物流

一般物流是指具有共同点的一般性的物流活动。这种物流系统的建立、物流活动的开展具有普遍的适应性。一般物流的研究重点是物流的一般规律、普遍方法，普遍适用的物流标准化系统，共同功能要素，物流与其他系统结合、衔接，物流信息系统及管理系统等内容。

②特殊物流

特殊物流活动的产生是社会分工深化、物流活动合理化和精细化的产物。专门范围、专门领域以及特殊行业，在遵循一般物流规律的基础上，带有特殊制约的因素，从而形成特殊物流，如特殊应用领域、特殊管理方式、特殊劳动对象、特殊机械装备特点的物流，都属于特殊物流范围。特殊物流的研究对推动现代化物流的发展作用也很大。特殊物流可进一步细分为以下几种形式：

按劳动对象的特殊性，可划分为水泥物流、石油及油品物流、煤炭物流、腐蚀化学物品物流、危险品物流、活体物流、食品物流、废弃物物流、军事物流等。

按货物数量及特征，可划分为大批量、大数量物流，多品种、小批量、多批次产品物流，超大、重、长型物物流等。

按服务方式及服务水平，可划分为“门到门”的一贯物流、快递物流、精益物流、加工物流、冷链、配送等。

按货物及包装物流技术，可划分为集装箱物流、托盘物流、散装物流、绿色物流、航空快运、内河水运、远洋海运等。

1.1.5　物流的地位及作用

(1)物流在国民经济中的地位

①物流是国民经济的动脉，是连接国民经济各个部分的纽带

任何一个国家的经济都是由众多的产业、部门和企业组成的整体。然而，它们分布在不同地区，又属于不同的所有者，它们之间相互供应产品，包括用于双方生产的生产资料和用于生

活消费的生活资料。既相互依赖又相互竞争,使企业间形成了极其复杂的关系。物流则是维系这种复杂关系的纽带。随着科学技术的发展和新技术革命的兴起,国民经济发生了经济结构、产业结构、消费结构方面的一系列变化。物流把国民经济中众多的企业、复杂多变的产业结构以及成千上万种产品连接起来形成一个整体,它起到的作用就如同人体上的动脉系统。

②物流技术的进步与发展是决定国民经济生产规模和产业结构变化的重要因素

我国社会主义市场经济和商品生产的发展,要求生产社会化、专业化、规范化。但是,如果没有物流技术的进步和发展,这些要求是很难实现的。例如,煤炭、石油、钢铁、水泥的大量生产和大量消费要求运输业高速发展来与之适应。肉类、蔬菜、水果等农副产品的规模化生产使原来低水平的物流技术不能满足流通的要求,而先进的储存、保管、包装、运输技术对推动农业、食品工业的发展无疑会起到促进作用。总之,物流技术的发展,从根本上改变了产品的生产和消费条件,为经济发展创造了重要前提。而且,随着现代科学技术的发展,物流对生产发展的这种制约作用也就越明显。

③物流是生产过程不断进行的前提,又是实现商品流通的物质基础

国民经济是一个不断生产、消费的循环过程。一个企业的生产要不间断地进行,一方面必须按照生产所需要的数量、质量、品种、规格和时间不间断地供给原材料、燃料、工具和设备等生产资料,另一方面又必须把自己生产的产品供应给其他企业。这就是说,物流是保证物质资料不间断地流入生产企业,又是生产企业生产的产品不间断地流向国民经济各部门的保证。当然,在生产企业内部,各种物质资料在各个生产场所和工序间的相继传送,是保证生产顺利进行的前提条件。

商品流通是商流与物流的有机结合,没有物流就无法完成商品的流通过程。物流能力的大小,包括运输、装卸、包装、储存等能力的大小,直接决定着商品流通的规模和速度,也影响着流通的深度和广度。要达到"货畅其流",物流是其坚实的基础。

(2)物流的作用

①物流是实现商品价值和使用价值的条件

无论是生产资料商品还是生活资料商品,在其设备进入生产性消费和生活消费之前,其价值和使用价值始终是潜在的。为了能把这种潜在变为现实,物资必须借助其实物运动即物流来得以实现。物流是实现商品价值和使用价值的条件。

从生产资料的物流来看,物流具有将生产资料按质、按量、及时、齐备、均衡地供应给生产单位的功能。它是保证生产顺利进行并迅速发展的条件。任何生产过程都是以获得必要的生产资料并使之与劳动者相结合而开始的。社会再生产中简单再生产补偿资金和扩大再生产积累资金的实现,也必须依靠物流来完成。生产资料物流畅通与否将直接影响生产能否顺利进行。物流的合理组织能按照生产的需要及时为生产提供劳动资料和劳动对象,从而促进生产的迅速发展。

从生活资料的物流来看,国民收入中的消费资金能否最终实现,还要取决于物流的畅通。消费资金最终都要转化为实物。物流一方面能有效地促进资金的周转、货币的回笼,另一方面又不断地满足消费者对生活资料的需求。

②合理的物流对提高全社会的经济效益起着十分重要的作用

所谓经济效益,一般是指各种社会实践活动劳动占用和物质消耗有效性的评价。

合理的物流能够节约大量的社会资源。在物流过程中,总是伴随着物质资料的消耗和占用。合理的物流不仅可以减少物资在各个流通环节中的损耗,而且可以使生产企业在物资的

综合利用、节约代用、加工改制等方面起到促进作用，从而使有限的物资发挥更大的效用。

合理的物流，对于消除迂回、相向、过远等不合理运输，节约运力具有重要作用。没有实物运输，便没有实物消费。但是只有必要的、合理的运输才是有益的。一切不合理的运输都会延长物资的运输时间，增大在途物资的数量，这无疑是一种浪费。

合理的物流，可以减少库存，加速周转，更充分地发挥现有物资的效用。物资的储存应在满足消费的前提下，储量越少越好。这是因为在物资资源量既定的情况下，停留在流通过程的物资越多，停留的时间越长，意味着投入消费的物资越少。同时，储存在仓库的物资或多或少地都要受到价值损失的威胁，都要不同程度地发生物质磨损。合理的物流会使这种损失下降到最小的限度。

物流在装卸、加工、包装诸方面对提高社会经济效益的作用也是显而易见的，在此不一一而论。

1.2　现代物流管理理论

1.2.1　现代物流管理的概念

现代物流管理，从宏观上来讲就是运用管理的基本原理和方法，以物流系统为研究对象，研究现代物流活动中的技术问题和经济问题，以实现物流系统最佳经济效益。从微观上讲，现代物流管理就是运用计划、组织、控制三大管理职能，借助现代物流理念和现代物流技术，通过运输、搬运、储存、保管、包装、装卸、流通加工和物流信息处理等物流基本活动，对物流系统各要素进行有效组织和优化配置，来解决物流系统中供需之间存在的时间、空间、数量、品种、价格等方面的矛盾，为物流系统各类客户提供满足要求的物流服务。

1.2.2　现代物流管理的层次

从企业经营的角度讲，物流管理是以企业的物流活动为对象，为了以最低的成本向用户提供满意的物流服务，对物流活动进行的计划、组织、协调和控制。根据企业物流活动的特点，企业物流管理可以从三个层次展开：

(1)物流战略管理

企业物流战略管理就是站在企业长远发展的立场上，就企业物流的发展目标、物流在企业经营中的战略定位、物流服务水准以及物流服务内容等问题作出整体规划。

(2)物流系统设计与运营管理

企业物流战略确定以后，为了实施战略必须要有一套得力的实施手段或工具，即物流运作系统。作为物流战略制定后的下一个实施阶段，物流系统设计与运营管理的任务是设计物流系统和物流能力，对物流系统运营进行监控，并根据需要调整系统。

(3)物流作业管理

根据业务需求，制订物流作业计划，按照计划要求对物流作业活动进行现场监督和指导，并对物流作业的质量进行监控。

1.2.3 现代物流管理的内容

现代物流管理的主要内容包括：

(1)物流基本活动管理

包括运输管理、搬运管理、储存管理、保管管理、包装管理、装卸管理、流通加工管理、配送管理和物流信息管理等。

(2)物流基本职能管理

包括物流战略管理、物流计划管理、物流组织管理、物流运行监控等。

(3)物流基本要素管理

包括人力资源管理、物流技术管理、物流设施管理、物流成本管理等。

1.2.4 物流管理的主要目标

物流管理在本质上还是要实现下列的功能目标：快速响应、最小变异、最低库存、整合资源、质量保证、生命周期的支持，等等。

(1)快速响应

快速响应关系到一个厂商是否能及时满足客户的服务需求的能力。信息技术提高了在最近的可能时间内完成物流作业和尽快地交付所需存货的能力。这样就可减少传统上按预期的客户需求过度地储备存货的情况。快速响应的能力把作业的重点从根据预测和对存货储备的预期，转移到以从装运到装运的方式对客户需求做出反应方面上来。不过，由于在还不知道货主需求和尚未承担任务之前，存货实际上并没有发生移动，因此，必须仔细安排作业，不能存在任何缺陷。

(2)最小变异

变异是指破坏系统表现的任何意想不到的事件，它可以产生于任何一个领域的物流作业，诸如客户收到订货的期望时间被延迟、制造中发生意想不到的损坏、货物到达客户所在地发现受损，或者把货物交付到不正确的地点——所有这一切都将使物流作业时间遭到破坏，对此，必须予以解决。物流系统的所有作业领域都容易遭受潜在的变异，减少变异的可能性关系到内部作业和外部作业。传统的解决变异的办法是建立安全储备存货或使用高成本的溢价运输。当前，考虑到这类实践的费用和相关风险，它已被信息技术的利用所取代，以实现积极的物流控制。在某种程度上，变异已可减少至最低限度，作为经济上的作业结果是提高了物流生产率。因此，整个物流表现的基本目标是要使变异减少到最低限度。

(3)最低库存

最低库存的目标涉及资产负担和相关的周转速度。在企业物流系统设计中，由于存货所占用的资金是企业物流作业的最大的经济负担，在保证供应的前提下提高周转率，意味着存货占用的资金得到了有效的利用。因此，保持最低库存的目标是要把存货配置减少到与客户服务目标相一致的最低水平，以实现最低的物流总成本。“零库存”是企业物流管理的理想目标，伴随着“零库存”目标的接近与实现，物流作业的其他缺陷也会显露出来。所以企业物流系统设计必须将库存占用和库存周转速度当成重点来控制。

(4)整合资源

最重要的物流成本之一是运输。运输成本与产品的种类、装运的规模以及距离直接相关。许多具有溢价服务特征的物流系统所依赖的高速度、小批量装运的运输，是典型的高成本运输。要减少运输成本，就需要实现整合运输。一般说来，整个装运规模越大以及需要运输的距离越长，则每单位运输成本就越低。这就需要有创新的规划，把小批量的装运聚集成集中的、具有较大批量的整合运输。这种规划必须得到超越整个供应链的工作安排的帮助。

(5)质量保证

第五个物流目标是要寻求持续的质量改善。如果一个产品变得有缺陷或者如果服务承诺没有得到履行，那么，物流并没有增加什么价值。事实上，当质量不合格时，像物流表现那样的典型的需要就会被否定，然后还需要重新做一遍。物流本身必须履行所需的质量标准。管理上所面临的实现"零缺陷"的物流表现的挑战被这样的事实强化了，即物流作业必须在日夜24小时的任何时间、跨越广阔的地域来履行。而质量上的挑战被这样的事实强化了，即绝大多数的物流工作是在监督者的视线外完成的。由于不正确装运或运输中的损坏导致重做客户订货所花的费用，远比第一次就正确地履行所花费的费用多。因此，物流是发展和维持全面质量管理不断改善的主要组成部分。

1.3　物流与流通

1.3.1　流通在社会经济中的地位

(1)流通是联结生产和消费的纽带

现代社会经济活动是一个极为庞大、极为复杂的大系统，人类为了满足生活和生产的需要，不断地消耗着各式各样的物质资料，同时也有无数的工厂或其他制造系统不停顿地生产和制造人类所需要的物资。消费者如果不能得到所需要的物资，社会经济将会发生紊乱。生产者只有将产品转移给消费者才能实现产品的使用价值，同时可以获得效益，使劳动组织者的各种劳动消耗得到补偿，并且也才能有条件组织再生产。因此，在生产和消费之间必须建立通畅的渠道，这就是流通的任务，所以流通被称为联结生产与消费的桥梁和纽带。

流通作为一种经济形式而存在，是伴随着商品生产和交换的历史而产生和发展的。在商品经济初期，由于产品的种类、数量较少，生产与消费间的交换关系以直接方式进行，流通处于初级形态。随着社会的全面发展，生产方式多样化、分工专业化、生产规模化，尤其是现代经济全球化的发展等大大增加了产品的种类和数量，生产地点与消费地点逐渐分离，生产者想要直接和消费者见面销售自己的产品是很困难的，往往要通过市场这个环节，即流通领域的过渡，才能将产品转移到消费者手中。随着经济水平的提高，流通的桥梁和纽带作用更加重要了。

(2)流通对生产的反作用

生产决定流通，流通又反作用于生产，生产方式的性质决定流通的性质，生产的发展水平决定流通的规模和方式，生产是流通的物质基础，没有生产就没有源源不断地供给市场的商品，当然也就没有流通。

流通的状况制约着生产的规模、范围和发展速度。生产方的产品要进入市场，通过流通领域到达消费者(用户)手中，产品才能实现其使用价值。生产者不能收回必要的补偿，也失去了再生产的条件，销售不出去的产品生产得越多，生产者蒙受的损失也就越大，这是明显的道理。与此同时，生产的原材料也要通过流通领域从市场获取，流通渠道不畅，不能及时得到原材料，生产也会陷入困难。或者在流通领域由于某种原因导致原材料价格上涨，将使产品成本随之上升，生产者也会在经营方面产生困难。

生产越发展，社会财富越丰富，流通的反作用越显著。日本在20世纪50年代末期进入高速增长时期，由于流通未及时发展，以致造成市场供应紧张，价格混乱，并严重地阻碍了生产的发展。以后经过十几年的努力才扭转了流通落后的局面，通过不断地加强物流管理，提高物流技术水平，降低物流成本，建立了高效、通畅的物流体系，因此，生产也得到了稳定的发展。

(3)流通是国民经济现代化的支柱

国民经济现代化的标志就是发展生产力，使产品极大丰富，充分满足人民日益增长的、多样化的需要。社会产品数量的增长和品种的增多，对流通领域提出了更高的要求。如果众多的产品不能及时送到用户手里，或者生产厂家的原材料供应没有保障，提高生产力就是一句空话。因此，国民经济现代化水平越高，对流通的要求也就越高，可以说没有现代化的流通，就没有国民经济的现代化。

1.3.2 流通的内容

传统流通过程要解决两个方面的问题：一是产成品从生产者所有转变为用户所有，即对象物所有权转移的活动，是解决所有权的更迭问题，我们称之为商流；二是实现物的流转过程，即解决对象物从生产地转移到使用地以实现其使用价值的问题，我们称之为物流。商流与物流共同构成了传统流通活动的全部内容。

然而，随着时代的进步、商品经济的发展，流通领域也在不断地扩展，这种扩展结果使人们认识到当今的流通领域已不能简单地用“商流＋物流”来概括了，应该说现代流通领域已包含了四大支柱流，即商流、物流、信息流、资金流。

(1)商流

商流是物资在由供应者向需求者转移时物资社会实体的流动，主要表现为物资与其等价物的交换运动和物资所有权的转移运动。具体的商流活动包括买卖交易活动及商情信息活动。商流活动可以创造物资的所有权效用，主要包括以下活动：交易前收集商品信息，进行市场调查；按照市场调查的结果，对商品生产计划、数量、质量、销售渠道等因素进行调整；买卖双方通过谈判达成交易；交易的履行过程。

(2)物流

现代流通领域中的物流包含了“物流”与“后勤”两层含义，它是与传统物流相区别的现代“大物流”。

(3)信息流

信息流有广义和狭义之分。

信息流的广义定义是指人们采用各种方式来实现信息交流，从面对面的直接交谈直到采用各种现代化的传递媒介，包括信息的收集、传递、处理、储存、检索、分析等渠道和过程。

从现代信息技术研究、发展、应用的角度看，信息流的狭义定义指的是信息处理过程中信息在计算机系统和通信网络中的流动。

信息流与物流既有联系又有区别。在物流系统中，信息流用于识别各种需求在物流系统内所处的具体位置，两者之间的关系极为紧密，它们互为存在之前提和基础。而从传递内容来看，信息流是一种非实物化的传递方式，物流转移的则是实物化的物质。

流通过程中的信息流，从其信息的载体及服务对象来看，又可分成物流信息和商流信息两类。两类信息中，有一些是交叉的、共同的，又有许多是商流或物流特有的、非共同的信息。

商流信息主要包含进行商品交易有关的信息，如资源信息、价格信息、市场信息、资金信息、合同信息、需求信息、付款结算信息等。物流信息则主要是输入、输出物流的结构、流向与流量、库存储备量、物流费用、市场动态等信息。商流中的商品交易、供需合同等信息不但提供了商品交易的结果，也提供了物流的依据，是两种信息流主要的交汇处。而物流信息中的库存量信息不但是物流的结果，也是商流的依据，还是两种信息流的交汇处。所以，物流信息不仅作用于物流，也作用于商流，是流通过程不可缺少的预测和决策依据。因此，在商品经济条件下，迅速、准确、完整地掌握商流信息和物流信息就成为企业、部门、地区和国家经济是否能够持续、快速、健康发展的重要前提。

(4)资金流

资金流可以从营销和物流两个角度来进行分析。

从营销角度来看，资金流就是指在营销渠道成员间随着商品实物及其所有权的转移而发生的资金往来流程。

从物流角度来看，资金流是指用户确认购买商品后，将自己的资金转移到商家账户上的过程。

1.3.3　物流与商流的关系

商流和物流是同一个生产资料流通过程中相伴发生的两个方面，表现在流通领域中生产资料商品的价值和使用价值的运动，因此，商流和物流是互相依存的关系。然而，商流和物流又有不同的内容、特点和规律性，因而可以把商流和物流作为两个独立的范畴加以研究。

(1)物流和商流之间的联系

第一，它们都属于流通领域，是商品流通的两种不同形式，在功能上互相补充。通常是先发生商流后发生物流，在商流完成以后再进行物流。

第二，它们都是从供应者到需求者的流动，具有相同的出发点和归宿。

(2)物流和商流之间的区别

第一，流动的实体不同。物流是物资的物质实体的流动，商流是物资的社会实体的流动。

第二，功能不同。物流创造物资的空间效用、时间效用、形质效用，而商流创造物资的所有权效用。

第三，发生的先后和路径互不相同。在特殊情况下，没有物流的商流和没有商流的物流都是可能存在的。

总之，先有商流，然后才有物流。商流是物流的上游，没有上游就没有下游，所以要靠商流带动物流。但是，如果没有物流，商流也就无从实现。商流越兴旺，则物流越发达；反之，如果物流服务滞后，也会影响商流的发展。因此，两者之间是相辅相成、相互促进的。

1.3.4　物流、商流和信息流之间的关系

物流、商流和信息流之间关系极为密切，可以说，失去了其中任何一个“流”，另外两“流”都不会长期存在下去。三“流”是互为依存的前提条件，又是互为依存的基础。具体表现在：

第一，信息流是由商流和物流引起并反映其变化的各种信息、情报、资料、指令等在传送过程中形成的经济活动。因此，信息是具有价值和使用价值的。没有信息流，商流和物流就不能顺利地进行。

第二，信息流既制约着商流，又制约着物流，是为商流和物流提供预测和决策依据的。同

时，信息流又将商流和物流相互沟通，完成商品流通的全过程。

第三，三“流”之间相辅相成，紧密联系，互相促进。因此，三“流”不仅有利于提高流通企业的经济效益，而且有利于提高社会效益。

1.4 物流的主要观点和学说

物流科学是属于应用科学领域的一门科学技术，具有很强的应用性和工程实践性。目前，物流学科的基础理论包括商物分离理论、黑大陆说、物流冰山说、第三利润源说、效益背反说、成本中心说、利润中心说、服务中心说、系统学说、战略说等基本理论。

1.4.1 商物分离理论

现代化大生产的分工和专业化是向一切经济领域延伸的，这种分化、分工的深入也表现在流通领域中的商物分离。所谓商物分离，是指流通领域中的两个组成部分，即商业流通、实物流通按照各自的规律和渠道独立运动。“商”是指“商流”，即商业交易，属于商品价值运动，是商品所有权的转让，流动的是“商品所有权证书”，通过货币实现。“物”是指“物流”，即实物流通，是商品实体的流通，商流和物流作为两个相对独立的概念，在一般情况下两者同时存在。

在商品社会发展初期，商品每经过一次买卖活动，就要伴随一次实物的转移。物流和商流相伴而生、形影相随，两者的渠道是一致的，如图 1.1 所示。随着商品经济的发展，商流和物流开始分离为两个相互关联但又各具特点的独立过程。第二次世界大战后，流通过程中的两种不同形式出现了更明显的分离，以不同形式逐渐变成了两个有一定独立运动能力的不同运动过程，即“商物分离”。在现代流通中，商流和物流的起点和终点是结合的，但中间往往是分离的。商流和物流分离的结果形成了一个独立的物流部门。商物分离的表现形式众多，下面主要介绍公司内的商物分离和流通过程的商物分离。

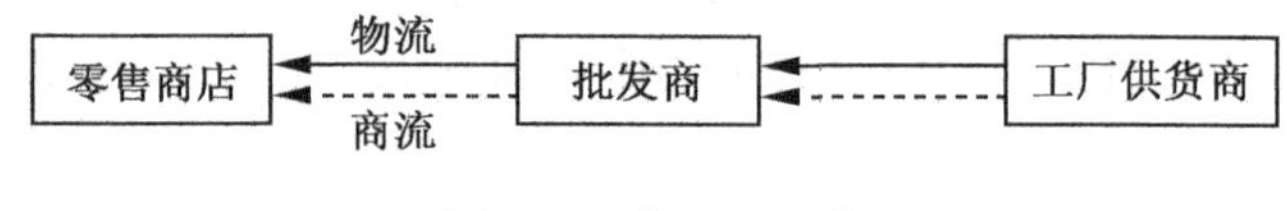

图 1.1 商物不分离

(1)公司内的商物分离

销售物流产生于商品交易中。但是，商品的实体流动与交易流程并不完全相同。为了便于管理，市场上出现了一些企业将商品的实体流动与交易流程分开这样一种倾向。在这里，我们把这种商品的交易流程与商品的实体流动分开的现象称为“商物分离”。

例如，在全国各地拥有销售网点的大企业，一般都在销售点内设有仓库。如果有来自客户的订单，销售人员就会从最近的仓库里提取客户订购的商品，然后直接送交客户。目前，大多数企业都采取这种销售方式。然而，由于这种销售方式是站在销售人员的立场上来设计的，往往容易造成大量的库存集中在销售点这样的状况。不仅如此，这种销售方式还有可能产生各个销售点之间互相争夺畅销商品货源、物流效率苦乐不均等弊端。

为了提高整个公司的物流效率，避免销售体制过分偏向于销售人员，一些企业开始将销售点与物流据点分开，同时在企业的组织结构中，也把物流部门和销售部门分开。从最近的倾向

来看，实行这种“物流、商流分离体制”的企业逐步多了起来。

对销售来讲，物流部门和销售部门分开本身也并不是一件坏事。这样的话，销售人员可以专心销售，从而有利于提高销售的工作效率。

(2)流通过程的商物分离

从物流效率来考虑，如果客户订购的商品达到一定数量的话，不经过批发商这个中间环节，直接从工厂将商品运送到零售商店比较好。基于这样的考虑，现在，将零售商店订购的商品集中起来，然后直接从工厂运送到客户手中的物流企业开始多了起来，如图 1.2 所示。

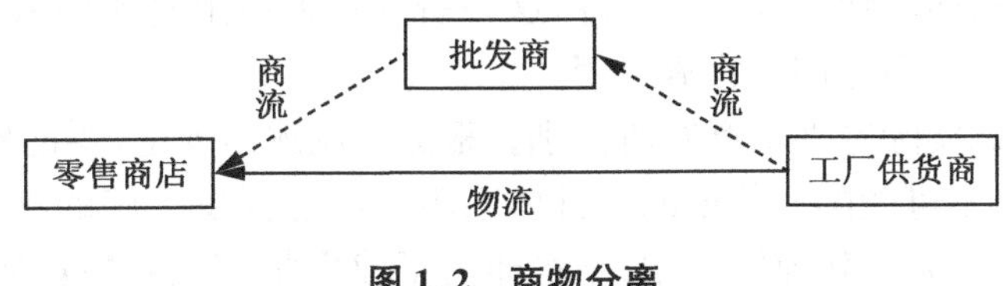

图 1.2　商物分离

流通过程中的商物分离体制的建立给现有的商流、物流系统带来了深刻的影响。从商流的流程上看，依然是工厂—批发商—零售商店这样的流程，而物流的流程就成了工厂—零售商店。商物分离在提高物流合理化程度的同时，也使得批发商的存在价值越来越小。当然，物流本身不可能没有。

商物分离理论是物流科学中的重要理论基础，也是物流科学得以存在的先决条件，物流科学正是在商物分离的基础上对物流进行研究与发展，进而形成科学门类的。

1.4.2　物流冰山说

物流冰山说是由日本早稻田大学的西泽修教授提出来的。西泽修在研究物流成本时发现，通过现行的财务会计制度和会计核算方法都不可能掌握物流费用的实际情况，因而人们对物流费用的了解是一片空白，甚至有很大的虚假性。他把这种情况比作“物流冰山”。其含义是说人们并没有完全掌握物流成本的总体内容，大部分沉在水面以下的部分是我们看不见的黑色区域，而我们看到的露出海水的不过是物流的一小部分。西泽修用物流成本的具体分析论证了德鲁克的黑大陆说。人们对物流领域的方方面面还有许多不清楚的地方，在黑大陆中和冰山的水下部分的物流亟待开发，这正是物流的潜力所在。物流冰山学说如图 1.3 所示。

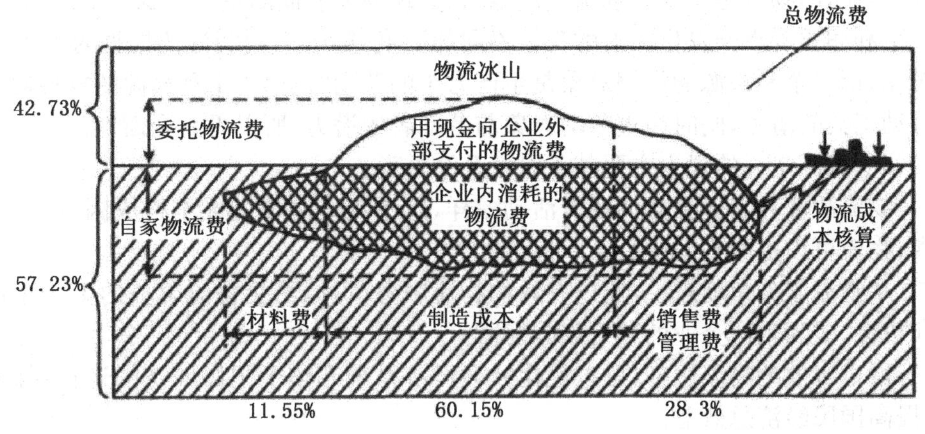

图 1.3　物流冰山学说

根据以上的理论观点，企业没有把物流成本看作是企业系统运作生产的总费用来计算。一般情况下，在企业财务统计数据中，只能看到支付给外部运输和仓库企业的委托物流成本，而实际上，这些委托物流成本在整个物流成本中犹如冰山一角。因为物流基础设施的折旧费、企业利用自己的车辆运输、利用自己的库房保管货物、由自己的工人进行包装、装卸等自家物流成本都计入了原材料、生产成本、销售费用、管理费用和财务费用等科目中。一般来说，企业向外部支付的物流成本是很小的一部分，很大的一部分是企业内部发生的物流成本。从现代物流管理的需求来看，当前的会计科目设置使企业难以准确把握物流成本的全貌。例如，公司以 600 元/单位的价格向外购买设备的配件，这一费用在财务上自然归入制造成本。实际上，这 600 元当中，包含了相当比例的物流费用。

然而，理论研究和实际管理毕竟有所区别。根据物流冰山理论，要把隐藏在水面下的物流成本全部核算出来是不可能的。传统的会计体系不仅不能提供足够的物流成本分摊数据，而且也没有这个必要。在企业物流管理中，不可能为了建立物流独立核算体系而破坏其他若干成熟的财务会计核算体系，实际上真正需要纳入管理的是有影响的数据。在现实工作中，仍然只应把“冰山浮出水面的一角”作为物流成本核算的对象。

1.4.3 第三利润源说

物流第三利润源学说是日本早稻田大学的西泽修教授于 1970 年提出的。第三利润源是相对于第一和第二利润源而言的。从社会经济发展阶段和经济环境的演变来看，历史上曾经有过两个大量提供利润的领域，一个是资源领域，另一个是人力领域。在生产力相对落后、市场处于供不应求的发展阶段，作为生产型企业，为了达到规模化生产的目的，大力进行设备更新改造，通过规模经济的实现来降低生产成本，以此来创造企业更多的剩余价值，产生了所谓的第一利润源。

随着社会经济的发展，当产品极大丰富，市场格局转为供过于求时，商品的销售产生了极大的阻碍，这时依靠提高生产能力和扩大规模经济来实现的第一利润源达到了极限，很难再为企业的持续发展提供动力，这时企业逐渐将管理的重心放在了依靠科技进步来提高生产率，降低消耗，从而降低成本，增加利润，这就是所谓的第二利润源。

可是，随着社会经济的进一步发展，在今天越来越强调差异化、高增值服务的时代，前两个利润源可挖掘的空间越来越小，企业逐渐意识到物流领域是另一个利润来源，于是出现了“第三利润源”学说，即物流是当今企业增加竞争力、实现最大利润的重要来源。

这三个利润源着重开发生产力的三个不同的要素：第一个利润源的挖掘对象是生产力中的劳动对象；第二个利润源的挖掘对象是生产力中的劳动者；第三个利润源的挖掘对象则是生产力中劳动工具的潜力，同时注重劳动对象与劳动者的潜力，所以更具全面性。

“第三利润源”学说的提出主要基于以下几个方面：

第一，物流活动和其他独立的经济活动一样，它不仅是总体的成本构成因素，而且是单独盈利因素，物流可以成为利润中心。

第二，从物流服务角度来说，通过有效的物流服务，可以给受物流服务的生产企业创造更好的盈利机会，成为生产企业的“第三利润源”。

第三，通过有效的物流服务，可以优化社会经济系统和整个国民经济的运行，降低社会运行成本，提高国民经济总效益。

经济界的一般理解，是从物流可以创造微观经济效益来看待“第三利润源”的。

1.4.4 效益背反学说

效益背反学说又称为物流成本交替损益规律、物流成本二律背反效应，这是物流领域的一种普遍现象，是这一领域中内部矛盾的反映和表现。

效益背反指的是若干功能要素之间存在着损益的矛盾，即某一个功能要素的优化或利益发生的同时，必然会存在另一个或几个功能要素的利益损失，反之也如此。这是一种此长彼消、此盈彼亏的现象。

效益背反学说有许多有力的实证予以支持。

(1)物流各功能活动的效益背反

物流系统的构成要素之间及物流的各项活动之间是相互联系、相互制约的，其中一项活动的变化会影响到其他活动相应的变化。

例如，为降低保管费而减少商品存储的数量，但由于存储数量减少，在市场规模不变的前提下，为了满足同样的需求，势必要频繁地进货或送货，增加运输次数，从而导致运输成本上升。这样，就在追求存储合理性时又牺牲了运输的合理性。

再如，包装问题。在产品销售市场和销售价格都不变的前提下，生产企业在包装方面每减少一分钱，这一分钱就必然转到收益上，包装越省，利润则越高。但是若过分节省，包装不当，产品进入流通领域后，包装无法起到保护产品的作用，更谈不上增加产品的附加值，这就会造成产品的大量损失，会使储存、装卸、运输等物流环节的负担加重，效益减少。因此，包装活动的效益是以其他功能要素的损失为代价的。我国商品流通领域每年因包装不善出现的上百亿元的商品损失，就是这种"效益背反"的实证。所有这些都表明，在设计物流系统时，要综合考虑各方面因素的影响，使整个物流系统达到最优。

(2)物流成本与服务水平的效益背反

物流服务与物流成本之间也存在着效益背反。从物流服务角度来讲，要求物流系统提供尽可能高的服务水平；而从提高企业经济效益的角度来讲，又要求尽可能降低物流成本。这样，高水平的服务和低物流成本之间就产生了对立和矛盾。

在现实中，最高的物流服务水平和最低的物流成本二者是不可能同时成立的，在高水平服务和低物流成本之间存在着一种"二律背反"的关系。高水平的服务要求有大量的库存、足够的运费和充分的仓容，这些势必产生较高的物流成本；而低物流成本所要求的是少量的库存、低廉的运费和较少的仓容，这些势必会减少服务项目，降低服务标准。

一般在对物流服务和物流成本作决策时，以价值工程理论为指导，可以考虑以下几种方法：

第一，保持物流服务水平不变，尽量降低物流成本，即在不改变物流服务水平的情况下，通过改进物流系统来降低物流成本，提高物流价值。这种通过优化系统结构、降低物流成本来维持一定服务水平的方法，称为追求效益法。

第二，提高物流服务水平，增加物流成本。这是许多企业提高物流服务水平的做法，是物流企业面对特定客户或竞争对手时所采取的具有战略意义的做法。

第三，保持物流成本不变，提高服务水平。这是一种积极的物流成本对策法，是一种追求效益的方法，也是一种有效的利用物流成本性能的方法。

第四，用较低的物流成本，实现较高的物流服务水平。这是一种增加效益、具有战略意义的方法。物流企业只有合理运用自身的资源，才能获得这样的成果。

复习思考题

一、判断题

1. 我国开始使用“物流”一词始于1979年。 (　　)
2. 信息流先于“物”流，信息流不仅伴随“物”流的全过程，而且贯穿其始终。 (　　)
3. 物流中的“物”，既包括有形的实体产品，也包括无形的服务。 (　　)
4. 物流可以克服时间间隔、距离间隔和人的间隔，创造时间和空间效益。 (　　)
5. 商流是保障社会再生产过程实现的基本条件。 (　　)
6. 第三利润源泉特指从物流领域挖掘利润。 (　　)

二、单项选择题

1. 系统要素间有着非常强的“背反”现象，常称之为(　　)现象。

A. 正比　　B. 反比

C. 交替损益　　D. 关联

2. (　　)是一种有效地利用物流成本性能、追求成本绩效的做法。

A. 物流服务水平不变，成本降低型　　B. 物流服务水平提高，成本增加型

C. 物流服务水平提高，成本维持不变型　　D. 物流服务水平较高，成本较低型

三、简答题

1. 物流概念是如何产生的？
2. 现代物流与传统物流的区别是什么？
3. 举例说明效益背反现象。
4. 简述现代物流的地位作用。

读一读

“十三五”中国物流业发展的六大战略重点

2016年以来，党中央国务院坚持创新和完善宏观调控，坚定推进供给侧结构性改革，出台并实施了一系列稳增长、调结构、防风险等政策，宏观经济与物流运行呈现积极变化，概括起来就是“一稳、两升、三改善”。

一是开局平稳。第一季度国内生产总值同比增长6.7%，1—4月份全国社会物流总额增长5.9%，增速同比回升0.4个百分点，全社会生产资料销售总额增长6.4%，增速仍处于合理区间。

二是经济预期和价格有所回升。从先行指标看，3—5月份制造业PMI和非制造业商务活动指数均高于50%和53%，中国物流业景气指数4—5月份稳定在54%以上，社会对经济运行的积极评论明显增多，研究机构相继上调了经济增长预测值。从价格看，制造业购进价格指数、生产资料市场价格指数、中国公路物流运价指数最近三个月比年初均有明显回升，价格回暖是经济企稳的重要标志。

三是市场需求、企业效益和经济结构有所改善。从需求看，制造业新订单指数、新出口订单指数保持在50%以上，均高于上年同期，物流业新订单指数连续三个月回升。从企业效益

看，前四个月规模以上工业企业利润同比增长6.5%，重点生产资料流通企业利润同比回升34.9%，重点物流企业很多实现了扭亏为盈。从结构看，制造业领域高新技术和消费品行业增长要快于高耗能行业，服务业领域与旅游、信息和网络消费相关的行业商务活动指数保持高位水平。从物流来看，快递快运和供应链物流快速增长。

总的来说，当前有利条件在聚集，经济运行中的积极信号在增多，但处于转型升级和动能转换的关键时期，物流业仍然面临不少问题，主要表现在：有效需求不足和供给能力不够矛盾交织；社会物流成本仍然较高和企业盈利能力低问题突出；物流基础设施总量过剩和结构性短缺并存；物流需求增速放缓，部分企业经营困难；市场环境和诚信体系建设有待加强；体制机制约束依然明显，制约物流业发展的具体政策有些迟迟不能出台，已出台的政策难以真正落实。

在发现问题的同时，我们也要看到新常态下物流业面临的诸多红利。

一是技术进步的红利。在新一轮科技革命浪潮推动下，我国物流技术应用程度显著提高，互联网、大数据、云计算等先进技术与物流业务深度融合，提升了物流资源的利用效率。

二是创新创业的红利。中共十八届五中全会强调创新是引领发展的第一动力，物流企业通过战略格局、组织模式、运作流程、服务规则、技术标准等一系列创新，不断突破原有“路径依赖”，培育产业竞争新优势。

三是消费升级的红利。随着城镇化进程持续推进，城乡之间单向物流现状正在改变，双向物流需求逐步释放出来，农村物流潜力巨大。随着消费从温饱型、数量型向多元化、个性化转变，对物流服务的精细化、响应度和一体化水平提出更高要求。

四是扩大开放的红利。当前，我国正在深入实施“一带一路”倡议和“自贸区”战略，加快“引进来”和“走出去”并重发展，努力推进以我为主的全球化进程，构建东西贯通、南北通达、内外互联的商贸物流网络，西部和边疆地区将成为物流开放新高地，交通枢纽城市成为关键物流节点，物流通道沿线将催生更多的物流需求。

五是深化改革的红利。近年来国务院加大简政放权力度，有效激发了市场活力，降低了企业成本。随着改革进入“深水区”“攻坚区”，越是打破原有制度藩篱，越是能够释放出改革的红利。

六是大数据资源的红利。在互联网和信息技术飞速发展的背景下，生产、消费和物流活动产生了海量数据，已经成为社会战略性资源，对生产、流通、分配、消费和物流活动将产生重要影响。

总体来看，“十三五”时期，我国物流业仍然处于大有可为的战略机遇期。面对一系列严峻挑战和战略机遇，物流业在国民经济中的产业地位将稳步提升，发展空间将更加广阔。预计“十三五”时期行业增速将继续保持趋稳放缓态势，物流业进入以转型升级为主线的发展新阶段，逐步从追求速度规模增长向质量效益提升转变，加强供给侧改革，把握发展新红利，努力适应经济社会发展新常态。总体来看，“十三五”时期，物流业发展将聚焦“高效、集约、连通、创新、协调和改革”等六大战略重点。

一是打造高效物流服务体系。效率提升替代成本降低将成为今后一个时期产业发展的着力点。要充分利用现代化信息技术和装备设施，增强物流的自动化、机械化和智能化水平，减少各种闲置、库存、冗余等浪费现象，通过效率提升降低产业链物流成本。

二是引导物流集约发展。通过整合优化实现集约发展是现代物流的重要特点。要充分利用兼并重组、平台整合、联盟合作等多种方式，整合分散物流资源，促进市场优化配置，提高市场集中度和行业盈利水平。

三是实现设施连通、网络互通、信息畅通。连通性是物流业发展的基本要求。要抓住多式联运发展机遇,推动铁路、公路、水运、航空货运的网络对接和业务衔接,充分利用多种运输方式,降低综合运输成本。要着眼实体网络平台和虚拟信息平台建设,促进网络共享、业务共享、信息共享,倡导形成互利共赢、协同发展的局面。

四是创新物流组织方式和运营模式。创新是行业转型升级不变的主题。要推行多式联运、甩挂运输、无车承运等多种运输组织方式,加强模式创新和管理创新。要重点发展精益物流,优化重点产业供应链,促进物流业与相关产业联动融合,努力寻找行业发展新动力。

五是统筹区域、国际、国内物流协调发展。要着力打造国内物流服务网络,提升区域物流服务水平。要充分利用国际国内物流大通道,完善物流基础设施建设,补齐短板。要抓住"一带一路"机遇,开展国际产能合作和兼并重组,提升国际物流服务能力,加快融入全球供应链体系。

六是深化物流管理体制改革。

(资料来源:何黎明."十三五"中国物流业发展的六大战略重点[N].现代物流报,2016—06—17.)

参考文献

[1]吴清一.物流学[M].北京:中国建材工业出版社,1996.
[2]李振.物流学[M].北京:中国铁道出版社,1996.
[3]田义江.物流概论[M].成都:四川大学出版社,2006.
[4]吉亮,初蓓.物流成本[M].成都:西南交通大学出版社,2008.
[5]郭彦峰.包装物流技术[M].北京:印刷工业出版社,2013.
[6]汤浅和夫.物流管理[M].上海:文汇出版社,2002.
[7]李创,王丽萍.物流学概论[M].北京:北京大学出版社,2012.
[8]虞益诚.电子商务概论(第2版)[M].北京:中国铁道出版社,2013.
[9]林丽华,刘占峰.物流工程[M].北京:北京大学出版社,2009.
[10]任登魁.第四方物流:21世纪财富的新金矿[M].郑州:黄河水利出版社,2004.
[11]王艳珍.物流学概论[M].哈尔滨:哈尔滨工业大学出版社,2009.
[12]张书源,张文杰.物流学概论[M].上海:复旦大学出版社,2011.
[13]崔介何.物流学概论[M].北京:北京大学出版社,2010.
[14]赵钢,周凌云.物流成本分析与控制[M].北京:北京交通大学出版社,清华大学出版社,2011.

第 2 章　供应链管理概论

【学习目标】

- 了解供应链、供应链管理的概念；
- 熟悉供应链管理的相关内容；
- 掌握供应链管理中的牛鞭效应。

【引导案例】

戴尔有一个重要的经营思想：专注于自己最擅长的领域，把不擅长的环节给行业中做得最好的人去做，然后通过采购把最具性价比的产品买回来，自己作最后的整合。

供应商从提供零件的角度看就相当于戴尔的一个车间，在对这些"车间"的管理上有一个"交易引擎"的概念，越过企业四面围墙的 ERP 系统就是戴尔的"交易引擎"。在这个信息平台上，戴尔和供应商双方的信息可以做到极大程度的共享，这是戴尔供应链最精妙的地方。

戴尔最有特色的"直接模式"——戴尔完全是按订单、按需求生产。

戴尔中国客户中心数据中心的机房里有上千台服务器 24 小时运行，客户既可以通过网站，也可以通过 800 电话下订单，这些信息直接进入数据中心，数据中心每一个半小时把这段时间内的订单统计出一张清单，上面列着分别需要哪些配置。这张清单直接就会传到供应商的仓库，这一公共仓库由戴尔的全球伙伴第三方物流公司伯灵顿公司管理。伯灵顿接到戴尔的清单后在一个小时之内就能够迅速把货配好，不到 20 分钟就可以把货送达——这就是设立中转仓库的好处了：戴尔的供应商不可能都在厦门，只有建立这个中转仓库，才能保证每一个半小时送一次货。

客户没有下订单之前，戴尔中国客户中心的车间里理论上是没有工料的，每个零件拉进来的时候实际上已经是有买主的，一旦整台机器组装好，马上就可以发货运走，所以戴尔的产品可以保持零库存。

特别需要注意的是：戴尔每一个半小时把清单发送给中转仓库的同时，还会发给供应商的总部，供应商会根据中转仓库里库存的波动情况确定要不要发货过来，并且根据这些信息安排生产。

戴尔要做出未来一年的生产预测，并随实际变动进行调整。戴尔的供应商每个星期都会收到更新的下三个月的生产预测，对于一些需求变化比较大的零部件甚至一天就要更新一次。这不仅使得戴尔即使在市场情况变化大的情况下也能够得到及时的供货，实现了“敏捷”，而且供应商也可以根据实际情况安排生产，减少库存。

戴尔根据市场需求不断调整生产计划并且使得供应商也随之调整生产计划，从而使生产贴近市场需要，完美地实现了戴尔“虚拟整合”的管理思想。

（资料来源：中华网考试，https://kaoshi.china.com/wuliushi/learning/976129－1.htm.）

思考：

(1)请总结戴尔供应链管理的成功之处。

(2)戴尔是如何强化供应链战略伙伴关系的？

2.1 供应链基础知识

2.1.1 供应链概述

(1)供应链的产生

20 世纪 90 年代以来，由于科学技术的不断进步和经济的不断发展、全球化信息网络和全球化市场的形成及技术变革的加速，围绕新产品的市场竞争也日趋激烈。

①客户需求的变化

随着时代的发展、大众知识水平的提高以及市场竞争的日趋激烈，市场上的产品越来越多、越来越好。消费者的价值观正逐步发生变化，需求结构普遍向高层次发展。

首先，对产品的品种规格、花色品种、需求数量呈现多样化、个性化要求，而且这种多样化要求具有很高的不确定性。

其次，对产品的功能、质量和可靠性的要求日益提高，而且这种要求提高的标准又是以不同用户的满意程度为尺度的，产生了判别标准的不确定性。

再次，在满足个性化需求的同时，要像大批量生产那样降低成本。全球供应链使得制造商和供货商得以紧密联系在一起来完成一项任务。这一机制也同样可以把用户结合进来，使得生产的产品真正满足用户的需求和期望。

②产品生命周期的缩短

企业面临着缩短交货期、提高产品质量、降低成本和改进服务的压力。所有这些都要求企业能对不断变化的市场作出快速反应，源源不断地开发出满足用户需求的、定制的“个性化产品”去占领市场，以赢得竞争，市场竞争也主要围绕新产品的竞争而展开。

③企业经营环境的变化与发展

随着科学技术的进步和生产力的发展，经济市场化、市场一体化、竞争国际化的特征越来越明显，企业经营的环境发生了很大的变化。

一是市场和劳务竞争的全球化。全球采购、全球生产、全球销售已成趋势。由于新经济和信息时代的到来，国际专业分工日趋明显，分工水平不断提高。同时，因为国际市场逐步形成，各国企业争夺市场份额的竞争更加激烈，为了降低成本，增强竞争力，越来越多的企业采取加强核心业务，甩掉多余包袱的做法。它们将生产、流通和服务等多种业务外包给合作伙伴，自己只做最擅长、最专业的部分，形成自己的核心竞争力。于是，在全球范围内寻求合作伙伴，在众多的选择对象中择优选择，结成广泛的生产、销售、服务的战略协作关系，便成了一种必然的趋势。英国马丁·克里斯托夫认为，“21 世纪的竞争不是企业和企业之间的竞争，而是供应链与供应链之间的竞争”，“市场上将只有供应链而没有企业”。

二是可持续发展的要求。在全球制造和国际化经营趋势越来越明显的今天，各国政府将环保问题纳入发展战略，相继制定出各种各样的政策法规，以约束本国及外国企业的经营行为。人类在许多资源方面的消耗都在迅速接近地球的极限。

随着发展中国家工业化程度的提高，如何在全球范围内减少自然资源的消耗成为全人类能否继续生存和持续发展的大问题。原材料、技术工人、能源、淡水资源、资金及其他资源越来越少，各种资源的短缺对企业的生产形成很大的制约，而且这种影响将来会更加严重。在市场需求变幻莫测、制造资源日益短缺的情况下，企业如何取得长久的经济效益，是企业制定战略时必须考虑的问题。

④技术环境的演变与发展

日新月异的技术革新也助推了供应链管理的诞生和发展。

首先，信息爆炸给企业带来压力。大量信息的飞速产生和通信技术的发展迫使企业把工作重心从如何迅速获得信息转到如何准确地过滤和有效利用各种信息，而互联网、计算机信息技术的发展为实现供应链一体化物流管理提供了可能性。

其次，技术进步越来越快。新技术、新产品的不断涌现一方面使企业受到前所未有的压力，另一方面也使每个企业员工受到巨大的挑战，企业员工必须不断地学习新技术，否则他们将面临由于掌握的技能过时而遭淘汰的压力。

再次，高新技术的使用范围越来越广。全球高速信息网使所有的信息都极易获得，而更敏捷的教育体系将使越来越多的人在越来越短的时间内掌握最新技术，参与竞争的企业越来越多，从而大大加剧了国际竞争的激烈性。

再者，产品研制开发的难度越来越大。越来越多的企业认识到新产品开发对企业创造收益的重要性，因此，许多企业不惜工本予以投入，但是资金利用率和投入产出比却往往不尽如人意。原因之一是，产品研制开发的难度越来越大，特别是大型、结构复杂、技术含量高的产品在研制中一般都需要各种先进的设计技术、制造技术、质量保证技术等，不仅涉及的学科多，而且大多是多学科交叉的产物，因此，如何能成功地解决产品开发问题是企业面临的首要问题。

最后，对企业的全球性技术支持和售后服务要求越来越高。赢得用户信赖是企业保持持久竞争力的重要因素之一。赢得用户不仅要靠具有吸引力的产品质量，而且还要靠售后的技术支持和服务。

⑤物流服务高水准的发展

20 世纪 80 年代后期，物流管理的发展进入到供应链管理时代，从企业内部一体化到超越企业边界的外部一体化的物流管理，覆盖从原材料供应商到制造商、分销商、零售商和用户的整个过程，这一概念是基于制造商与供应商、分销商、零售商及专业物流服务商的战略合作伙伴关系，强调供应链的整体效率和竞争优势，其目的是期望达到合作各方的双赢或多赢的效果。供应链管理是物流管理的最新理念，这种管理思想的产生可以说是多种因素共同促成的，其中起主要作用的包括经济因素、科学技术的发展和厂商基于交易成本考虑的对契约形式的选择。

供应链正是在这些因素的影响下产生和发展起来的。

(2)供应链的含义及特征

①供应链的含义

供应链的英文为"supply chain",目前尚未形成统一的定义,许多学者从不同的角度给出了不同的定义。

首先,供应链是一个系统,是人类生产活动和整个经济活动的客观存在。人类生产和生活的必需品都要经历从最初的原材料生产、零部件加工、产品装配、分销、零售到最终消费这一过程,近年来还包括废弃物回收和退货(简称反向物流)。其中既有物质材料的生产和消费,也有非物质形态(如服务)产品的生产(提供服务)和消费(享受服务)。各个生产、流通、交易、消费环节形成了一个完整的供应链系统,覆盖了供应、生产、运输、储存和销售等所有环节的整个过程。

早期的观点认为,供应链是制造企业的一个内部过程,是指将从企业外部采购的原材料和零部件,通过生产转换和销售等活动,再传递到零售商和用户的整个过程。传统的供应链概念局限于企业的内部操作层面,注重企业的自身资源利用目标。

其后发展起来的供应链管理概念关注了与其他企业的联系,注意了供应链企业的外部环境,认为它应是一个"通过链中不同企业的制造、组装、分销、零售等过程将原材料转换成产品,再到最终用户的转换过程",这是更大范围、更为系统的概念。例如,美国的斯迪文斯(Stevens)认为:"通过增值过程和分销渠道控制从供应商的供应商到用户的用户的流就是供应链,它开始于供应的源点,结束于消费的终点。"伊文斯(Evens)认为:"供应链管理是通过前馈的信息流和反馈的物料流及信息流,将供应商、制造商、分销商、零售商,直到最终用户连成一个整体的模式。"可见,供应链的完整性、供应链中所有成员操作的一致性都为这些定义所关注。

近年来,供应链的概念更加注重围绕核心企业的战略联盟关系,如核心企业(盟主)与供应商、供应商的供应商乃至一切前向的关系,核心企业与用户、用户的用户及一切后向的关系。此时对供应链的认识形成了一个"网链"的概念,像丰田、耐克、日产、麦当劳和苹果等公司的供应链管理都从网链的角度来理解和实施。哈里森(Harrison)进而将供应链定义为:"供应链是执行采购原材料,将它们转换为中间产品和成品,并且将成品销售到用户的功能网链。"这些概念同时强调供应链的战略伙伴关系问题。菲利浦(Phillip)和温德尔(Wendell)认为供应链中战略伙伴关系是很重要的,通过建立战略伙伴关系,可以与重要的供应商和用户更有效地开展工作。

根据中华人民共和国国家标准《物流术语》(GB/T 18354-2006)的定义,供应链是指:生产及流通过程中,为了将产品或服务交付给最终用户,由上游与下游企业共同建立的需求链状网。

可见,供应链就是围绕核心企业,通过信息流、物流/服务流、资金流,从采购原材料开始,到制成中间产品以及最终产品,最后由销售网络把产品送到消费者手中的将供应商、制造商、分销商、零售商直到最终客户连成一个整体的功能网链,它是在多个存在关联交易的企业基础上形成的范围广阔的虚拟企业结构模式。物料在供应链上因加工、包装、运输等过程而发生增值,从而给关联企业带来收益。因此,供应链不仅是一条连接供应商到客户的物流链、信息链、资金链,而且是一条增值链。

②供应链的特征

从总体上看，供应链具有层次性、复杂性、动态性和交叉性等基本特征。

● 层次性

各企业在供应链中的地位不同，其作用也各不相同。按照企业在供应链中地位的重要性，各节点可以分为核心主体企业、非核心主体企业和非主体企业。

主体企业一般是行业中实力较强的企业，它拥有决定性资源，在供应链管理中起主导作用，它的进入和退出直接影响供应链的存在状态。在一个供应链中，居于中心位置的是核心主体企业，它是供应链运作的关键，它不仅推动整个供应链运作，为客户提供最大化的附加值，而且能够帮助供应链上的其他企业参与到新的市场中。一个供应链中可能存在一个主体企业，也可能存在多个主体企业，但核心主体企业是唯一的。当供应链中只存在一个主体企业时，它就是核心主体企业，而当供应链中存在多个主体企业时，就形成了以主体企业群为中心的合作团队。团队中的核心主体企业是唯一的，但不是固定的，它随着供应链的变动而变动。哪个主体企业是核心主体，取决于其在供应链中的地位和作用。核心主体企业以外的主体企业就是非核心主体企业。它们虽然实力较强，但在供应链中只是主动响应核心主体企业，对其他企业的带动作用并不突出。

在供应链上处于被动响应地位的其他企业则是非主体企业，按照它们与主体企业的关系可以分为紧密层企业和非紧密层企业。紧密层企业通常与主体企业直接相连，形成与主体企业的上下游关系，它们与主体企业通过契约形成相对稳定的关系。由于它们对供应链有重要的作用，主体企业对其选择十分严格，契约关系一旦确立，就不会轻易解除。紧密层企业虽然拥有独立的法人地位，但是在业务上直接或间接受主体企业影响。非紧密层企业构成供应链的外围，与主体企业或紧密层企业存在一定的交易关系，它们对供应链没有特殊意义，在供应链上是不稳定的，经常处于变动的游离状态，一旦有机会就会成为供应链的成员。

● 复杂性

一个供应链往往由多个不同类型或同一类型、不同规模的企业构成，有生产型的，有加工型的，还有服务型的，等等。各企业在法律上都是独立的，它们之间形成基于供应、生产和销售的多级复杂交易关系，这就使它们在经济利益上不可避免地存在着冲突和矛盾。这些企业分布的地理范围十分广泛，甚至可能属于不同的国家。所有这些都增加了供应链的复杂性。

● 动态性

供应链的动态性主要表现为成员的不稳定性和成员之间关系的不稳定性。供应链面向市场，以客户需求为导向，各成员企业因共同的利益而合作，它们在利益的引导下决定是否参与，这必然导致成员企业因利益的消失而退出供应链，而另一些企业因利益的存在而加入，因此，供应链的成员总处于变动状态。同时，由于供应链成员之间的关系是既合作又竞争，一旦成员企业的相对经济实力发生改变，其在网络中的地位也将随之发生变化，从而造成成员间关系的变动。

● 交叉性

任何一个处于供应链上的节点企业在其市场经营活动中都必须和不同的企业进行交易。例如，生产企业需要采购不同的原材料，就要和不同原材料供应商进行交易，并把自己的产品出售给不同的客户，而这些与之交易的企业又处于不同的供应链上，从而使节点企业经常处于几个不同的供应链中，它既是这个供应链的成员，又是另一个供应链的成员。这样，不同的供应链就通过节点企业连接起来，形成相互交叉的网络结构。供应链的这种交叉性增加了供应链管理的难度。

2.1.2 供应链的类型及结构模型

(1)供应链的类型

供应链产生和发展的历史虽然短暂，但由于它在企业经营中的重要地位和作用，以及它对提升企业竞争力的明显优势，其发展速度很快，已经形成了一系列具有明显特点的供应链模式的结构。随着研究角度和着眼点的不断变化，人们对供应链管理问题的认识逐步深入。从不同的角度出发，按照不同的标准，可以将供应链划分为不同的类型。

①按照供应链管理的对象划分

不同目的的供应链，其管理对象各不相同。供应链管理的对象包括企业及其产品，企业参与供应链的成员、部门和活动等。按照供应链管理的对象和范围，可以将供应链分为三类：

一是企业供应链。它以某个企业为核心，以该企业的产品为主导，形成包括该企业的供应商、供应商的供应商以及一切向前的关系，和客户、客户的客户以及一切向后的关系。这个核心企业在整个供应链中是有明显的主导地位和作用，对整个供应链的建立和组织起关键作用。

二是产品供应链。它以某一特定产品或项目为中心，由特定产品或项目需求所拉动的，包括与此相关的所有经济活动的供应链。例如，一个汽车生产公司需要成千上万家企业为其提供从钢材、塑料等材料到变速器、车灯、制动系统、汽车轮胎等配件，从而形成以汽车产品为核心的供应链系统。产品供应链上的企业关系紧密，它们相互依存。供应链的效率取决于相关企业的密切合作，因此，基于信息技术的系统化管理是提高供应链运作绩效的关键。

三是基于企业间契约关系的供应链。具有交易关系的企业间的契约相互连接形成的供应链，或者竞争者之间通过契约结成基于战略意义的合作性质的供应链，基于契约关系的供应链一般通过契约协调双向或多向间的利益，实现物资流、基金流和信息流的流动与交换。

在实际经济活动中，上述三种供应链之间存在着一定的重叠和交叉，它们的侧重点不同，各种供应链是相对于问题的角度而言的。

②按照供应链容量与客户需求的关系划分

根据供应链容量与客户需求的关系可以将供应链划分为平衡的供应链和倾斜的供应链。每个供应链都具有一定的相对稳定的设备容量和生产能力(所有节点企业能力的综合，包括供应商、制造商、分销商和零售商)，但容量需求处于不断变化的过程中。如图 2.1 所示，当供应链的生产能力和客户需求达到平衡时，该供应链就处于平衡状态，这种供应链就被称为平衡供应链。平衡供应链可以实现各主要职能(低采购成本、规模效益、低运输成本、产品多样化和资金运转化)之间的平衡。而当市场变化加剧，引起供应链成本增加、库存增加、浪费增加等现象时，供应链就失去平衡，导致各节点企业无法有效地发挥其职能，此时的供应链变成了倾斜的供应链。

③按照供应链存在的功能划分

供应链的类型与其所支持的产品市场特点关系亲密，因此，实施供应链管理应根据产品特点，选择适当的类型。按照供应链的功能(物料转换功能和市场中介功能)可以把供应链划分为效率性供应链(efficient supply chain)和响应性供应链(responsive supply chain)。效率性供应链主要体现供应链的物料转换功能，即以最低的成本将原材料转换成零部件、半成品、产品，以及实现整个过程中的物流运输等。响应性供应链主要体现供应链的市场中介功能，即把产品分配到满足客户需求的市场，对未预知的需求做出快速反应等。两者的比较如表 2.1 所示。

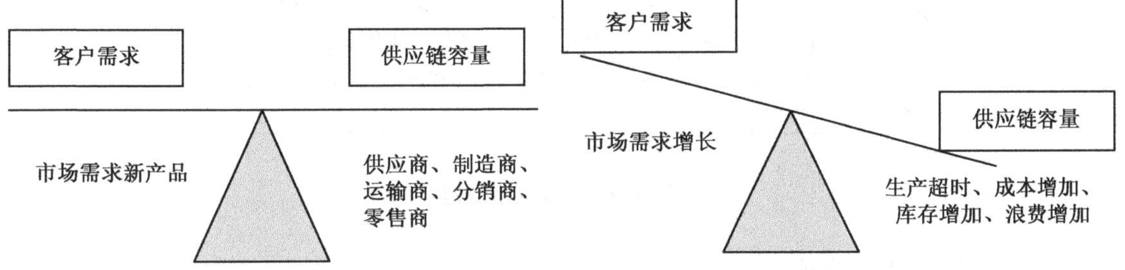

图 2.1　平衡供应链与倾斜供应链

表 2.1　效率性供应链与响应性供应链的比较

比较内容	响应性供应链	效率性供应链
基本目标	尽可能快地对不可预测的需求作出反应，使缺货、降价、库存最小化	以最低的成本供应可预测的需求
制造的核心	配置多余的缓冲库存	保持高的平均利用率
库存策略	部署好零部件和成品的缓冲库存	产生高收入而使整个链的库存最小化
提前期	大量投资以缩短提前期	尽可能短的提前期(不增加成本的前提下)
供应商标准	以速度、柔性和质量为核心	以成本和质量为核心
产品设计策略	用模块化设计以尽可能延迟产品差别	绩效最大化而成本最小化

④按照供应链驱动力的来源划分

供应链可以分为推动式供应链和拉动式供应链。

推动式供应链以制造商为核心，产品生产出来后从分销商逐级推向客户(如图 2.2 所示)，分销商和零售商处于被动接受的地位，各个企业之间的集成度较低，通常采取提高安全库存量的办法应付需求的变动。因此，整个供应链的库存量较高，对需求变动的响应能力较差。这种运作方式适用于产品或市场变动较小的供应链管理初级阶段。

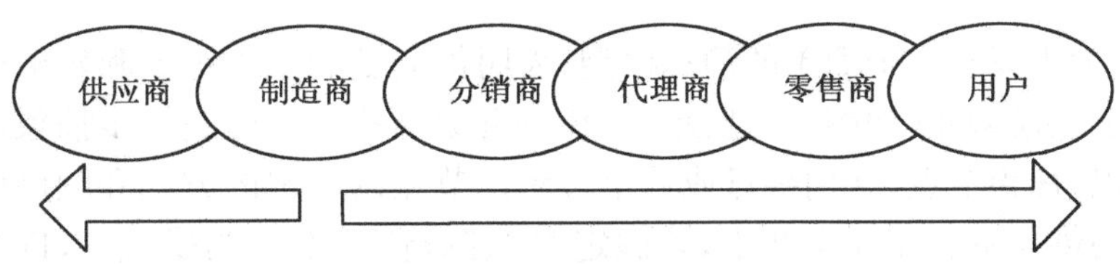

图 2.2　推动式供应链

如图 2.3 所示，拉动式供应链的驱动力产生于最终客户，整个供应链的集成度较高，信息交换迅速，可以有效地降低库存，并可以根据客户的需求实现定制化服务，为客户提供更大的价值。采取这种运作方式的供应链系统库存量较低，响应市场的速度快，但这种模式对供应链上的企业要求较高，对供应链运作的技术基础要求也较高。拉动式供应链适用于供大于求、客户需求不断变化的市场环境。

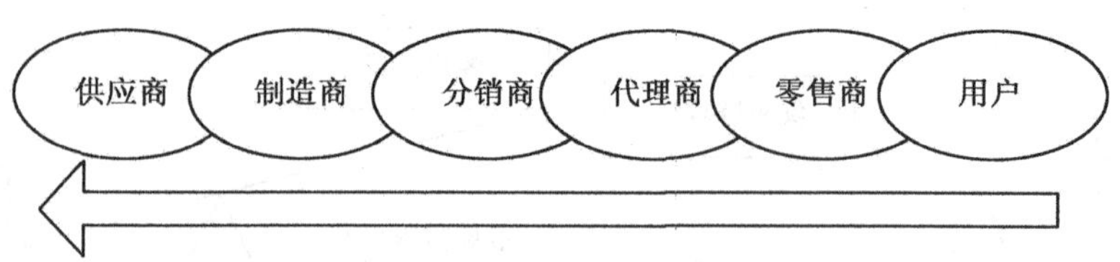

图 2.3 拉动式供应链

(2)供应链的结构模型

①供应链拓扑结构模型Ⅰ、Ⅱ:链状模型

结合供应链的定义和结构模型,不难得出这样一个简单的供应链模型(如图 2.4 所示),通常称其为模型Ⅰ。模型Ⅰ清楚地表明产品的最初来源是自然界,如矿山、油田、橡胶园等,最终去向是用户。产品因用户需求而生产,最终被用户所消费。产品从自然界到用户经历了供应商、制造商和分销商等多级传递,并在传递过程中完成产品加工、产品装配形成等转换过程。被用户消费掉的产品最终仍回到自然界,完成物质循环(如图 2.4 中的虚线)。

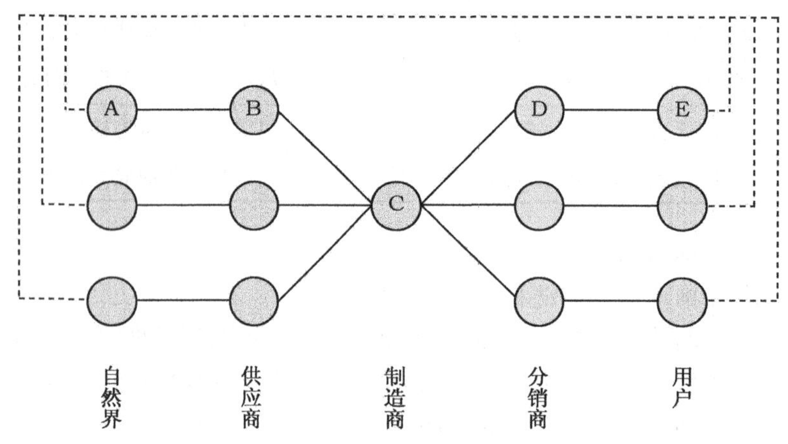

图 2.4 模型Ⅰ:链状模型

很显然,模型Ⅰ只是一个简单的静态模型,表明供应链的基本组成和轮廓概貌,可以进一步将其简化成链状模型Ⅱ(如图 2.5 所示)。模型Ⅱ是对模型Ⅰ的进一步抽象,它把企业都抽象成一个个的点,称为节点,并用字母或数字表示。节点以一定的方式和顺序联结成一串,构成一条图学上的供应链。在模型Ⅱ中,若假定 C 为制造商,则 B 为供应商,D 为分销商;同样地,若假定 B 为制造商,则 A 为供应商,C 为分销商。在模型Ⅱ中,产品的最初来源(自然界)、最终去向(用户)以及产品的物质循环过程都被隐含抽象掉了。从供应链研究便利的角度来讲,把自然界和用户放在模型中没有太大的作用。模型Ⅱ侧重于供应链中间过程的研究。

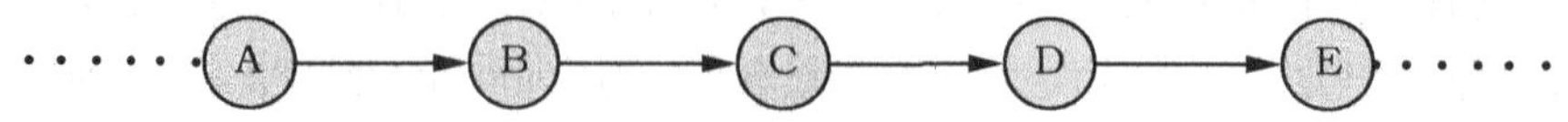

图 2.5 模型Ⅱ:链状模型

● 供应链的方向

供应链上除了流动着物流(产品流)和信息流外,还存在着资金流。物流的方向一般都是从供应商流向制造商，再流向分销商。在特殊情况下（如产品退货），产品在供应链上的流向与上述方向相反。由于产品退货属于非正常情况，退货的产品也非本书严格定义的产品，因而不予考虑。因此，可以依照物流的方向来定义供应链的方向，以确定供应商、制造商和分销商之间的顺序关系。模型Ⅱ中的箭头方向即表示供应链的物流方向。

● 供应链的级

在模型Ⅱ中，定义 C 为制造商时，可以相应地认为 B 为一级供应商，A 为二级供应商，而且还可递归地定义三级供应商、四级供应商……同样地，可以认为 D 为一级分销商，E 为二级分销商，并递归地定义三级分销商、四级分销商……一般来讲，一个企业应尽可能考虑多级供应商或分销商，这样有利于从整体上了解供应链的运行状态。

②供应链拓扑结构模型Ⅲ：网状模型

事实上，在模型Ⅱ中，C 的供应商可能不止一家，而是有 $B_1, B_2, \cdots, B_n$ 等 n 家，分销商也可能有 $D_1, D_2, \cdots, D_m$ 等 m 家。动态地考虑，C 也可能有 $C_1, C_2, \cdots, C_k$ 等 k 家，这样模型Ⅱ就转变为一个网状模型，即供应链拓扑结构模型Ⅲ（如图 2.6 所示）。网状模型更能说明现实世界中产品的复杂供应关系。在理论上，网状模型可以涵盖世界上所有厂家，将所有厂家都看作其上面的一个节点，并认为这些节点存在着联系。

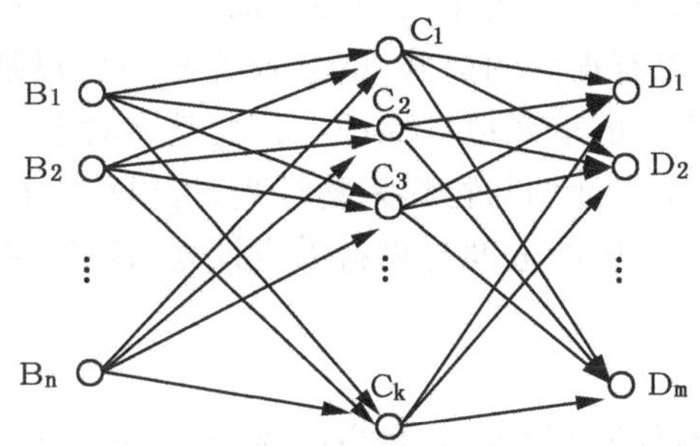

图 2.6 模型Ⅲ：网状模型

当然，这些联系有强有弱且不断地变化。通常，一个厂家仅与有限个厂家相联系，但这不影响对供应链模型的理论设定。网状模型对供应关系的描述性很强，适合于对供应关系的宏观把握。

2.1.3 供应链的竞争优势

供应链管理把制造企业的业务流程纳入到一个整体中，从需求预测到采购寻源，从生产制造到运输交付形成一个完整的价值链，使企业可以对生产成本、库存和订单进行可视化管理，并根据贴近实时的数据做出理性的分析和决定，从而使企业能满足内外部顾客的需求。供应链相对于传统企业有着巨大的优势，主要表现在以下方面：

(1)有效降低企业的管理成本，增强企业核心竞争力

以科斯为代表的交易成本理论认为，在市场交易成本与企业内部管理成本之间往往存在一个差距，这个差距表明：产品的生产全部由一个企业完成是不经济的，恰当有选择地从外部市场采购而非内部生产会更有效率。以资源为例，任何企业都不可能拥有其发展所需的所有资源，也不可能在所有业务上保持竞争优势，如果要发展，就必须与其他企业建立合作关系，将其非核心业务外包给其他更具竞争优势的企业去完成，取长补短，提高企业的竞争优势，获得

双赢。

(2)能够使企业更能适应市场的变化,提高自身抵御市场风险的能力

供应链物流模式从根本上说是消费订单推动的物流模式,是通过生产而不是通过库存来满足消费者需求的。在企业中库存成本是相当高的,怎么样减少库存,使企业节约成本,提高自身灵活性是需要解决的首要问题,而供应链模式下的物流能够很好地解决这个问题。譬如,通过第三方物流,实现了物流的外包,通过配送中心的市场分析,将结果反馈给公司,公司根据市场信息生产产品,并将产品送到配送中心,由配送中心管理库存,这样能够有效降低企业的库存费用,减少了资源浪费,使得供应链中的各个组织达到了最大利益。

(3)能够实现信息资源的共享

通过需求管理,对市场和客户需求状态和趋势有充分的把握,然后基于比较精准的预测,与供应链上各方共享需求信息,制定并随时微调供应计划,保证平滑生产和及时供应,降低库存,缩短交货提前期,提高订单完满交付率。用信息技术的投资,推动管理的创新,可以有效地代替传统推式生产和黑箱式预测造成的高昂的供应链成本,并减少低效或疲于应付的生产状况。这样,借助信息技术,可以避免以往的订单应答时间无法保证,或根据经验估算的交货期与实际情况经常有出入。而通过各种情景模拟,在事前就可以知道各种市场情况发生时对企业的具体影响(如库存、利润等),以及企业应该如何面对。通过应用供应链管理系统的计划,所得到的交货期的准确性可以有很大的提升,由于系统把物料限制与产能(包括异地分厂)的限制同时考虑进去,这样给客户的承诺可以保证一言九鼎。对于生产与物料部门,他们拿到基于准确预测和精确排产后的生产计划与物料采购计划,可以很大程度上避免混乱;并且借助供应链管理系统,原先每月一次的生产进度与物料供应计划可以改进为每周一次甚至每天一次,做到精确供应。

(4)便于发现优质客户群体

企业进行供应链管理,不仅能开发新的客户群体,而且能培养更多的优质客户。企业通过供应链可以轻松地分销产品,从而有更多的顾客,而不是以前的生产单位只能依赖某几个大顾客,从而可以发现一批成长中的优质中小企业客户群。

(5)供应链模式可以根据市场与企业的实际情况不断优化

供应链由很多企业或组织构成,各类组织之间通过信息系统联系在一起,形成供应链,在市场变化的同时,可能某些组织的存在阻碍了供应链的高效运作,那么只需要从该组织入手,便可以使供应链正常高效运作;而一个单一的企业,如果某一环节发生问题,那么处理起来就不是局部上的问题,在整个公司的结构上都会产生很大的影响,有的甚至会导致企业灭亡,造成重大的损失。

2.2 供应链管理概述

2.2.1 进行供应链管理的原因

供应链管理并不是一个新的概念,自人类有商业历史来,供应链管理的行为就客观存在。工业革命以来,企业与企业的供应链概念就出现了,但作为一种管理思想,供应链管理概念是在 20 世纪 80 年代提出的,因为企业在当时的经济环境下认识到,如果只是有能力生产品质优

良的产品，并不能保证其走向成功，企业只有快速提供市场所需求的产品，快速交到客户的手中，才能成功。但是，这种成功必须依赖一个有效的供应链网络以及供应链伙伴的协作，因此，企业要获得竞争优势，就必须进行供应链管理。随着人类进入信息化社会，信息技术不断在企业中获得应用，人们看到了企业中应用信息技术所带来的效益，现在企业已开始采用信息技术对供应链进行管理。

2.2.2 供应链管理的内涵

从单一的企业角度来看，供应链管理是指企业通过上下游供应链管理关系整合和优化供应链中的信息流、物流、资金流，以获得企业竞争优势。

供应链管理是企业的有效性管理，表现了企业在战略和战术上对企业整个作业流程的优化，它整合和优化了供应商、制造商、零售商的企业效率，使商品的正确的数量、品质，在正确的地点、正确的时间，以最佳的成本进行生产和销售。

从以上定义中可以知道，供应链管理包括了企业间(上游供应商网络，下游分销渠道)和企业内部管理，所以，从宏观上看，供应链管理包括了两个主要部分：企业内供应链管理和企业间供应链管理。

另外，还包含不同物流，如信息系统管理、资源管理、采购管理、生产流程、订单流程管理、存货管理、仓储管理、客户服务、售后包装、物流管理等。供应商网络包括了所有提供货物给本企业的提供商，这些货物包括原料和企业日常使用的办公用品、零件等易耗品，这些内部流程的协调运作是非常重要的，特别在大企业中更是如此。

供应链管理涉及企业外部的上游的各个供应商的管理，这不是对单一的供应商管理，而是对企业供应商的网络管理，重点仍是物流和信息流。例如，与供应商协作、通信，企业的电子化、采购、预测、管理等。

企业外部下游的供应链组成包括分销渠道和分销流程，例如物流中心运输管理等。它们确保产品流向最终部分。

当今世界客户的价值观已发生重大变化，客户从注重商品价格到追求商品的个性化和方便性。这种新的价值观迫使企业重新考虑供应链的反应，定义供应链管理的概念，这必然驱动了企业管理将重点放在企业内部和外部的效率上，将企业内部的业务流程、人员应用程序应用到伙伴企业，形成一个整合的供应链，这个整合的供应链的原则是协作与优化，这就是现代供应链管理的思想，也称整合的供应链管理。

2.2.3 供应链管理的发展阶段

社会组织和自然界的一切生命体一样，都存在一个起源—成长—发展—成熟—衰退的生命周期。企业要想达到供应链管理的最高阶段，一般需要经过五个发展阶段，由企业内部的协调分工到企业间的协作与联盟，最后实现网络经营一体化。

(1)第一阶段——企业内部功能集成

本阶段的特点是企业关注于内部部分功能、流程的改进与集成，例如，原材料采购与库存控制集成为物料管理功能，送货与分拣、拣选等集成为配送功能。在美国，为了指导早期的实践，许多企业采用供应链委员会开发的“计划、采购、制造、运输”供应链运作参考(SCOR)模型。在这一阶段，几乎所有的企业都将最初的关注焦点放在了原材料采购和物流两大功能上。

然而，大多数企业在这一阶段不能实现整个企业的均衡发展，它们只满足于由部分功能集成化带来的少量利润,认识不到功能一体化能够给企业带来的益处。因此,它们反对各职能部门之间的协作,也就不会建设对整个公司有利的信息系统。

(2)第二阶段——企业一体化管理

本阶段的特点是企业内部物流一体化,整个企业供应链系统优化,把各项分散的物流功能集中起来作为一个系统管理。过去,企业多为分项管理,即把采购、运输、配送、储存、包装、库存控制等物流功能割裂开来,各自为战。各职能部门都力图使自己的运作成本最小化,却忽略了整个企业的总成本,忽视了各功能要素之间的相互作用。而事实上,各部分的优化并不能保证整个企业的最优化,因为企业的各功能要素之间存在冲突。

在这一阶段,企业开始意识到实施供应链一体化管理所产生的利润,并且力求在这一进程中领先。原材料采购上升到了具有战略意义的地位,并且承担了决定第二阶段全部交易成败的责任。随着企业把注意力集中于最有战略意义的供应商,企业间的关系发展到更高级的买卖关系。同时,企业的物流部门开始关注资产的利用和配送系统的效率,但关键之处在于寻求最好的物流服务供应商承担准确、及时的运输配送业务。交易活动的自动化与信息化使得各部门之间保持信息畅通,有助于装卸、搬运及仓库管理人员满足顾客的需求。此外,需求管理在这一阶段成为一个很重要的因素,原因是公司逐渐意识到需求预测的准确与否直接影响着生产和制造的准确性。

(3)第三阶段——合作伙伴业务协同

企业逐渐意识到产品的竞争力并非由一个企业决定,而是由产品的供应链决定,并开始与关系较近的合作伙伴实施一体化管理。过去,企业尽量将成本转嫁给供应链上、下游的企业,这样或许会降低某个企业的成本,但它好比把钱从一个口袋放入另一个口袋,钱的总数并没有发生变化。因此,成本的转移无法减少整个供应链的成本,最终仍要反映在产品售价上。由于产品竞争力并未得以提高,最后受损失的仍将是供应链中的所有企业,所以牺牲供应链伙伴的利益以谋求自身利益的做法是不可取的。于是,有战略眼光的企业开始寻求一种变通方法,先与关系密切的合作伙伴协作,共同寻找降低成本、改善服务的途径。

从供应商的角度来看,随着企业与重点供应商结成利益同盟,供应商关系管理(SRM)变得日益重要。企业经常邀请供应商参与其销售与运作计划的筹划,提出能够更好地满足顾客需求的解决方案。企业还引进了仓库管理系统和运输管理系统,加强了它们与关键供应商的信息沟通。总之,企业与重点供应商在物流、运输和仓储等方面建立了长期的合同与战略伙伴关系。

从顾客的角度来看,企业对顾客与市场需求能够作出快速响应,力求更好地理解和满足顾客需求,提供更为贴切的服务和产品,客户关系管理(CRM)成为企业经营管理的重要内容。任何供应链都只有唯一一个收入来源——顾客。顾客是供应链中唯一真正的资金流入点,其他所有的现金流动只不过是发生在供应链中的资金交换,这种资金交换增加了供应链的运作成本。因此,顾客是核心,企业只有尽早、充分意识到这一点,密切关注与顾客的关系,通过互联网等高新技术了解顾客想要什么、什么时候想要,然后快速地交货,才能实现整条供应链企业的利润"共赢"。

总之,在第三阶段,企业利用各种工具和技术与重点供应商和客户协作,能够缩短产品生命周期,更快地占领市场,更有效地利用资产,实现"双赢"。

(4)第四阶段——价值链协作

企业不仅要与重点供应商和客户协作,而且需要整合企业的上下游企业,将上游供应商、下游客户及服务供应商、内容提供商(ICP)、中间商等进行垂直一体化的整合,构成一个价值链网络,追求系统的整体最优化。这一阶段的协作被称为“价值链协作”。企业试图通过价值链中其他合作伙伴的帮助来建立其在行业中的支配地位。供应商知道何时增加生产,运输公司能够掌握何时提供额外的车辆,分销商也可以及时地进行调整。价值链成员之间利用网络共享信息,因而他们能够更加敏捷地发现机遇,达到更高的绩效水平。

在这个阶段,电子商务、网上交易和电子通信技术的应用对实现价值链的可视化是至关重要的。这个阶段的两个特征是协同设计与制造(CDM)以及协同计划、预测和补充(CPFR)。

(5)第五阶段——网络经营一体化

这是供应链发展的最高阶段。在这一阶段,所有供应链的成员能够实现有效沟通、密切合作以及技术共享,以获得市场的支配地位。但目前,只有少数企业已经达到了这一阶段,原因是它们完全采用网络化、虚拟经营、动态联盟等,实现了信息的共享、交易的可视化以及准确的供货。

2.2.4　供应链管理的方法

近年来,供应链管理发展迅猛,为许多企业所接受,各种各样的供应链管理方法更是层出不穷,其中较为典型的有快速反应系统、有效消费者回应系统、企业资源计划系统和商品品类管理等。虽然由于行业不同,各种供应链管理方法的侧重点不同,但它们的实施目标都是相同的,即减少供应链的不确定性和风险性,从而积极地影响库存水平、生产周期、生产过程,并最终影响对顾客的服务水平。其核心内容是系统优化。常用的供应链管理方法主要有以下几种:

(1)快速反应系统(quick response,QR)

①QR 的含义

快速反应系统,是指在供应链中为了实现共同的目标,零售商和制造商建立战略伙伴关系,利用 EDI 等信息技术,进行销售时点的信息交换以及订货、补充等其他经营信息的交换,用多频度、小批量配送方式连续补充商品,以缩短交货周期,减少库存,提高客户服务水平和企业竞争力的供应链管理方法。

※ 链接:

QR 系统最早由连锁零售商沃尔玛、凯马特等为主力开始推动,并逐步推广到整个纺织服装行业。美国的纺织服装行业在应用 QR 系统之后,产业结构趋于合理,产品的产销时程由原来的 125 天锐减至 30 天,大大缩短了产品在制造、分销、零售等供应链各环节上的运转周期,使整体供应链的运营成本得以大幅降低,并大大提高了企业的竞争力。1986 年以后,美国百货公司和连锁业也开始导入 QR 系统。随着 QR 系统在零售领域的应用日益广泛和深入,QR 系统的功能结构也得到了不断完善和补充。

②QR 成功的条件

QR 的成功实施必须具备以下五个条件:

第一,改变传统的经营方式,革新企业的经营意识和组织结构。企业必须改变只依靠独立的力量来提高经营效率的传统经营意识,树立通过与供应链各方建立战略合作伙伴关系,从而利用供应链各成员的资源来提高经营效率的现代经营理念;零售商在垂直型 QR 系统中起主导作用,零售店铺是垂直型QR系统的起始点;通过POS数据等销售信息和成本信息的相互公开和交换来提高各个供应链成员企业的运作效率;明确垂直型QR系统内各个企业之间的分工协作范围和形式,消除重复作业及无效作业,建立有效的分工协作框架体系;通过利用信息技术实现事务作业的无纸化与自动化。

第二,开发和应用现代信息技术。这些现代信息技术包括商品条形码技术、物流条形码技术、电子订货系统、POS数据读取系统、EDI系统、预先发货清单技术、电子资金转账系统、供应商管理库存(VMI)和持续补货系统(CRP)等。

第三,与供应链上下游成员建立战略伙伴关系。其具体内容包括积极寻找和发现战略合作伙伴并在合作伙伴之间建立分工和协作关系。合作的目标既要削减库存,又要避免缺货现象的发生,还要降低商品风险,避免大幅度降价现象发生,以及减少作业人员和简化事务性作业等。

第四,改变对企业商业信息保密的传统做法。将销售信息、库存信息、生产信息、成本信息等与合作伙伴交流分享,并在此基础上,要求各方在一起发现问题、分析问题和解决问题。

第五,供应方必须缩短生产周期和商品库存。缩短商品的生产周期;进行多品种、少批量生产和多频度、小批量配送,降低零售商的库存水平,提高为顾客服务的水平;在商品实际需要将要发生时参照JIT生产方式组织生产,减少供应商的库存水平。

(2)有效顾客回应系统(Efficient Customer Response,ECR)

①ECR背景及含义

在20世纪60年代和70年代,美国日杂百货业的竞争主要是在制造商之间展开。竞争的重点是品牌、商品、经销渠道以及大量的广告和促销,在零售商和制造商的交易关系中制造商处于主导地位。

但进入80年代末90年代初,供应链竞争格局发生了变化,在零售商和制造商的交易关系中,零售商开始逐渐占据主导地位,竞争的重心开始转向流通中心、自有品牌、供应链效率和POS系统。同时在供应链内部,零售商和制造商之间为了获取供应链主控权,同时为零售商自有品牌和制造商品牌占据零售店铺货架空间的份额展开着激烈的竞争,这种竞争导致供应链各个环节间的成本不断转移,供应链整体成本不断上升,而且很容易牺牲力量较弱一方的利益。

在这期间,新的零售业态如仓储商店、折扣店大量涌现,这使得零售商能以相当低的价格销售商品,从而使日杂百货业的竞争更趋激烈。在这种状况下,许多传统超市业者开始寻找应对这种竞争方式的新管理模式与方法。而由于日杂百货商品的技术含量不高,大量无实质性差别的新商品被投放市场,使生产厂家之间的竞争趋同化。生产厂家为了获得销售渠道,通常采用直接或间接的降价方式作为向零售商促销的主要手段,这种方式往往会大量牺牲厂家自身的利益。但这时如果生产商能与供应链中的零售商结成更为紧密的战略联盟,将不仅有利于零售业的发展,同时也符合生产厂家自身的利益。

另外,从消费者的角度来看,企业过度竞争的结果往往是使消费者的需求被忽视。通常消费者需要的是商品的高质量、新鲜感、优质服务以及在合理价格基础上的多种选择。然而,许多企业往往不是通过努力提高商品质量、提供更好的服务和在合理价格基础上的多种选择来满足消费者,而是通过大量的诱导型广告和广泛的低品位促销活动来吸引消费者转换品牌,同时通过提供大量非实质性变化的商品供消费者选择。这样,消费者得到的往往是高价、不满意的商品。针对这种状况,客观上要求企业从消费者的需求出发,提供能满足消费者需求的商品和服务。

在上述背景下，美国食品市场营销协会(Food Marketing Institute，FMI)联合包括可口可乐(COCACOLA)、宝洁(P&G)、西夫韦(Safeway Store)等六家企业与流通咨询企业 Kurt Salmona Associates 公司一起组成研究小组，对食品业的供应链进行调查、总结、分析，于 1993 年 1 月提出了改进该行业供应链管理的详细报告。该报告系统地提出有效消费者回应(ECR)的概念体系。经过美国食品市场营销协会的大力宣传，ECR 概念被零售商和制造商所接纳并被广泛应用于实践。

ECR 是制造商、批发商和零售商等供应链成员各方相互协调和合作，以更好、更快的服务和更低的成本满足消费者需要为目的的供应链管理系统。其优势在于供应链各方为提高消费者满意度这一共同的目标进行合作，分享信息和决策，它是一种把以往处于分散状态的供应链节点有机联系在一起以满足消费者需求的工具。

②ECR 的基本原则

应用 ECR 时必须遵守五个基本原则。

第一，以较少的成本，不断致力于向供应链客户提供更优的产品、更高的质量、更好的分类、更好的库存服务以及更多的便利服务。

第二，ECR 必须由相关的商业带头人启动。该商业带头人应决心通过代表共同利益的商业联盟取代旧式的贸易关系而达到获利之目的。

第三，必须利用准确、实时的信息以支持有效的市场、生产及后勤决策。这些信息将以 EDI 的方式在贸易伙伴间自由流动，它将影响以计算机信息为基础的系统信息的有效利用。

第四，产品必须跟随其不断增值的过程，从生产至包装，直至流动至最终客户的购物篮中，以确保客户能随时获得所需产品。

第五，必须建立共同的成果评价体系。该体系注重整个系统的有效性(即通过降低成本与库存以及更好的资产利用，实现最优价值)，清晰地标识出潜在的回报(即增加的总值和利润)，促进对回报的公平分享。

③ECR 的四大要素

有效的产品引进(efficient product introductions)、有效的店铺分类组合(efficient store assortment)、有效的促销(efficient promotion)以及有效的补货(efficient replenishment)被称为 ECR 的四大要素，如表 2.2 所示。

表 2.2　ECR 四大要素的内容

要素	内容
有效的产品引进	通过采集和分享供应链伙伴间时效性强的更加准确的购买数据，提高新产品的成功率
有效的店铺分类组合	通过有效地利用店铺的空间和店内布局，最大限度地提高商品的盈利能力，如建立空间管理系统，有效的商品品类管理等
有效的促销	通过简化分销商和供应商的贸易关系，以提高贸易和促销的系统效率，如可采取消费者广告(优惠券、货架上标明促销)、贸易促销(远期购买、转移购买)等方式
有效的补货	从生产线到收款台，通过 EDI，以需求为导向的自动连续补货和计算机辅助订货等技术手段，使补货系统的时间和成本最小化，从而降低商品的售价

(3)其他供应链管理方法

①准时制生产(JIT)和全面质量管理(TQC)

JIT(just in time)即及时服务，又称及时制。它的目标之一是减少甚至消除从原材料投入到产成品的产出全过程的存货，建立起平滑而更有效的生产流程。JIT已在日本、美国等发达国家得到了广泛应用，被视为那些具有世界领先地位的企业成功之关键。实施JIT过程中采用的方法主要是拉动作业，只有下道工序有需求时才开始按需求量生产，不考虑安全库存，采购也是小批量的。

TQC和JIT在管理思想上是紧密关联的，JIT实施的前提就是同时要推行TQC。TQC把下道工序视为上道工序的客户，客户满意才是真正的质量标准。这样就把产品的质量与市场关联了起来，变事后验收为事前、事中控制。

②精益生产(LP)和敏捷制造(AM)

精益生产是日本丰田汽车公司JIT(准时制生产)的延续，它以产、供、销三方紧密协作的一种相对固定的关系为实施背景，是供应链上最基本、最简单的设置。敏捷制造是企业为了更有效、合理地利用外部资源，根据市场需求个性化的发展趋势，把供应及协作组织看成是虚拟企业的一部分而形成的一次性或短期的供应链关系。在AM里通常还用到并行工程的思想，以便加快新产品的上市。

③企业资源计划(ERP)

ERP是由MRPII(制造资源计划)发展而来的。ERP基于企业内部供应链的管理思想，把企业的业务流程看作是一个紧密连接的供应链，并将企业划分成几个相互协同作业的支持子系统，如财务、市场营销、生产制造等，对企业内部供应链上的所有环节如订单、采购、库存、生产制造、质量控制、运输、分销、人力资源等进行有效的管理。

2.2.5 供应链管理与传统物流管理的区别

供应链管理与传统物流管理有着明显的区别，主要表现在以下几个方面：

(1)供应链管理超越了传统物流管理

传统的物流管理主要涉及实物资源在组织内部最优化的流动，而从供应链管理的角度来看，仅有组织内部的合作是不够的。供应链管理涉及与供应链相连的所有相关企业、部门、人员。从核心企业中上游供应商直到供应链下游分销商的关系，只是供应链的一小段。供应链管理是一种垂直一体化的集成化管理模式，强调核心企业与相关企业的协作关系，通过信息共享、技术扩散、资源优化配置和有效的供应链激励机制等途径实现经营一体化。因此，供应链管理的概念不仅仅是物流的逻辑延伸，也不是企业自身的内部整合。供应链管理整合发展演化的过程如图2.7所示。第一阶段，每个商业功能都是独立的；第二阶段，企业开始认识到要在临近的功能之间进行整合；第三阶段，建立和实施一种“端—端”的计划框架；第四阶段，是真正的供应链整合，与第三阶段相比，将上游延伸至供应商，下游延伸至客户。这就是物流管理与供应链管理的最关键和重要的差别所在。

(2)供应链管理更注重合作与信任

从本质上讲，物流是设计导向和框架，寻求在一个商业活动中制定单一的产品流和信息流计划。而供应链管理是建立在这一框架基础上，寻求在其组织与供应商和客户的过程之间实现连接和协调。因此，供应链管理是为了使供应链上的所有合作者获得更多的利润，是基于“联系”的管理。供应链管理着眼于合作和信任。

(3)供应链管理与物流管理目标不同

供应链管理的目标在于提高顾客价值。彼得·德鲁克曾说：“解答什么是我们的业务时最难回答的一个问题是，顾客认为的价值是什么？顾客购买产品时的需要是什么？”供应链管理

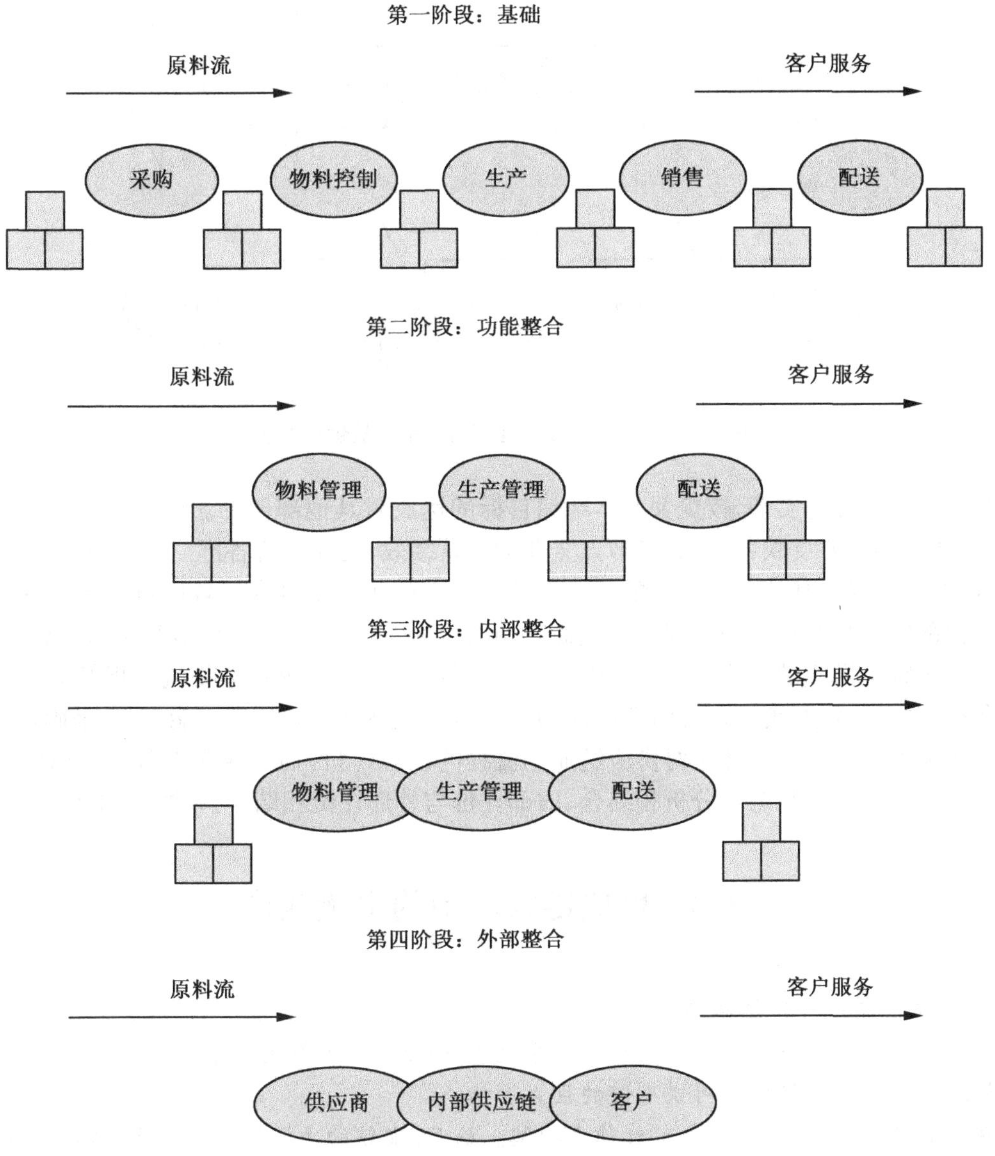

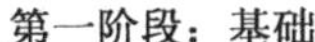

图 2.7　实现供应链整合的阶段

与传统物流管理相比，其管理目标不仅仅限于降低交易成本，还在于提高顾客价值。顾客价值是顾客从给定产品或服务中所期望得到的所有利益，包括产品价值、服务价值、人员价值和形象价值。拉动整个供应链的原动力是顾客需求，因此供应链是被顾客驱动的，如图 2.8 所示。通过供应链从下游企业向上游企业传递，只有生产出具有较高顾客价值的产品才能提高整个供应链的竞争力，才能维持供应链的稳定和发展，才能保证物流、信息流、资金流在供应链上的畅通，才能发挥供应链管理的优势。

(4)供应链管理与物流管理绩效评价方法不同

传统物流管理绩效评价仅限于企业内部物流绩效的评价，而供应链管理不仅要对各节点企业的绩效进行评价，还要评价整个供应链的运作绩效。传统物流管理的绩效评价专注于企

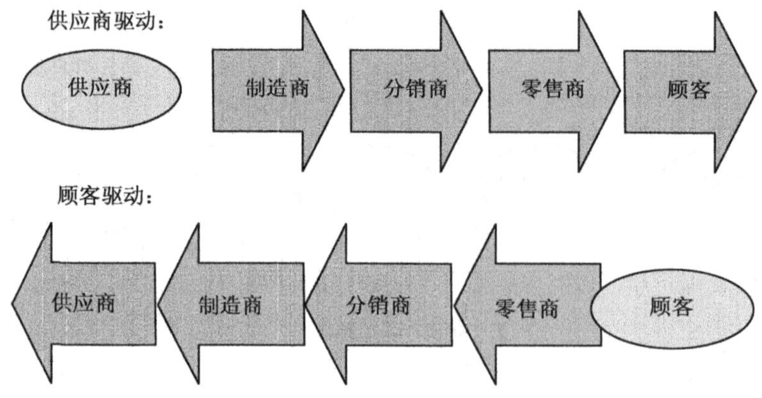

图 2.8 供应链是被顾客驱动而不是被供应商驱动

业各部门各自目标的实现,较少关心本部门目标的达成对其他部门的影响。而在供应链管理中,绩效评价不仅要反映各部门、各节点企业的运营绩效,还要评价各部门、各节点企业绩效目标达成对其他部门、其他节点企业的影响。部门或企业在实现自身绩效的过程中存在对供应链上其他部门或企业绩效的实现造成负面影响的行为,在供应链管理中这是绝对不允许的,因为这会破坏整个供应链的稳定性和凝聚力。在评价指标上,传统企业物流管理绩效评价指标主要包括利润率、资产负债率等财务指标,时间上具有滞后性,同时也不能全面、准确地反映企业的真实绩效。供应链管理是对供应链业务流程的动态评价,而不仅是对静态经营结果的考核衡量。它坚持定量和定性分析相结合、内部评价与外部评价相结合,并注意相互间的协调。

2.3 供应链管理中的牛鞭效应

※ 链接:"啤酒游戏"与"牛鞭效应"

"啤酒游戏"是麻省理工学院斯隆管理学院在 20 世纪 60 年代率先开发的,模拟一条啤酒供应链上各主体的决策情况对供应链的巨大影响。

在啤酒游戏中,有五种角色可让你来扮演。从产/配销的上游到下游体系,依序为:情人啤酒制造商、啤酒分销商、批发商、零售商和顾客。规定:上下游企业之间不能交换任何信息,只允许下游企业向上游企业传递订单,上游则向下游供货,消费者只能将订单下给零售商。游戏中的五种角色各自从自己的角度叙述故事的经过,我们能够看到,在啤酒游戏中,没有人把事情搞砸,让大家陷入困境的罪魁祸首也并不存在,五种角色的意图都是好得不能再好:想服务好自己的顾客,希望产品能在系统中顺利流通,想避免问题的出现。每个角色都带着良好的动机,符合逻辑地对接下来的事情进行预测并作出决定,没有谁不是尽职的人,但危机还是发生了。

啤酒游戏所反映的问题就是牛鞭效应,存在于供应链上的每一个环节,给供应链上各厂商带来严重后果。

2.3.1　牛鞭效应的发现

供应链管理中存在一个一直引起企业关注的问题——牛鞭效应。它最初是由美国宝洁公司考察产品的订货方式时发现的，即最终市场的需求随着从消费者、零售商向批发商、生产商和供应商的传递，需求不断被放大的现象，宝洁公司称这一现象为牛鞭效应。同样的现象也发生在惠普(HP)、通用公司、福特和克莱斯勒等诸多知名的大企业中。它导致生产商错误地安排生产计划，加大库存投资，减少了收益，降低了服务水平，从此牛鞭效应的研究就成为供应链管理研究的主要内容。

※ 链接：宝洁公司牛鞭效应的来龙去脉

20 世纪 90 年代，宝洁公司对其最畅销的一款婴儿"尿不湿"的订单模式进行检查，发现了一个奇怪的现象：该产品的零售数量是稳定的，波动性不大，但在考察分销中心的订货情况时，就惊讶地发现波动性明显增大了。其分销中心说，他们是根据汇总的销售商的订货需求量订货的。宝洁公司在进一步研究后发现，零售商往往根据历史销量及对现实销售情况的判断，预测一个较客观的订货量，但为了保证这个订货量是及时可得的，并且能够适应顾客需求增量的变化，他们通常会将预测订货量作一定放大后向批发商订货，批发商出于同样的考虑，也会在汇总零售商订货量的基础上再作一定的放大后向销售中心订货。这样，虽然顾客需求量并没有大的波动，但经过零售商和批发商的订货放大后，订货量就一级一级地放大了。有趣的是，宝洁公司进一步考察自己和其供应商的订货时，他们也惊奇地发现订货的变化更大，而且越往供应链上游走，订货偏差越大。

（资料来源：李雪琴，谢佳佳等. 供应链管理[M]. 湖南师范大学出版社，2018.）

2.3.2　牛鞭效应的基本思想

"牛鞭效应"是营销活动中普遍存在的现象，因为当供应链上的各级供应商只根据来自其相邻的下级销售商的需求信息进行供应决策时，需求信息的不真实性会沿着供应链逆流而上，产生逐级放大的现象，到达最源头的供应商(如总销售商，或者该产品的生产商)时，其获得的需求信息和实际消费市场中的顾客需求信息发生了很大的偏差，需求变异系数比分销商和零售商的需求变异系数大得多。由于这种需求变异放大效应的影响，上游供应商往往维持比其下游需求更高的库存水平，以应付销售商订货的不确定性，从而人为地增大了供应链中的上游供应商的生产、供应、库存管理和市场营销风险，甚至导致生产、供应、营销的混乱。

"牛鞭效应"是市场营销活动中普遍存在的高风险现象，它直接加重了供应商的供应和库存风险，甚至扰乱生产商的计划安排与营销管理秩序，导致生产、供应、营销的混乱，解决"牛鞭效应"难题是企业正常的营销管理和良好的顾客服务的必要前提。

2.3.3　牛鞭效应产生的原因

(1)成员的理性行为

供应链中的每一个成员都是理性人，为了保证自己的利益最大化，会隐瞒一些非常重要的信息，比如涉及商业秘密的信息，或为了保证充足的货源，满足顾客的需求，夸大一些共用的信息，如顾客的订货量等，使信息失真。零售商的这种理性行为使得供应商得不到市场需求的真实信息，而且供应商本身也是理性人，他对零售商提供的信息采取怀疑态度，并采取一定的措施保护自己的利益，如加大自己的安全库存和向供应商的供应商提供夸大信息。这种“内耗”大大影响了供应链整体运作水平和竞争力。

(2)需求预测

在供应链中，上游管理者总是将来自下游的需求信息作为自己需求预测的依据，并据此安排生产计划或供应计划。这种封闭式的逐级传递需求信息的产生过程是导致牛鞭效应产生的主要原因。例如，管理者使用指数平滑法来进行需求预测，使用此法，当每日的新数据出现时，未来需求呈现连续变化，送给供货商的订单既反映了需要重新满足的来自需求的库存数量，也反映必要的安全库存量。在交货期，保持数周的安全库存是习以为常的，其结果是预期的订单数量将比实际的需求数量变化更大。

(3)订货的提前期

由于供应链上下游各级企业从订货到收货存在“时滞”，这种“时滞”具有两方面的负面效应，一是使订货量的信息得不到及时的修正，二是企业要考虑“时滞”期的需求量，提高安全库存，因此，各级企业在预计库存的时候都计入了提前期，而提前期越长，微小的需求变动引发的库存和订货点的变化就越大。

(4)订货批量决策

在供应链中，每一个企业通常使用某种方法以控制库存。当库存耗尽时，下游企业会立刻向上游供应商发出订单，提出订货。订货批量有周期批量和即刻批量两种形式。周期订单的制定和执行扩大了需求变化范围并产生牛鞭效应，这一变化远比公司自身的需求量大得多。但在供应链中，一个共同的问题就是频繁的订单下的运输经济性问题，满负荷运输与低于最低起运量运输之间的经济差距是巨大的。因此，当从供应商处订购产品时，其强烈的愿望就是要满负荷运输，所以有时供应商也对大量或批量订货给出最优惠的定价。对大多数公司来说，批量订货通常是一个月的供应量或者更多，这样牛鞭现象就产生了。

(5)价格波动

据估计，零售业中制造商与代理商之间交易的80%是在需求估计的前提下预先成交的，这通常是因为制造商给出了一个极具吸引力的价格。在目标市场中，制造商和分销商常周期性地使用特殊促销方式，如价格折扣、数量折扣和特殊奖励等，在供应链中，这些特殊促销方式的运用在促进消费者大量购买的同时产生未来库存。这种促销与供应链密切相关，如果预先购买成为一种惯例，那么可以预见，当商品价格低时，消费者所购买的比实际需要的要多，当价格处于中性或偏高时，消费者将停止购买行为直到耗尽存货。其结果是，消费者的购买模式无法反映实际的消费模式，并且购买数量的变化大于消费数量的变化——牛鞭效应。由于牛鞭效应，在供应链中从消费者反馈到制造商的订单差别是巨大的。当面临这一大幅度变化时，制造商一方面不得不在某一特定时间超负荷、超时生产和运输，而在其他时间闲置无事，另一方面还不得不设置高额库存以满足需求的巨大波动，这又进一步促进了牛鞭效应。

(6)短缺时博弈

当需求大于供给时，制造商常常会对消费者定量提供产品，即制造商按订单量分配产品。例如，如果出现供应量只有需求量的80%，那么所有的消费者只能得到订单的80%。由于消费者都能理解当产品的供应处于短缺时，制造商将实行配给制，因而消费者往往在订货时就夸大了其真正需求。当组织或个人制定了经济批量决策，并实施订货时，由消费者的预期短缺的过分行为就产生了博弈效应，从而夸大了需求，牛鞭效应也就产生了。在订单波动的情况下，许多制造商无法辨别是否产生了真正的需求或仅仅是一种来自分销商所期望的产品分配的抽象需求。常常是制造商为这些抽象需求信息而付出超量存货、增加生产能力或赶工引起成本增加的代价。

(7)供应链的多层次性结构

供应链是由制造商、分销商、批发商、零售商和用户等组成的多层次的物流和信息流。供应链的参与者为了避免缺货都会设置安全库存,这些安全库存又因为上述原因在供应链内逐级放大并累积。多层的累积反过来又导致上游企业对市场波动反应迟钝,供应链越长,层次越多,牛鞭效应越显著。

(8)信息的不共享性

由于企业间没有畅通的信息链,因而各个企业都倾向于根据自己企业历史上的需求变动和近期需求变动作出理性的市场预测。而这些预期的信息基础也因为信息的不共享性而不可靠,这样就造成了信息的扭曲。此外,供应链各成员企业之间缺乏良好的协调,致使有关顾客需求的实时信息不能及时反馈回供应链,造成对顾客需求响应的滞后。

2.3.4　牛鞭效应的危害

牛鞭效应使供应链上的需求信息失真且失真程度逐级放大,其危害是巨大的。

(1)牛鞭效应的直接后果是库存积压

有研究表明,在整个供应链中,从产品离开生产商的生产线至其到达零售商的货架,产品的平均库存时间超过 100 天,被扭曲的需求信息使供应链上各节点企业都相应地增加库存。据有关报告估计,仅美国每年就有 300 多亿美元沉积在食品供应链中,另外,许多制药企业的供应链中有双倍的库存,而像计算机行业的集成电路的供应链积聚了超过一年的供应量,其他行业的情况也差不多。因为信息的失真,供应链中的每一个企业都维持更高的库存水平,从而发生更高的成本。

(2)过度频繁的需求变化导致企业额外成本支出增加

反应过度的生产预测,大大增加了计划的不确定性,各节点企业不得不频繁地修改生产计划。预期之外的短期产品需求导致了额外成本,如加班费用、加快运输的费用等,从而导致企业成本上升。而且,生产计划的频繁变化也增加了管理的难度。

(3)用户需求得不到及时满足,服务水平差

扭曲失真的信息使各节点企业很难对市场需求作出准确预测和正确决策,企业往往不是生产能力闲置就是过度,从而使企业产品拥有量不稳定,时而短缺时而过剩,甚至出现产品过时的现象,无法充分满足客户需求,导致对客户服务水平的降低。另外,当生产出来的产品相对过剩时,产品价格也会随之发生变化,这样也会反过来影响下游企业。

(4)牛鞭效应使制造商投入的生产能力大于实际的需求

在需求保持不变的情况下,需求波动程度的大小直接影响着所需生产能力的大小。牛鞭效应歪曲了需求信息,使需求的波动程度加大,从而使制造商盲目扩大生产能力,结果是生产能力利用率不高。这也是市场上对某一行业热门产品进行盲目投资和重复建设的原因之一。

2.3.5　牛鞭效应的解决对策

要从根本上解决牛鞭效应,供应链成员的利益目标必须完全一致。一般来说,这是不可能的。然而,通过供应链的协调,订立合理的契约,建立完善的激励机制和监督机制,实行有效的

信息共享,可以减轻甚至消除牛鞭效应。在具体的运作中,可采用销售数据和库存信息共享、供应链环节的减少、订货提前期或交货时间的缩短、买卖双方订货协调以及制造商价格方案的简化等策略来控制牛鞭效应。

(1)提高最终用户需求信息的透明度,加强信息共享

在需求信息沟通不畅的供应链中,上游节点只了解其直接下游节点发出的订单,而对最终用户的需求则一无所知。如果上游节点能够掌握最终用户的需求信息,那么可以利用最终用户的需求信息作为需求预测的依据,从而可大大弱化牛鞭效应。提高最终用户需求信息的透明度,可采用销售点数据(POS)系统,这样可以使上游节点及时、准确地了解产品的最终市场需求,过滤掉中间环节预测所带来的信息干扰。

信息共享可以增加供应链的整体绩效,但对所有企业并不总是有益的,链中所有企业都可能担心这些共享的私有信息会泄漏给竞争对手,所以为促进信息共享,要处理好利益在整个供应链中的再分配问题和做好信息保密工作。

(2)减少供应链的流通环节

供应链的流通环节越多,整个供应链所需的安全库存也越多,产品从制造商到最终用户所需要的流通时间和流通费用也越多,牛鞭效应也越大。减少流通环节可以减小需求信息的放大程度,减少整个供应链系统中的累积安全库存,同时也可以更好地对客户的需求作出反应。

(3)缩短提前期

如果提前期缩短 50%,那么预测误差也将减小 50%。订货提前期是指发出订单到收到货物之间所需的时间。订货提前期又可细分为信息提前期、决策时间、制造时间、运输时间以及各过程中存在的等待时间。信息提前期是指供应商接收和处理订单所需要的时间;决策时间是指供应商制定生产计划和运输计划所需的时间;制造时间是指当供应商没有库存或在 JIT 生产方式或定制生产方式下生产订货产品所需的时间;运输时间是指挑选、装卸和运输产品所需的时间;等待时间则是指各个过程中的空闲时间。针对提前期的不同组成部分,可采用不同的措施来缩短提前期。

(4)减少价格的波动

供应商可采用“天天低价”策略来减小促销所导致的价格波动带来的客户需求的波动。通过消除价格促销,供应商可以消除伴随着促销同步产生的需求的急剧变化。因此,天天低价策略能够产生更稳定的、变动性更小的顾客需求模式。

(5)消除博弈行为

当产品供应不足时,上游企业一方面可以适当增加生产能力,以尽可能地满足市场需求,另一方面当产品确实无法满足市场需求时,可以根据下游企业以往的销售量占总销售量的比例以及以往的退货量占总订货量的比例进行限额供应,而不是根据订购的数量进行限量供应。另外,上游企业对下游企业的退货政策鼓励了博弈行为,所以为了防止下游企业的恶意退货,可以对退货行为采取一定的惩罚措施。

在供不应求时,下游企业没有上游企业的供应信息,博弈现象达到最高峰。上游企业将生产计划、生产进度、发货计划以及库存情况等信息与下游企业共享,这样,下游企业就没有必要夸大订单数量来保证正常需求了。

(6)建设起战略性伙伴关系

在供应链中实施战略性伙伴关系可以减小牛鞭效应。战略性伙伴关系可以改变信息共享和库存管理的方式。在供应商管理库存(VMI)中,供应商直接管理零售商的库存,由供应商

来确定零售商的安全库存和补充数量，供应商并不依赖零售商的订单进行决策，因而在很大程度上避免了牛鞭效应。当供应链各成员企业能够相互合作、充分共享信息时，可以减少需求方的短缺博弈行为，从而可以减小由于短缺博弈所造成的牛鞭效应。另外，供应链可以采用第三方物流伙伴，这样可以实施小批量、多批次的补充策略，一方面减少需求方的库存费用，另一方面稳定供应商的生产，因此，这是一种多赢的策略。

2.4　供应链的全球化趋势

2.4.1　全球化供应链的管理

国际物流系统与国内物流系统相比，不只是范围更广，而且更加复杂。对国际物流活动单纯采取当地分散管理或单纯采取总部集中管理的组织管理方法是不可取的，企业在进行国际物流活动时既要考虑到国际物流需要集中管理协调的一面，又要考虑到各地在产品规格、市场特点和文化习俗等方面的差异，在各个不同的国家，应充分调动当地民众的积极性，让当地人在了解公司意图、公司理念、规章制度和应当掌握的起码技术的基础上，根据需要在当地分散管理，在全球集中管理和当地分散管理中取得平衡。成功企业的经验是“全球思考，当地行动”(Think Globally and Act Locally)，或者是“全球协调，当地管理”。“全球协调，当地管理”组织下具体的职责和功能划分如表2.3所示。

表2.3　“全球协调，当地管理”组织下的职责和功能划分

“全球协调”的职责	“当地管理”的职责
生产和运送等全球物流网络的优化	订货业务和客户服务管理
建立和管理全球信息系统	库存管理和控制
库存选址	仓库管理和当地配送
外部委托和外部采购决策	客户效益分析和营销成本控制
国际运送方式和运输手段的决策	与当地营销商的联系沟通和营销管理
综合分析和成本控制	人力资源管理

实行全球化供应链管理，不仅需要将人员、流程和策略整合考虑，还应该坚持做好三个方面的具体工作，即满足全球化的客户需求，跨越国界的供应链一体化，以及形成快速反应机制以应对多样化的客户需求。

(1)满足全球化的客户需求

要发展竞争优势，企业所有活动都必须以客户为核心。企业经营范围从国内市场扩展到全球市场，潜在客户数量迅速增长，巨大的市场意味着巨大的发展机遇。然而，巨大的市场在提供了收入和利润成长机遇的同时也带来了巨大的挑战。不管客户居住在世界的哪一部分，公司必须理解他们的需求。理解新的全球化的客户是在全球市场上有效竞争的黄金法则。

各国市场有各自的特点和特定的市场需要，因此，在企业的国际经营战略指导下，由海外分厂制定当地市场的营销策略和物流策略，是满足当地消费者的需要、提高客户服务水平的最佳方法。客户服务管理包括客户服务需要的管理和客户服务结果的控制，而且其管理范围已扩展到整个订货实现过程(从订货到送货)。虽然订货实现系统是一个全球性的、集中管理的系统,但并没有削弱当地客户服务管理的重要性,反而对当地客户服务管理提出了更高的要求。客户订货的获得和商品的配送都是由当地的部门来完成的,消费者需要的多样化和个性化要求当地部门进行多品种小批量、多频度小数量的配送作业,以便能及时满足需要。

公司服务成本与满足客户需求存在着一定的矛盾,根据不同细分市场的客户需求,公司服务成本会随之变化。针对复杂需求、成熟的客户,公司必须提供高成本、高价格的服务,而对简单需求、不成熟的客户,公司可以提供低成本、低价格的服务,保证实现"理想的"而不一定是最低的服务成本。很多公司已经成功地应对了这一挑战。例如,美国戴尔计算机公司通过利用网上销售,建立直销渠道模式,赢得了大量满意的回头客。要真正将客户作为供应链的驱动者,全球化供应链的管理者必须深刻理解现实的和正在出现的客户与客户需求,否则,公司不可能期望和满足多样化的需求。

(2)跨越国界的供应链一体化

过去实现供应链效率的假定是以单个物流功能和地理区域效率的最大化为前提。例如,要实现制造的高效率就必须专门生产某些产品,增加运转时间,降低等待时间。然而,功能和地理区域的最优化可能导致很多分散的本地操作和整个供应链的低效率,所以并不能实现全球化供应链的最高效率。全球化供应链管理的先决条件是供应链活动的一体化。实现一体化、跨功能、全球化运作的三个重要原则包括设计和实施有效的销售渠道与网络、与供应链合伙者合作策划和预测客户需求,以及利用第三方管理非核心活动和供应链成本。

①实施有效的销售渠道与网络

公司必须积极地寻找降低成本、分销产品和服务的方法。例如,戴尔公司在取得消费者直接渠道的初步成功后,和传统的增值经销商一起向小企业市场渗透,而且充分利用由增值经销商发展的同客户较深的业务关系,这与戴尔公司建立自己的营销渠道相比是一种成本较低的选择。

②与供应链合伙者合作策划和预测客户需求

一般的市场预测和计划没有延伸到合作伙伴间有关市场趋势的信息共享领域。消费者水平预测没有用来计划上游供应链的活动,如分销和生产计划等。在全球市场上,这种状况将会导致灾难性后果。遍布全球的不同地点的多余库存累计起来,将会增加供应链成本,还会导致缺乏效率,系统会失去平衡。

合作、跨功能的预测是管理全球化库存水平和供需状况的根本方法。为了得到关键客户的数据,使预测更加准确,公司应同外部组织(如零售商和批发商)合作。跨功能的合作方法使得库存集中于地区和跨市场的区域,提高了库存平衡供需的能力。合作预测和计划可以产生更好的上游供应链活动计划。例如,得到改善的生产计划和更加有效率的原材料采购等。

③利用第三方管理非核心活动和供应链成本

第三方管理者允许公司集中在核心竞争能力上,在降低复杂环境的管理成本上发挥了重要作用。例如,日本通用电子公司与小岛(KOJIMA)折扣零售商结成合伙关系,它使通用电子公司省去了日本分销系统烦琐的、多层次的事务;在印度和菲律宾,通用电子公司找到了能够服务全国的制造商作为合作伙伴。这种利用第三方管理者的策略使通用电子公司在亚洲没有形成投资固定资产的高成本,而且充分利用了合作伙伴拥有的能力。

(3)实现快速反应机制以应对多样化的客户需求

全球市场快速变化的本质决定了公司实现快速反应运作的重要性。客户需求的变化,决定了供应链运作也必须不断变化去留住客户并获得持续的客户满意。未来的供应链管理重点是:利用客户水平数据理解客户如何购买和使用产品或服务;重新设计供应链以利用巨大的全球化的资源,有效地管理全球化供应链;根据客户需求及其变化选择组织形式、人员和业务流程。

①建立快速反应组织

充分利用公司内部和来自不同国家的专门技能,满足多样化的客户需求,公司应该建立灵活的组织结构。例如,惠而浦公司建立"虚拟团队"(Virtual Team),与世界范围的专家沟通,共同设计和开发新的冰箱。该公司的绝缘技术来自欧洲的企业,压缩技术来自巴西的合资厂,设计和制造则在美国进行。同样,得克萨斯仪器公司利用现代通信技术和网络技术,美国和印度的工程师全天候24小时共同开发新产品,以缩短产品开发到上市的时间。

②建立快速反应的人力资源

使员工理解不同国家的文化差异、接受多样化的工作和掌握多方面的技能是实现快速反应运作的关键。职员应该形成这样一种思想:变化是他们日常工作的一部分。行为激励、工作描述和人员的选聘与培训都应该体现这种思想。例如,通用汽车为了打入新的市场,正在采取在发展中国家设厂的全球化制造策略,而这种策略的一个关键因素就是正确选聘和培训员工,使他们能够从事多种不同的工作,能够负责组装生产的整个过程。

③采取快速反应策略

有很多不同的方法可以实现快速反应运作。例如,本田公司为了将产品打入全世界的市场,在产品开发上设计出一种可以变化的平台。也就是说,一个平台可以为全世界制造汽车,如在美国市场上提供中型汽车,而在日本和欧洲市场上提供体积更小、运动型的轿车。这种策略极大地提高了世界范围供应链的灵活性,降低了成本,使供应链更有效率。

2.4.2　全球化供应链形式和管理的发展趋势

(1)全球化供应链形式的发展趋势

从当今国际物流的实践看,全球化供应链出现了三种形式的发展趋势:

第一,作为全球化的生产企业,在世界范围内寻找原材料和零部件来源,并选择一个适应全球分销的物流中心和供应关键物料的集散仓库,在获得原材料和分配新产品时使用当地现有的物流网络,并推广其先进的物流技术与方法。

第二,生产企业与专门第三方物流企业同步全球化,即随着生产企业全球化的进程,将以前所形成的、完善的第三方物流网络也带入全球市场。例如,日资背景的伊藤洋华堂在打入中国市场后,其在日本的物流配送伙伴伊藤忠株式会社也跟随而至,并承担了其配送活动。

第三,国际运输企业之间结盟。为了充分应对全球化的经营,国际运输企业之间开始形成了一种覆盖多种航线,相互之间以资源、经营的互补为纽带,面向长远利益的战略联盟。这样,不仅使全球物流更能便捷地进行,而且使全球范围内的物流设施得到了极大的利用,有效地降低了运输成本。例如,起始于1997年、目前正在展开的国际航空业的大联盟正是这种全球化经营的一种形式。

(2)全球化供应链管理的发展趋势

供应链管理作为一种新的管理理论和方法,还在不断的发展中。在当今经济全球化的环境中,供应链管理的发展趋势主要有:

①供应链反应向快速化和灵敏化方向发展

成功的供应链应该能够协调并结合供应链中的所有活动，最终成为无缝连接的一体化的整体。一体化的、协调的供应链应具有高度的反应力，能迅速支持一个伙伴公司的快速发展。所有供应链伙伴分享业务计划、预测信息和库存信息等，采取跨公司职能部门的平行管理，将多余的交接工作、垂直管理的弊病、不确定性和延误降到最少。

对供应链效率的不断追求越来越强调分散与集中相结合的结构和方式，即集中与分散执行相协调的模式。这对供应链的实施可视性提出了更高的要求，供应链必须具备基于事件监控管理和快速反应的机制，对出现的问题进行迅速调整和补救。这样就可以对环境中的变化作出灵敏的反应。

②供应链技术向电子化和智能化方向发展

现代供应链管理的核心内容是通过客户和供应商的网络进行有效的协作。完全的电子化供应链将把企业、客户和供应商在全球范围内紧密结合起来，这样，快速、集成的信息流可以使供应链中的每一个实体及时响应客户需求和相应调整实际的物流，并可以大量节省因手工单据处理而导致的成本费用和管理失误。

随着信息技术在供应链管理中的运用与发展，供应链管理可能会引入更多富有智能化的增值功能，从而导致一个真正"无摩擦"经济时代的到来。新技术会积累大量的交易数据，它们也会有能力利用这些数据来预测未来的事件，而不仅仅局限于对现有运作中的低效率再作出简单的反应。这种智能程度意味着作业能力的改善、手工流程的减少、运作的优化和成本的降低。

③供应链向需求链的转变

传统的供应链起始于产品的制造，随着零售商出售、制造商开发、批发商供应产品，终止于对消费者的销售。在这条链中，决定产品通过供应链移动的是那些远离消费市场的制造商。更普遍的，这些产品的生产并非源于市场的特别需求或消费者的偏好，而是来自制造商的实力背景、资源和营销能力。传统的供应链是一个线性的、从左至右的序列，消费者被动地位于接受的末端，其最大问题主要是无力向制造商传递他们确实需要的且会实际购买的产品。

随着消费者在供应链中的主导地位不断增强，一些学者和企业提出了需求链的概念，即一种新型供应链，以使处于既是供应链起点又是供应链终点的消费者的需求得到满足。随着供应链管理从一国之内延伸到世界范围，更多的企业将把关注的焦点从供应链转移到消费需求上，实现供应链向需求链的转变，这将是供应链管理发展中的一种新的趋势。

复习思考题

一、案例分析题

1. 供应链管理强调核心企业与世界上最杰出的企业建立(　　)关系，委托这些企业完成一部分业务工作，自己则集中精力和各种资源，通过重新设计业务流程，做好本企业能创造特殊价值、比竞争对手更擅长的关键性业务工作。

A. 合作伙伴　　B. 战略合作

C. 一般伙伴　　D. 战略同盟

2. 通过供应链管理，供应链企业在不同程度上都取得了发展，其中最为明显的是(　　)。

A. 订货——送货的周期时间缩短　　B. 生产——送货的周期时间缩短

C. 生产——销售的周期时间缩短　　D. 订货——生产的周期时间缩短

3. 供应链主要具有的特征不包括(　　)。

A. 交叉性　　　　B. 面向市场需求

C. 动态性　　　　D. 复杂性

二、判断题

1. 供应链是一个静态系统。　(　　)

2. 供应链管理的实践始于供应链上末端的零售行业。　(　　)

3. 对供应链上的下游企业来讲,供应链上游企业的功能只是简单地提供物料,而不是要用最低的成本提供最好的服务。　(　　)

读一读

马云秘密打造的智慧供应链来了!

新零售时代,要求企业在正确的时间,把正确的商品,用正确的方式,销售给正确的客户。如果没有一流的供应链,这一切都无从实现。

面对变化越来越迅速的市场,企业痛点急速叠加:无法精准预测消费需求,难以前瞻性规划生产和销售,产品在不同渠道孤立流转,有的渠道堆积如山,有的渠道经常缺货,企业一不小心就会陷入亏损死胡同。而阿里新零售供应链平台希望帮助商家把生意"越做越简单"。

1. 菜鸟赋能"三部曲"

进入新零售时代,消费者对商品到达的时间、交付的体验要求更高。而商家的痛点有三个:极致的交付体验、更加弹性的管理商品库存和流通、优化全链路的效率,最终达到降本增效的目的。

菜鸟的解决方案是供应链升级"三部曲":全链路、全渠道、全场景。

第一步,整合线上渠道,实现一盘货,线上大部分商品流通已经数字化,比较好实现。

第二步,线下数字化,包括门店、仓储、物流整个体系的数字化,以便掌握商品流通,动态的线下计划协同,不同店、仓储的实时调拨。

第三步,线上线下的全渠道一盘货。由于加盟商、经销商的存在,线下和线上的货权目前很难统一,因而也是最难攻克的环节。"线上跟线下的逻辑不同,而且各有痛点,在很多组织里面线上跟线下还是两波人在做。"但无论如何,这是必须要走完的一步。

一家年销售百亿元的服装品牌就遭遇了这个问题。它在线上除了天猫旗舰店,还有淘宝店,并入驻其他一些电商平台。另外,包括直营店和加盟店在内,线下有 2 000 多家门店。线上四分五裂,与线下也完全割裂。而服装行业商品迭代周期很快,快速上新、快速出货,加上 SKU(Stock Keeping Unit,库存保有单位)较多,库存管理变得非常困难,经营成本大幅提升。

菜鸟做了一件事情,帮这家企业把菜鸟合作伙伴的仓储全部数字化打通,通过智能分仓实现线上一盘货,用最合适的仓库、最合适的链路出货。但是,因为经销商买断了货权,所以线下一盘货还无法做到。

2. 盒马供应链破局

作为中国新零售先锋,盒马鲜生从一开始就是一家全渠道公司,线上线下一盘货是自然而然的事情,完全不存在不同渠道的货权问题。

零售是世界上就业人口最多、环节最复杂的一个行业,也是最能体现供应链效率的一个行业。从商品开发、仓储物流、销售到售后，需要很多支团队协同作战，数字化则是最有效率的指挥棒。

盒马建构商业模式的时候，就是用数字化方法和实践去改造整个经营链条。更重要的是，数字化经营过程沉淀的数据，在一些决策点构建的模型和算法，可以推进决策数字化，大大提升决策的效率和准度。

盒马正紧锣密鼓地推进供应链数字化。

不久前，盒马宣布免除进场费、新品费、促销费等一系列乱七八糟的渠道费，采用买手制从源头重塑供应链体系，与供应商打造互利双赢的"新零供关系"。底气就是来自正在推行的供应链数字化建设。

目前，盒马已进入全国 13 个城市，预计到 2021 年进入全国所有一二线城市和发达地级市。它的采购面向全国，陕西猕猴桃运到浙江，海南西瓜运到山东……所有的商品都围绕"全国基地＋全国 DC＋城配＋门店"这条供应链主线运转。

盒马一个门店的后仓只有 1 000 多平方米，每天平均处理一万个生鲜订单，要在 30 分钟送达，并且缺货率和投资率只允许千分之几。张国宏认为，"按照传统的玩法靠人工一段一段拼起来根本玩不下去"。

盒马的方法是供应链拆解为若干关键节点，各个节点的货物状态、员工行为全部切割成最细小的动作，把这些信息输入系统，数字化生成可追踪的指标，"商品在什么空间、哪个位置，准确度 99%以上。"

由此，订单的数字化管理成为现实。目前，盒马在售的标品已经全部实现自动订货，生鲜等非标品也开始由手工订货向自动订货升级。

3. 天猫国际大爆发的背后

如今，中国消费者购买进口商品大约有七成是通过天猫国际平台实现的。自 2014 年上线以来，天猫国际销售额一直保持三位数增长。

支付和物流产业的长足发展推动了全球商品流通的速率。天猫国际 70%的品牌在中国没有实体业务，互联网帮助它们以最简单、最便捷的方式进入中国市场，比如开市客(Costco)在 2014 年开通天猫国际海外旗舰店，2017 年上线天猫旗舰店，并于 2019 年在上海开设中国大陆第一家实体店。

天猫国际的业务分为平台和直营两种，像开市客这样有知名度、SKU 较多的，适合平台模式；而 SKU 较少、知名度较低的品牌，适合直营。

天猫国际的供应链分成两个部分：前台由天猫国际基于 C 端需求计划供应链，后台由菜鸟物流完成仓储配送。两者精准咬合才能保证业务顺利开展。

计划供应链的核心是进货、补货、库存、周转的预测。国际物流逆向成本很高，一旦消费者退货，必将产生高昂的逆向物流费用，因此，只有精准的前瞻性预测，才能做到更高的售罄率、更低的退货率。

问题在于，中国的销售曲线有巨大的波峰和波谷，海外销售曲线则是平滑的，"最多到了圣诞节、黑五抖动一下，日常销售非常理性"。所以，计划供应链在中国的难度远远高于海外。

以前的模式下没有数据，现在有了互联网，有了数据，有了调控手段，可以更好地做前置，"在整个大数据和算法模型上，进行比以前更精准的预测"。

（资料来源：搜狐网，https://www.sohu.com/a/249209523_696103，2018—08—21.）

参考文献

[1]董千里. 供应链管理[M]. 大连：东北财经大学出版社，2009.
[2]王昭凤. 供应链管理(第 2 版)[M]. 北京：电子工业出版社，2012.
[3]胡春森. 物流与供应链管理[M]. 武汉：华中科技大学出版社，2012.
[4]马士华. 供应链管理[M]. 北京：机械工业出版社，2010.
[5]张光明. 供应链管理[M]. 武汉：武汉大学出版社，2011.
[6]周艳君. 供应链管理[M]. 上海：上海交通大学出版社，2008.
[7]马全麟. 供应链管理[M]. 南京：东南大学出版社，2008.
[8]齐二石. 物流与供应链管理[M]. 北京：电子工业出版社，2007.
[9]施先亮. 供应链管理概论[M]. 北京：首都经济贸易大学出版社，2006.
[10]赵道致. 供应链管理[M]. 北京：中国水利水电出版社，2007.

第3章　物流系统

【学习目标】

- 了解物流系统的概念及特点；
- 掌握物流系统的基本结构。

【引导案例】

作为全球规模最大的体育盛事，奥运会的参赛运动员和观众比其他任何体育赛事都多，由此引发了巨大的物流需求。以比赛所需的器材为例，其数量就远远超过其他赛事。与其他领域的物流不同，奥运物流具有自己的鲜明特色，对举办城市的物流系统来说，是一份难题颇多的考卷。

以2016年巴西奥运会为例，在赛事方面，奥运会将使用32 000个乒乓球、400个足球、8 400个羽毛球、250辆高尔夫球车和54艘船。

奥运村的配件和物品将包括约80 000把椅子、70 000张桌子、29 000个床垫、60 000个衣架、6 000台电视机和10 000个智能手机。

为了储存所有这些物资，里约奥组委使用了两个仓库：一个在里约西部巴拉达蒂茹卡区，面积为15 000平方米的仓库，为奥运村组装和提供家具及配件；另一个位于卡希亚斯公爵城，临近通向赛场的路边，面积为90 000平方米的大仓库，这里储存了奥运会比赛所需的所有设备和用品。这两个仓库的存储架高达21米，相当于7层楼高，仓库在任何时间都具有装载和卸载120辆卡车货物的能力。此外，奥运会还将使用14 000支箭，并需要清除7 770公斤马粪。

组委会准备了2 000人的团队，负责运输、登记、记录、管理、分配和交付使用这些物资。

（资料来源：物联云仓，https://www.50yc.com/information/hangye-wuliu/6498.）

思考：

（1）奥运物流系统的复杂性体现在哪些方面？

（2）如此复杂的奥运物流系统，应该如何运作？

3.1 物流系统概述

物流活动涉及经济和生活的各个方面，物流行业的组成也十分复杂，以此为研究对象和研究内容的物流学科属于经济学、管理学、工程学与理学等学科相互交叉的综合性新学科。因此，必须采用系统的观点和方法对物流活动进行研究。

3.1.1 物流系统的概念

系统是由相互作用和相互依赖的两个或两个以上元素结合而形成的，具有特定功能的有机整体。

物流系统是指在一定的空间和时间里，物流活动所需的机械、设备、工具、节点、线路等物质资料要素相互联系、相互制约的有机整体。它是由物流各要素组成的，要素之间存在着有机联系并具有使物流总体合理化功能的综合体。物流系统是社会经济大系统的一个子系统或组成部分。

3.1.2 物流系统的特点

物流系统具有一般系统所共有的特点：整体性、相关性、目的性、环境适应性，并具有规模庞大、结构复杂、目标众多等大系统所具有的特征。

物流系统的特点主要有以下几点：

(1)物流系统是一个“人—机系统”

物流系统是由人和形成劳动手段的设备、工具所组成。它表现为物流劳动者运用运输设备、装卸搬运机械、仓库、港口、车站等设施，作用于物资的一系列生产活动。在这一系列物流活动中，人是系统的主体。因此，在研究物流系统的各个方面问题时，把人和物有机地结合起来，作为不可分割的整体，加以考察和分析，而且始终把如何发挥人的主观能动作用放在首位。

(2)物流系统是一个大跨度系统

物流系统是一个大跨度系统，这反映在两个方面：一是地域跨度大，二是时间跨度大。在现代经济社会中，企业间物流经常会跨越不同地域，国际物流的地域跨度更大。通常采取储存的方式解决产需之间的时间矛盾，这样时间跨度往往也很大，大跨度系统带来的问题主要是管理难度较大，对信息的依赖程度较高。

(3)物流系统是一个可分系统

物流系统无论其规模多么庞大，都可以分解成若干个相互联系的子系统。这些子系统的多少和层次的阶数，是随着人们对物流的认识和研究的深入而不断扩充的。系统与子系统之间，子系统与子系统之间，存在着时间和空间上及资源利用方面的联系；也存在总的目标、总的费用以及总的运行结果等方面的相互联系。

(4)物流系统是一个动态系统

一般的物流系统总是连接多个生产企业和用户，随需求、供应、渠道、价格的变化，系统内的要素及系统的运行也经常发生变化。这就是说，社会物资的生产状况，社会物资的需求变化，资源变化，企业间的合作关系，都随时随地影响着物流，物流受到社会生产和社会需求的广泛制约。物流系统是一个具有满足社会需要、适应环境能力的动态系统，人们必须对物流系统的各组成部分经常不断地修改、完善，这就要求物流系统具有足够的灵活性与可改变性。在有较大的社会变化的情况下，物流系统要重新进行系统设计。

(5)物流系统是一个复杂的系统

物流系统的运行对象——物，遍及全部社会物质资源，资源的大量化和多样化带来了物流的复杂化。从物质资源上看，品种成千上万，数量极大；从从事物流活动的人员上看，需要数以百万计的庞大队伍；从资金占用上看，占用着大量的流动资金；从物资供应点上看，遍及全国城乡各地。这些人力、物力、财力资源的组织和合理利用，是一个非常复杂的问题。

在物流活动的全过程中，始终贯穿着大量的物流信息，物流系统要通过这些信息把这些子系统有机地联系起来。如何把信息收集全、处理好，并使之指导物流活动，也是非常复杂的事情。

物流系统的边界是广阔的，其范围横跨生产、流通、消费三大领域。这一庞大的范围，给物流组织系统带来了很大的困难，而且随着科学技术的进步，生产的发展，物流技术的提高，物流系统的边界范围还将不断地向内深化，向外扩张。

(6)物流系统是一个多目标系统

物流系统的多目标常常表现出“目标背反”。因此，系统要素间有着非常强的背反现象，即效益背反现象，在处理时稍有不慎就会出现总体恶化的结果。通常，对物流数量，希望最大；对物流时间，希望最短；对服务质量，希望最好；对物流成本，希望最低。显然，要满足上述所有要求是很难办到的。例如，在储存子系统中，站在保证供应、方便客户的角度，人们会提出储存物资的大数量、多品种问题，而站在加速资金周转、减少资金占用的角度，人们则提出减少库存。又如，使用最快的运输方式——航空运输，时间效用虽好，但运输成本高，经济效益不一定最佳；而选择水路运输，则情况相反。所有这些相互矛盾的问题，在物流系统中广泛存在。而物流系统又恰恰要求在这些矛盾中运行，要使物流系统在各方面满足人们的要求，显然要建立物流多目标函数，并在多目标中求得物流的最佳效果。

3.1.3 物流系统的模式

一般来讲，物流系统具有输入、处理(转化)、输出、限制(制约)和反馈等功能，其具体内容因物流系统性质的不同而有所区别，如图3.1所示。

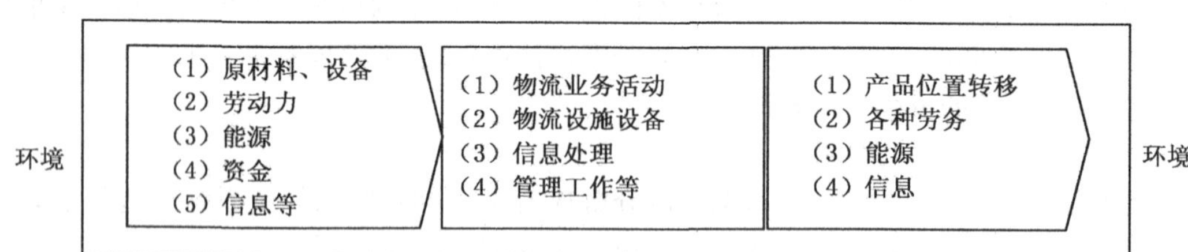

图3.1 物流系统基本模式

(1)输入

输入包括原材料、设备、劳动力、能源等，就是通过提供资源、能源、设备、劳动力等手段对某一系统发生作用，统称为外部环境对物流系统的输入。

(2)处理(转化)

处理(转化)是指物流本身的转化过程。从输入到输出之间所进行的生产、供应、销售、服务等活动中的物流业务活动称为物流系统的处理或转化。具体内容包括：物流设施设备的建设；物流业务活动，如运输、储存、包装、装卸搬运等；信息处理及管理工作等。

(3)输出

物流系统的输出是指物流系统与其本身所具有的各种手段和功能，对环境的输入进行各种处理后所提供的物流服务。具体内容有：产品位置与场所的转移；各种劳务，如合同的履行及其他服务等；能源与信息。

(4)限制和制约

外部环境对物流系统施加一定的约束称为外部环境对物流系统的限制和制约。具体内容有：资源条件、能源限制、资金与生产能力的限制；价格影响、需求变化；仓库容量；装卸与运输的能力；政策的变化等。

(5)反馈

物流系统在把输入转化为输出的过程中，由于受系统各种因素的限制，不能按原计划实现，需要把输出结果返回给输入，进行调整，即使按原计划实现，也要把信息返回，以对工作作出评价，这称为信息反馈。信息反馈的活动包括各种物流活动分析报告、各种统计报告数据、典型调查、国内外市场信息与有关动态等。

3.1.4　物流系统的构成

物流系统是由物流要素或由子系统所构成。

(1)物流要素

物流要素就是指人、财、物、设备、任务和信息这6个内部要素以及制度、法律、行政命令和标准化系统等外部支撑要素。

①物流系统内部要素

● 人。人是物流系统非常重要的一个因素，因为人是系统中最活跃、最具有能动性的因素。人是保证物流得以顺利进行和提高管理水平的最关键的因素。

● 财。财是物流活动中不可缺少的固定和流动资金及其有效利用。

● 物。物包括物流系统所传递的物品以及维持物流系统自身运行所需要的物质条件。

● 设备。设备包括物流活动中的建筑、机电设备、运输设备、装卸搬运设备等。

● 任务。任务即按照客户要求，物流系统所实现的物资传递，也就是完成从供方到需方的物资传递。

● 信息。信息包括人工或计算机处理的各种物流的统计资料、数据、报表、图纸、账目等。信息也是物流系统的重要因素之一，信息流与物流在系统中相辅相成。信息流是指在物流系统中，为物资(或物料)运动服务的情报、指令、信号、文件等形成的流动过程。信息流是双向的，它对物流起控制作用。在考虑信息时，要特别注意系统信息的反馈。

②物流系统外部支撑要素

物流系统的建立需要许多条件，要确定物流系统的地位，要协调与其他系统的关系，这些要素必不可少。主要包括：

● 体制、制度。物流系统的体制、制度决定物流系统的结构、组织、领导和管理方式，国家对物流系统的控制、指挥、管理方式以及对系统地位的认可，范围的确定，是物流系统运行的重要保障。有了这个支撑条件，物流系统才能确定在国民经济中的地位。

● 法律、规章。物流系统的运行，不可避免会涉及企业或人的权益问题。法律、规章一方面限制和规范物流系统的活动，使之与更大的系统协调；另一方面是给予保障，合同的执行、权益的划分、责任的确定都需要法律、规章来维护。

● 行政、命令。物流系统和一般系统的不同之处在于物流系统关系到国家军事、经济命脉，因此，行政、命令等手段也常常是支持物流系统正常运转的重要支持要素。

● 标准化系统。保证物流环节协调运行，是物流系统与其他系统在技术上实现联结的重要支持。

(2)物流子系统

物流系统包括作业子系统和信息子系统两大部分。

①作业子系统

作业子系统是指运输、储存、包装、装卸搬运、流通加工等职能系统。它是为了实现物流各项作业功能的效率化，通过各项作业功能的有机结合增进物流效率化的统一体。

该子系统中最重要的就是运输系统和仓储系统。运输在传统物流和现代物流中都具有非常重要的地位，因为它是联结供求的桥梁和纽带，只有通过运输系统才能实现物资的传递。现代物流系统中的运输系统更加注重服务成本、服务速度和服务的持续一致性，在设计物流系统时，要使运输速度和成本趋向平衡。仓储系统与运输系统一样，也是在传统物流系统与现代物流系统中处于重要地位的子系统，仓储系统主要涉及仓库管理和存储控制。

②信息子系统

信息子系统又称为“物流情报系统”，这个子系统是传统物流所不具备的。它包括订货、发货管理，在库、出货管理等机能，力求完成商品流动全过程的信息活动。它同其他职能，如采购、生产、销售等有机地结合在一起，通过信息的顺畅流动，从而提高物流系统的工作效率，是实现作业活动效率化的支持系统。信息子系统在现代物流系统中处于一个中心的地位。

3.1.5 物流系统的目标

物流系统是社会经济大系统的一个子系统或组成部分，其目标是获得宏观和微观经济效益。

物流系统的宏观经济效益是指物流系统作为一个子系统，对这个社会流通及国民经济效益的影响。如果一个物流系统的建立破坏了母系统的功能及效益，那么这一物流系统即使功能理想，也是失败的。物流系统不但会对宏观的经济效益产生作用，而且还会对社会其他方面造成影响，如物流设施的建设会给周边的环境带来影响。

物流系统的微观经济效益是指该系统本身在运行活动中所获得的企业效益，其直接表现形式是这一物流系统通过组织“物”的流动，实现本身所消耗与所获得的合理比例。物流系统运行基本稳定后，主要表现在企业通过物流活动所获得的利润，或为其他系统所提供的服务上。

在设计与运行物流系统时，要以宏观和微观两个效益为目的。具体来讲，物流系统要实现以下五个目标，简称为“5S”。

(1)服务(Service)

物流系统的本质要以用户为中心，树立用户第一的观念。在物流活动中要做到无缺货、无货物损伤和丢失等现象出现，并且费用要低，这些都要求物流系统对生产与消费者有很强的服务性。物流系统的这种服务性表现为一定的从属性，物流系统采取的送货、配送等形式，就是其服务性的体现。近年来，在物流管理上出现的“准时供应”“柔性供货”等方法，也是其服务性的表现。

(2)快速、及时(Speed)

物流系统的快速、及时是服务性的延伸,既是用户的要求,也是社会发展进步的要求。随着社会大生产的发展,对物流快速、及时的要求也更加强烈。在物流领域采用的诸如直达物流、多式联运、时间表系统等管理方法和技术,就是这一目标的体现。

(3)低成本(Saving)

在物流领域中除了流通时间节约之外,由于流通过程消耗大但又基本上不增加或不提高商品的使用价值,所以依靠节约来降低投入,是提高相对产出的重要手段。在物流领域里推行集约化经营方式,提高物流作业的能力,采取各种节约、省力、降耗措施,实现降低物流成本的目标。

(4)规模优化(Scale Optimization)

由于物流系统比生产系统的稳定性差,因而难以形成标准的规模化模式,也难以获得规模效益。以物流规模作为物流系统的目标,是以此来追求"规模效益"。在物流领域以分散或集中等不同方式建立物流系统,研究物流的集约化程度,来体现规模优化这一目标。

(5)库存控制(Stock Control)

库存控制是及时性的延伸,也是物流系统本身的要求,涉及物流系统的效益。物流系统通过本身的库存,起到对众多生产企业与消费者的需求保证作用,从而创造一个良好的社会外部环境。库存过多则需要更多的保管场所,而且会产生库存资金积压,造成浪费。因此,必须按照生产与流通的需求变化对库存进行控制。同时,物流系统又是国家进行资源配置的一环,系统的建立必须考虑国家资源配置、宏观调控的需要。在物流领域中正确确定库存方式、库存数量、库存结构、库存分布就是这一目标的体现。

要发挥物流系统化的效果,就要进行研究,把从生产到消费过程的货物量作为一贯流动的物流量看待,依靠缩短物流路线、物流时间,使物流作业合理化、现代化,从而实现物流系统的目标。

3.2　物流系统的基本结构

3.2.1　物流系统的流动结构

物流系统有七个流动要素:流体、载体、流向、流量、流程、流速和流效。物流系统都要具备这七个要素,缺一不可,只是具体内容不尽相同。

(1)流体

流体指物流中的"物",即物资实体。流体具有自然属性和社会属性。自然属性是指其物理、化学和生物属性。在物流过程中需要对流体进行检验、养护,根据物资实体的自然属性合理安排运输、保管、装卸等物流作业,使其自然属性不受损坏。社会属性是指流体所体现的价值属性以及生产者、采购者、物流作业者与销售者之间的各种关系,有些关系国计民生的重要商品作为物流的流体还肩负着国家宏观调控的重要使命,因此,在物流过程中要保护流体的社会属性不受任何影响。由于物流的目的是实现流体从供应者向需要者的流动,为实现这一目的,尽管有一部分流体要不断地储存在仓库中,但这也是一种流动形式,这是流体在时间上的移动，所有的流体终究要经过运输等方式实现空间上的移动。总的来说，流体是处于不断流动的状态中的。

(2)载体

载体是指承载物的设备以及这些设备赖以运作的设施。载体可分为两类：一类载体指基础设施，如铁路、公路、水路、港口、车站、机场等，它们大多是固定的；另一类载体指设备，即以第一类载体为基础，直接承载并运送流体的设备，如车辆、船舶、飞机、装卸搬运设备等，它们大多是可以移动的。物流载体的状况，尤其是物流基础设施的状况，直接决定物流的质量、效率和效益。物流学科研究物流载体的结构、规模，尤其要研究物流载体的网络结构、技术进步等，比如要研究物流中心或者配送中心的选址、载体的定位和跟踪、载体运行速度的提高、载体的协调等问题。

(3)流向

流向指流体从起点到终点的流动方向。物流的流向有四种：

①自然流向

自然流向是指根据产销关系所决定的商品的流向，这表明一种客观需要，即商品要从产地流向销地。

②计划流向

计划流向是指根据流体经营者的商品经营计划而形成的商品流向，即商品从供应地流向需要地。

③市场流向

市场流向是指根据市场供求规律由市场确定的商品流向。

④实际流向

实际流向是指在物流过程中实际发生的流向。

对某种商品而言，可能会同时存在以上几种流向。如根据市场供求关系确定的商品流向是市场流向，这种流向反映了产销之间的必然联系，是自然流向；实际发生物流时还需要根据具体情况来确定运输路线和调运方案，这才是最终确定的流向，这种流向是实际流向。在确定物流流向时，理想的状况是商品的自然流向与商品的实际流向相一致，但由于计划流向与市场流向都有其存在的前提，还由于载体的原因，导致商品的实际流向经常偏离自然流向。物流学科通过研究流向准确掌握流向的变化规律，达到合理配置物流资源、合理规划物流流向，从而降低物流成本、加快物流速度的目的。

(4)流量

流量是指通过载体的流体在一定流向上的数量表现。流量与流向是不可分割的，每一种流向都有一种流量与之相对应。因此，流量的分类可以参照流向的分类，也分为四种，即自然流量、计划流量、市场流量和实际流量。

(5)流程

流程是指通过载体的流体在一定流向上行驶路径的数量表现。流程的分类与上述流向的分类基本类似，可以分为自然流程、计划流程、市场流程和实际流程，也可以分为理论流程和实际流程。理论流程往往是可行路径中的最短路径。路径越长，物流运输成本越高。如果要降低运输成本，一般就应设法缩短运输里程。

(6)流速

流速是指流体通过载体在一定流程上的速度表现。流速与流向、流量、流程是构成物流的

四大量化要素，是衡量物流效率和效益的重要指标。一般来说，流速快，意味着物流时间的节约，也就意味着物流成本的减少以及物流价值的提高。

(7)流效

流效即物流的效率和效益。物流的目的是为了用最少的物流成本完成物品从起源地到需求地的转移，并满足客户的其他物流要求，这个目的集中体现在物流的效率和效益上。

在任何一个物流系统中，这些要素都是相关的：流体的自然属性决定载体的类型和规模，流体的社会属性决定流向、流量和流程；流体、流量、流向和流程决定载体的属性；载体对流向、流量和流程有制约作用，载体状况会影响流体的自然属性和社会属性。因此，对一个物流系统来说，可以根据流体的自然属性和社会属性确定流向、流程的远近及具体运行路线，根据流量的大小与结构来确定载体的类型与数量。

3.2.2　物流系统的网络结构

物流过程实际上是由许多停顿过程和运动过程组成的，与这种运动形式相对应，物流网络结构由物流节点和运输线路两种基本元素组成，即点和线。点就是节点，一般是指仓库、车站、码头、货场、物流中心、配送中心、零售店等。线是指点和点之间的联系，可体现为运输线路、运输方式、运输量及运输成本的综合。线路与节点的相互关系、结构、联系方式不同，也就形成了不同的物流网络。

(1)物流节点

物流节点是物流网络中物流线路的连接处。包装、装卸、保管、分拣、配货、流通加工等物流功能要素都是在物流节点上完成的。实际上，物流线路上的活动也是靠节点来组织和联系的。现代物流网络中的物流节点对优化整个物流网络起着重要作用，从发展的眼光来看，它不仅执行一般的物流职能，而且越来越多地执行指挥调度、信息传输等神经中枢的职能。随着物流系统化观念的增强，物流节点在实现物流系统的协调、顺畅和总体优化中的作用也逐渐增强。

①物流节点的功能

● 物流处理功能

物流节点是物流系统的重要组成部分，是仓储保管、物流集疏、流通加工、配送、包装等物流活动的载体，是完成各种物流功能、提供物流服务的重要场所。

● 衔接功能

物流节点不仅将各条运输线路连接成一个系统，使各运输线路通过物流节点形成相互贯通、错综复杂的物流网络，而且将各种物流活动有效地联系起来，使各种物流活动通过物流节点的整合实现无缝对接。物流节点的衔接效率将影响整个物流系统的效率。如沃尔玛成功地运用货物对接的衔接技术，减少物流节点中的库存量，而且没有引起运输成本的增加，从而提高了整个物流系统的效率与效益。

物流节点的衔接作用主要表现在：

第一，通过物流节点将不同运输方式或同一运输方式连接起来，通过多式联运，实现集疏运输与干线运输、干线运输与干线运输的衔接。

第二，通过物流节点将运输、仓储、加工、搬运、包装等物流功能有效地联系起来，实现物流作业一体化。

● 信息功能

物流节点是整个物流系统物流信息收集、处理和传播扩散的集中地。在现代物流系统中，每一个物流节点都是一个物流信息节点，若干个这种类型的信息点和物流信息中心结合起来，便形成了指挥、调控、管理、调度整个物流系统的信息网络。

● 管理功能

物流系统中的管理设施和机构集中设置于物流节点之中，从现代物流系统的观点来看，物流节点是集管理、调度、信息和物流处理为一体的物流综合设施。整个物流系统运转是否有序化、合理化和效率化都取决于物流节点的管理水平。

②物流节点的主要类型

按照节点的功能，可以将物流节点分为以下几种类型：

● 转运型节点

它是指处于运输线路上，以连接不同线路和运输方式为主要功能的节点。例如，铁道运输线上的车站、货站，水运线路上的港口、码头，空运线路上的空港，连接不同方式的转运站和中转仓库等。一般而言，由于这种节点处于运输线上，又以转运为主，所以货物在这种节点上停滞的时间较短。

● 储运型节点

它是指以保管存放货物为主要功能的节点，包括储备仓库、营业仓库等。这类节点主要是带有储备性质。货物存量较大，周转速度较慢，因此一般对仓库的货物保管、养护的要求比较高。

● 集散型节点

它是指以集中货物或分散货物为主要功能的节点，包括集货中心和分货中心。集货中心，顾名思义，是将一定范围内来源分散、批量小，但总量较大的货物集中起来，以便大批量处理或发货。分货中心就是对集中到达的数量巨大的货物进行拆分处理，形成新的货体和新的包装形态，以适应大量、集中生产和小批量、分散的要求。

● 配送型节点

它是指连接干线物流与末端配送，以货物配备和组织送货为主要功能的节点。这类节点的典型代表就是配送中心。配送中心是现代物流业发展中出现的新型物流节点，具有集货、分货、分拣、倒装、加工、配货、为客户调节库存、送货、收集及传递信息的功能。

● 综合性节点

它是指在一个节点中将若干功能有机结合在一起，有完善的设备，能有效地衔接和协调各个工艺流程的集约型节点。配送中心和物流中心等都属于这一类型的节点，是为了适应物流大量化、复杂化、细致准确的要求而出现的。

物流节点的分类并不绝对，现实中各类节点往往是交叉并存的。另外，现代物流的发展对节点的要求不断提高，传统的单一型节点出现向多功能、综合性转变的趋势。

物流节点从结构层次上可以分为一级物流节点、二级物流节点和三级物流节点，包括物流园区、物流中心、配送中心和货运站三类。

一级物流节点(物流园区)是各地政府为了当地经济发展、物资流转需要而开辟的物流集中运作地。往往位于重要的生产基地、交通枢纽附近，或者位于集中消费地，如各大中心城市附近。其主要功能往往包括进口商品的分拨、中转、仓储和区域配送以及出口商品的集中、中转、拼装箱、仓储、进出口报关等，还应具备集装箱货运站的功能。同时，物流园区一般也承担区域配送功能，配送重点为物流中心或城市配送中心。

二级物流节点(物流中心)是指具备集货、分货、中转、储存、流通加工、配送、信息服务等其中4项以上主要功能的节点。现实中的物流中心有多种存在形式，按其主要功能上的差异，可分为物流集货中心、物流分货中心、配送中心、物流转运中心、物流储调中心、流通加工中心等。

三级物流节点(配送中心、货运站)是指具备配送、中转、信息服务或集货的一项或多项功能的节点。

③物流节点的服务内容

相对于整个物流系统而言，节点是系统的转换点或终端，是直接面向服务对象的物流基础设施。物流节点的主要服务内容如表3.1所示。

表3.1 物流节点的服务内容

<table>
<tr><th colspan="2">目标市场及细分</th><th>地 点</th><th>服务内容</th></tr>
<tr><td rowspan="4">国际物流</td><td rowspan="3">国际物流服务</td><td>港口</td><td>保税仓储、商品展示、临港加工、拆箱拼箱、公海货物转换、铁海运输转换及办公业务</td></tr>
<tr><td>机场</td><td>保税仓储、商品展示、临港加工、拆箱拼箱、公航货物转换及办公业务</td></tr>
<tr><td>公路、铁路、车站</td><td>保税仓储、商品展示、临港加工、拆箱拼箱、公铁货物转换、铁海运输转换及办公业务</td></tr>
<tr><td>国际货物运输服务</td><td>港口、机场、铁路</td><td>海路运输、航空运输、铁路运输、公路运输</td></tr>
<tr><td rowspan="7">区域物流</td><td>港铁联运服务</td><td>港口与铁路货站结合点</td><td>铁路运输、海铁运输转换、仓储、加工</td></tr>
<tr><td>铁路运输服务</td><td>铁路货运</td><td>铁路运输、卡车集运货物、仓储、加工</td></tr>
<tr><td>公空联运服务</td><td>公路货运枢纽站与机场结合</td><td>航空货物的集中、分散</td></tr>
<tr><td>公铁联运服务</td><td>公路货站与铁路货站的结合点</td><td>公铁运输转换、卡车集运货物、仓储、加工</td></tr>
<tr><td>公路运输服务</td><td>公路枢纽站</td><td>卡车集运货物、仓储、加工</td></tr>
<tr><td>供应链管理</td><td>工业园区旁</td><td>采购、运输、仓储、配送</td></tr>
<tr><td>商业配送服务</td><td>城市中心边缘区</td><td>仓储、加工、配送</td></tr>
</table>

(2)物流线路

物流线路，广义上是指所有可以行驶的或航行的陆上、水上、空中线路；狭义上仅指已经开辟的，可以按规定进行物流运营的路线或航线。在物流管理领域，线路一般指后者。

①物流线路的类型

物流线路按其存在的物质形态，可分为公路、铁路、水路、航线和管道五种线路。

● 铁路

铁路是使用机车牵引车辆(或使用装有动力装置的车辆)组成列车巡轨行驶的交通线路。按线路数量分，有单线铁路、双线铁路和多线铁路；按轨距分，有标准轨距铁路、宽轨铁路和窄轨铁路；按速度分，有高速铁路、快速铁路、电力铁路、一般铁路等；按区域分，还可分为国家铁路、地方铁路、企业专用铁路等。铁路的特点是建设周期长、投资大、专用性强，但其承载能力非常大。铁路虽然不如公路密度大，但它发挥着连接大中城市的作用，可以承载大批量、长距离的运输，故有国民经济大动脉之称。

● 公路

公路是连接各城镇、乡村和工矿基地之间主要供汽车行驶的道路。我国公路根据其使用任务、性质和交通量分为五个等级。如表3.2所示。

表 3.2　　　公路等级

公路等级	特　点
高速公路	具有特别重要的政治、经济意义。为专门供汽车分向分车道行驶并全部控制出入的干线公路,分为四车道、六车道、八车道高速公路。一般能适应按各种汽车折合成小客车的年平均昼夜交通量 25 000 辆以上。
一级公路	为连接重要政治、经济中心,通往重点工矿区、港口、机场,专供汽车分道行驶并部分控制出入的公路。一般能适应按各种汽车折合成小客车的年平均昼夜交通量为 15 000～30 000 辆。
二级公路	为连接政治、经济中心或大矿区、港口、机场等地的公路。一般能适应按各种车辆折合成中型载重汽车的年平均昼夜交通量为 3 000～7 500 辆。
三级公路	为沟通县以上城市的公路。一般能适应按各种车辆折合成中型载重汽车的年平均昼夜交通量为 1 000～4 000 辆。
四级公路	为沟通县、乡(镇)、村的公路。一般能适应按各种车辆折合成中型载重汽车的年平均昼夜交通量为双车道 1 500 辆以下,单车道 200 辆以下。

● 水路

水路是主要借助自然条件在江河湖海形成的水上通道,也有如大运河这样靠人工开掘的人工河流。水路的特点是属天然资源,基本不用投资或以较少投资就可以利用。但水路运输也会受到大自然的制约,如水位、洪水、海浪、台风等,都会对水路运输产生影响。同时,没有河流、海洋的地方,也无法开展水路运输。

● 航线

航线是飞机和其他航空器通过的航空线路。航线本身是天然存在的,无须投资便可利用,但要实现航空运输,仅有航线的存在是不够的,修建客货运机场、制造飞机等都是必不可少的先决条件,这导致航空运输所产生的各种成本极大。

● 管道

管道是一种较为特殊的线路,可用密闭的管道来输送流体物质。其特殊性表现在管道既是线路,又是运输载体。由于管道基本没有运动部件,维修费便宜,所以一旦建成,可以连续不断地输送大量物资,不费人力,运输成本低。

②物流线路的特点

物流网络中的线路一般具有如下特点:

● 方向性

一般在同一条线路上有两个方向的物流同时存在。

● 有限性

节点是靠线路连接起来的,一条线路总有起点和终点。

● 多样性

线路是一种抽象的表述,公路、铁路、水路、航空路线、管道等都是线路的具体存在形式。

● 连通性

不同类型的线路必须通过载体的转换才能连通,并且任何不同的线路之间都是可以连通的,线路间的转换一般在节点进行。

● 选择性

两点间具有多种线路可以选择,企业既可以在不同的载体之间进行选择,又可以在同一载体的不同路径之间进行选择。物流系统理论要求两点间的物流流程最短,因此,企业需要进行路径和载体的规划。

● 层次性

物流网络的线路包括干线和支线。根据载体类型不同，物流线路可划分为铁路线、公路线、水路线、航空线、管道线五类。不同类型的线路，比如铁路和公路，都有自己的干线和支线，各自的干线和支线又分为不同的等级，如铁路一级干线、公路二级干线等。

节点和线路本来都是孤立、静止的，但是通过系统的方法，将节点和线路有机地结合起来就构成了物流网络，就能发挥系统的整体功效。节点与线路之间如何联系才能发挥最大作用，正是物流网络规划设计所要解决的问题。

复习思考题

案例分析题

南美洲厄瓜多尔中部科托帕希(Cotopaxi)火山地区常年气候温暖，雨水充足，虽然山高林密，地势险要，却是玫瑰花和其他珍贵花卉的盛产之地。美国迈阿密州的布里恩花卉物流公司向北美各大城市配送的玫瑰花就是在这个地区的三家大型农场采购的。但是，玫瑰花娇嫩易损，一旦残败凋零，其价值则丧失殆尽。那么，如何让人们看到最高贵的玫瑰花呢?

一、玫瑰花的旅途

科托帕西地区：每天早上，玫瑰园工作人员罗丝(Rose)将园中的玫瑰花枝剪下来之后立即包装起来。为了防止花枝受到挤压，要将玫瑰放入盒子中，这些盒子都非常结实，盒子装满鲜花后即使一个人踩上去都不会变形，而且这种良好的包装可以避免运输中的重复包装。每次，罗丝都将 150 枝玫瑰花包成一盒，然后将盒子装入 2℃的冷藏集装箱内。等集装箱装满之后就送到厄瓜多尔的首都基多(Quito)国际机场，再从这里被连夜直接送往美国迈阿密机场。

美国迈阿密国际机场：由于布里恩花卉物流公司发明了一种环保集装箱，它的保温时间可以持续 96 小时，而且还能储存在宽体飞机底部的货舱内，所以，这些玫瑰花整晚都安安静静地躺在飞机底部货舱。第二天凌晨，满载着新鲜玫瑰花的货机徐徐降落在迈阿密国际机场。在此等候的工作人员将鲜花迅速从飞机舱口移动到温控仓库里。早晨，海关、检疫所和动植物检验所的工作人员来对鲜花进行例行检查。之后，花卉就被转运到集装箱卡车或国内航空班机上，直接运达美国各地配送站、超市和大卖场，再通过它们将鲜花送到北美大陆各大城市街道上的花店、小贩和快递公司等处，并最终到达消费者手中。

二、中国的鲜花物流市场

在云南省斗南市场的周围有很多民房，全国各地的花商们就在这里每月花 400～500 元的租金，租个约 30 平方米的房子，雇几个小时工把收到的鲜花粗粗地挑选、整理、包装、装箱。玫瑰的包装实际上非常简单，标准的货运箱子是 50×50cm 规格的纸壳箱子，每个箱子里放 45～50 扎，每扎 20 枝玫瑰。箱子的不规范和质量的低标准，将直接导致鲜花在运送过程中破箱而出。

娇嫩的玫瑰在冬天容易受冻，夏天容易腐烂，但它所需要的高标准保鲜、保温设备在我国的现状只是塑料布、泡沫板和装着冰的可乐瓶子。在斗南花卉市场，装满水后冷冻起来的可乐瓶子被称为“冰瓶”，一个冰瓶 5 毛钱，一个鲜花货箱里装 4～5 个冰瓶就足够了。国航货运提货场里，装满鲜花的纸箱子摆了一地，10 个箱子里有 5 个已经破损或者变形，有意思的是，有的矩形货箱已经被超载的鲜花胀成了球形…… 按规定，每个货箱不能超过 50 公斤，但实际上，大部分箱子都装着70公斤甚至更多的玫瑰。

根据所给案例回答以下问题：

(1)根据案例的描述，请利用物流的七个流动要素来分析布里恩花卉物流公司的物流系统。

(2)云南省的斗南镇是北京鲜花的主要供应源，参考以上资料，请说明中国的鲜花物流系统需要在哪些方面进行改进。

读一读

多措并举加快发展现代物流体系

上周召开的国务院常务会议部署推进物流枢纽布局建设，明确要多措并举发展“通道＋枢纽＋网络”的现代物流体系，确保全社会物流总费用与国内生产总值比率明显降低，提高经济运行效率，促进高质量发展。

物流是国民经济的动脉，是联系生产和消费、城市和乡村的纽带，在国民经济和地区经济中具有很强的基础性作用和带动性作用。当前，进一步完善物流体系，着力营造物流业良好发展环境，推动物流业降本增效，不仅有助于实体经济的健康发展，也有助于提升国民经济整体运行效率。

要提升物流业发展水平，离不开强化重点领域和薄弱环节建设。上周，多个省份加大基础设施领域的投入，补齐短板，取得了不少新进展。

在东部地区，山东年内需开通运营的济青高铁、青连铁路和石济客专齐河至济南东段三条高速铁路已具备试运行条件，随即转入运行试验阶段。三条高速铁路的开通，将大大缩短山东省内各地市间的出行时间，形成省内2小时交通圈。

在中部地区，全球首个由机器人完成配送任务的智能配送站——京东物流配送机器人智能配送站在长沙市正式投入使用。该配送站可同时容纳20台配送机器人，完成货物分拣、机器人停靠、充电等一系列环节，对于解决城市物流“最后一公里”配送难题具有标志性意义。国际运邮班列11月20日从郑州驶出，标志着河南省国际邮件陆路运输通道正式打通。中欧班列(郑州)运邮常态化后，可发挥郑州区位和交通优势，将全国出口欧洲、中亚等方向的国际邮件在郑州集疏，同时将德国、法国、波兰等国家的进境邮件经郑州分拨全国。

在西部地区，经过近9年的艰苦奋战，破解千年米仓山屏障的宏伟工程、连接四川和陕西的第三条高速公路通道——巴陕高速公路全线正式通车。从四川巴中至陕西汉中的路程由原来的3.5小时缩短为1小时，4小时可抵达西安。

总的来看，这些新进展有助于提升物流综合服务能力，提高物流运行效率，推动物流业降本增效。从未来看，各地应进一步以区位和产业条件较好、辐射能力较强的城市为载体，加快布局建设一批重点物流枢纽；构建物流枢纽干线网络体系，重点发展铁路干线运输；健全转运、装卸等物流标准，推进集装箱、托盘等设备标准化，加快发展多式联运。

当然，物流业的发展，也离不开深化“放管服”改革，激发物流运营主体活力。上周，一些地方在推动“放管服”改革方面也有不少新动作。比如，广东省出台了《“数字政府”建设总体规划》，北京市发布了《北京市进一步优化营商环境行动计划》，宁夏全面推行“证照分离”改革工作，破解“准入不准营”问题。物流业是基础性产业，涉及领域广、发展潜力大、带动作用强，更应该加大改革力度，打破阻碍货畅其流的制度藩篱。

只有体制机制改革不断深化，才能最大限度地发挥市场机制作用，吸引更多包括民企、外企在内的社会资本参与物流枢纽建设运营，进一步整合优化现有物流园区、货运场站等设施，提高集约利用和信息共享水平，统筹补齐物流枢纽设施特别是中西部地区物流软硬件短板，最终提高经济运行效率，促进高质量发展。

（资料来源：林子文．多措并举加快发展现代物流体系[N]．经济日报，2018—11—26.）

参考文献

[1]孙前进.物流系统设计[M].北京：中央广播电视大学出版社，2009.
[2]施国洪.物流系统规划与设计[M].重庆：重庆大学出版社，2009.
[3]吴承健.物流系统规划与设计[M].北京：中国财富出版社，2011.
[4]郝勇，张丽，黄建伟.物流系统规划与设计[M].北京：清华大学出版社，2008.
[5]李卫红，任平国.物流系统规划与设计[M].西安：西北工业大学出版社，2012.
[6]董千里等.物流工程[M].北京：中国人民大学出版社，2012.
[7]方仲民.物流系统规划与设计[M].北京：机械工业出版社，2008.
[8]李安华.物流系统规划与设计[M].成都：四川大学出版社，2006.
[9]沈祖志.物流系统分析与设计[M].北京：高等教育出版社，2005.
[10]李浩.物流系统规划与设计[M].杭州：浙江大学出版社，2008.
[11]谢如鹤.物流系统分析与规划[M].北京：高等教育出版社，2015.

第 4 章 运输管理

【学习目标】

- 了解运输的概念及功能；
- 熟悉五种运输方式；
- 掌握运输合理化的相关内容；
- 能够选择合适的运输方式；
- 理解供应链中的运输管理。

【引导案例】

荷兰 TPG 公司是一家提供邮件、快运和物流服务的全球性公司，是世界上最大的国际商务邮件服务商，也是唯一在欧洲各主要城市拥有网络的快件服务商。公司使用"皇家 PTT 邮政"和"TNT"两个品牌(TNT 快运、TNT 物流)，目前业务范围覆盖 200 多个国家，并在 58 个国家设有分支机构。

TNT 快运实行统一销售、集中分级分拣、统一运输的运输组织形式，特别是集中分级分拣，将不同的货运站进行功能设置，有些大型货运站完全服务于粗拣后站与站间的运输，通过这种接力式的分拣、运输，强化了集团公司间的合作，也提高了分拣和运输的整体效率。这种在集团公司内部进行专业化分工的组织形式非常有利于提高整个网络的运输效率，降低营运成本。统一销售、统一调度、统一分拣、统一运输、信息共享，是今后快件运输发展的趋势，也是货物运输集团企业专业化、规模化、网络化的运作模式。

TNT 快运目前主要提供以下五种门到门的服务：当日快件、早 9 点快件、午时 12 点快件、全球午后 17 点快件、经济快件等。这五项服务均为标准化服务，服务的内容及要求都按照严格的标准及相关程序进行。另外，TNT 快运还提供多种价值附加服务，如技术速递、夜间速递、保险速递等。多样化的服务能够满足不同层次、不同要求顾客的需要，多样化的服务使得快运网络更加稠密、通达不同的角落，促进了企业快运业务的增长。

快件货物运输根据不同的服务项目的要求，采用空运或路运(汽车或大型货车)。一般早 9 点、午 12 点快运选择空运方式；当日快件则比较灵活，只要能按时到达，则采用较经济的运输工具；经济快运一般采用汽车运输。通常在 800 公里范围内用汽车运输，超过 800 公里用航空运输。为此，TNT 快运欧洲空运网络有五个空运快件主集散站，分布在比利时的列日、英国的利物浦和德国的科隆等地，并在列日租用机场和跑道，每周飞行 500 个航班，加上利用商业网络，构成 250 条空运航线，每周飞行 13 000 个飞行段，运送 1 500 吨货物，与 745 个集散站相连。在欧洲路运网络中，卫星集散站到客户（门或货架）的配送 85%由 TNT 快运公司承担，卫星集散站到主集散站、主集散站之间的长途、大吨位厢式货车运输的 30%是 TNT 快运公司承担，70%是外包，由有运输协议的小型运输公司承担，但车辆和人员要使用 TNT 的标志和品牌。由于 TNT 快运网络十分发达，能运达 200 多个国家，故快件的运送速度比邮件快。虽然快件和邮件由不同的网络运送，但有时邮件和快件会相互利用和协调，邮件也能通过快件网络运行。

（资料来源：https://www.9956.cn/college/68179.html.）

思考：

(1)在选择运输方式时，应该考虑哪些因素？

(2)简要说明运输的基本原理。

4.1 运输概述

4.1.1 运输的概念

交通运输既是衔接生产和消费的一个重要环节，又是保证国家在政治、经济、文化、军事和人民生活等方面保持联系的手段之一。

根据中华人民共和国国家标准《物流术语》(GB/T 18354-2006)的定义，运输是指用运输设备将物品从一地点向另一地点运送。其中包括集货、分配、搬运、中转、装入、卸下、分散等一系列操作。

4.1.2 运输的功能

(1)产品转移

运输的主要功能就是实现产品在价值链中的移动。这方面的功能有：以最低的时间、财务和环境资源成本，将产品从原产地转移到规定的地点；使产品灭失、损坏降到最低；产品转移所采用的方式必须能满足顾客有关交付履行和装运信息的可行性等方面的要求。

(2)产品储存

这里的储存是指短时储存，就是将运输工具（车辆、船舶、飞机、管道等）作为临时的储存设施贮藏和保管货物。

短时储存是一个不太寻常的运输功能，因为将运输车辆作为临时储存设施是相当昂贵的。这个功能在以往并没有被人们关注。但是，如果转移中的产品需要储存，但在短时间内(1～3天)又将重新转移，那么该物品在仓库卸下来和再装上去的成本也许会超过存放在运输工具中所支付的费用，此时就将运输工具作为临时的储存设施。

4.1.3 运输在物流中的作用

运输是物流的主要功能。物流依靠运输功能，解决了物品的供给地和需求地之间的空间距离问题，创造了物品的空间价值。运输在整个物流中占有很重要的地位，运输成本占物流成本的 35%～50%，占商品价格的 4%～10%。

(1)运输是物流的主要功能要素之一

物流是“物”的位移，不仅改变了物的时间状态，也改变了物的空间状态。运输承担了改变空间状态的主要任务，是改变空间状态的主要手段，运输再配以储存、装卸搬运、包装、流通加工、信息处理和配送等活动，就能圆满完成物流的任务。

在现代物流概念诞生以前，甚至就在今天，仍有不少人将运输等同于物流，其原因是物流中很大一部分活动是由运输担任的，是物流的主要部分。

(2)运输是社会物质生产的必要条件之一

运输连接着生产与再生产，生产与消费，连接国民经济各部门、各企业，连接着城乡，连接着不同国家和地区。

(3)运输可以创造“场所效用”

场所效用也叫空间效用，是指同种物品由于空间场所的不同，其使用价值的实现程度不同，其效益的实现也不同的一种现象。利用运输可以把物品运送到空间效应最高的地区，从而可以获得最大的利益。在宏观上也起到了资源配置的作用，能实现资源的优化配置。

(4)运输是“第三利润源”的主要源泉

运输与静止的保管不同，是运动中的活动，要靠大量的动力消耗才能实现，而运输又承担大跨度空间转移的任务，所以活动的时间长、距离长、消耗也大。消耗的绝对数量大，其节约的潜力也就大。

从运费来看，运费在全部物流费用中所占比例最高，一般占 50%左右，所以节约的潜力很大，如图 4.1 所示。

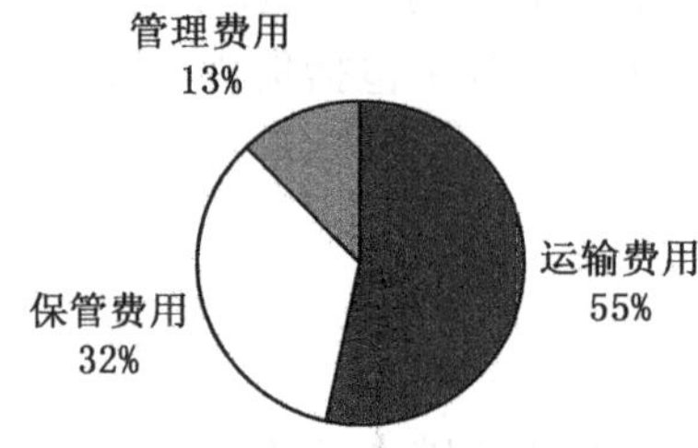

图 4.1 2017 年社会物流费用构成

由于运输总里程大，运输总量巨大，通过体制改革和运输合理化可大大缩短运输吨公里数，从而获得比较大的节约。

4.1.4 运输的基本原理

(1)规模经济

规模经济的特点是随着装运规模的增长，使每单位的运输成本下降。运输规模经济之所以存在，是因为有关的固定费用可以按整批货物的重量分担，如运输工具投资。规模经济使得货物的批量运输显得合理。

※ 小案例：

假设 C. B. N. 铁路公司以每吨 0.035 美元的价格运送 2 亿吨货物，固定成本是 350 万美元，可变成本是 250 万美元，则：

- 总成本：600 万美元
- 收入：700 万美元
- 利润：100 万美元
- 每吨成本：600 万美元/2 亿吨＝0.03 美元/吨

现在假设每吨的运价还是 0.035 美元，运输量增加了 20%，其他条件不变，则：

- 总成本：固定成本 350 万美元＋可变成本 300 万美元＝650 万美元
- 总收入：840 万美元
- 利润：190 万美元
- 每吨成本：0.027 美元

可以看出，单位价格不变，规模经济不仅可以降低单位成本，还可以增加利润。

(2)距离经济

距离经济的特点是每单位距离的运输成本随运输距离的增加而减少。距离经济的合理性类似于规模经济，尤其体现在运输装卸费用的分摊上。距离越长，可使固定费用分摊后的值越小，导致每单位距离支付的总费用很小。

4.1.5　运输的参与者

运输的参与者主要包括托运人、承运人、收货人、政府以及公众，如图 4.2 所示。

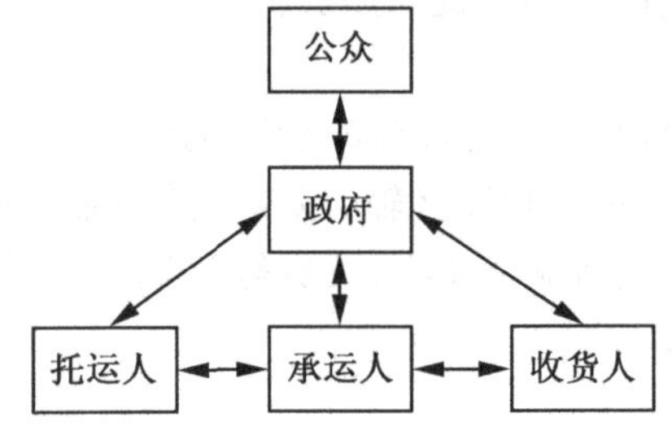

图 4.2　运输的参与者

(1)托运人和收货人

托运人(一般是货物的卖方)和收货人(一般是买方)关心的是在规定的时间内以最低的成本将货物安全地从起始地转移到目的地。运输服务中应包括具体的提取货物和交付货物的时间、预计转移的时间等。

(2)承运人

承运人作为中间人，其目的与托运人和收货人多少有点区别。承运人期望以最低的成本完成所需的运输任务，同时获得最大的运输收入。这种观念表明，承运人想要按托运人(或收货人)愿意支付的最高费率收取运费，而使转移货物所需要的劳动、燃料和运输工具成本最低。要实现这一目标，承运人期望在提取和交付时间上有一定的灵活性，以便于能够使个别的装运整合成经济运输批量。

(3)政府

基于运输对经济的影响,政府期望一种稳定而有效率的运输环境,以使经济能持续增长。稳定而有效率的市场经济需要承运人提供有竞争力的服务,同时有利可图。政府通过限制承运人所能服务的市场或确定他们所能采取的价格来规范他们的行为;通过支持研究开发或提供诸如公路或航空交通控制系统之类的通行权来促进承运人有序竞争。

(4)公众

公众是最后的参与者,关注运输的可达性、费用和效果以及环境和安全上的标准。公众通过按合理价格产生对周围的商品需求最终确定运输需求。尽管最大限度地降低成本对于消费者来说是重要的,但与环境和安全标准有关的交易代价也需要加以考虑。环境风险或运输工具事故的成本都将转移到消费者身上,因此消费者必然会参与到运输活动中并对运输的安全性作出判断。

显然,由于各方之间的相互作用,使得运输关系很复杂。这种复杂性会导致托运人、收货人和承运人之间频繁冲突,政府与公众之间频繁冲突。这些冲突已经导致了运输服务备受规章制度的限制。

4.2 运输方式

4.2.1 基本运输方式

现代运输有五种基本的运输方式,包括公路运输、铁路运输、水路运输、航空运输和管道运输。每一种运输方式都可以直接向客户提供服务。

(1)公路运输方式

公路运输是利用汽车在公路上运送旅客和货物的运输方式,是最普遍的一种运输方式。公路运输主要承担近距离、小批量的货物运输,以及水路运输、铁路运输难以到达的长途、大批量货物运输。公路运输可以配合船舶、火车、飞机等运输工具完成运输的全过程,是港口、车站、机场集散货物的重要手段。

①公路运输的优点

第一,机动灵活。公路运输在时间方面的机动性比较好。车辆可随时调度、装运,各环节之间的衔接时间短。尤其是对货运量的多少具有很强的适应性,汽车的载重吨位有小(0.25~1 吨)有大(200~300 吨),既可以由单个车辆独立运输,也可以由若干车辆组成车队同时运输,这一点对抢险、救灾工作和军事运输具有特别重要的意义。公路运输网的密度大,分布面广,因此,公路运输车辆可以“无处不到,无时不有”。

第二,中、短途运输速度较快。在中短途运输中,由于公路运输可以实现“门到门”的直达运输,中途不需要倒运、转乘就可以直接将货物运送到目的地,因此,与其他运输方式相比,其货物在途时间较短,运送速度较快。

第三,投资少。修建公路的材料和技术问题比较容易解决,因此,公路运输易在全社会广泛发展。公路运输与铁路、水路、航空运输方式相比,所需固定设施简单,车辆购置费用一般也比较低,因此,投资兴办容易,投资回收期短。据有关资料表明,在正常经营情况下,公路运输的投资每年可周转 1~3 次,而铁路运输则需要 3~4 年才能周转一次。

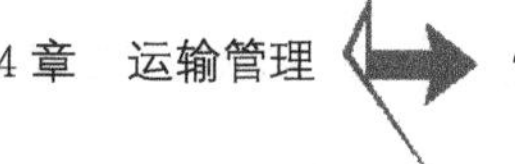

②公路运输的缺点

第一,运输能力小。每辆普通载货汽车每次运送的数量较少,一般中型货车的额定载荷为4～6吨,重型货车的额定载重大于14吨。目前,世界上最大的汽车是美国通用汽车公司生产的矿用自卸车,长20多米,自重610吨,载重350吨左右,但仍比火车、轮船小得多。

第二,运输能耗高。公路运输能耗是铁路运输能耗的10.6～15.1倍,是沿海运输能耗的11.2～15.9倍,是内河运输能耗的11.5～19.1倍,是管道运输能耗的4.8～6.9倍,但比民航运输能耗低,只有民航运输能耗的6%～8.7%。

第三,运输成本高。公路运输成本是铁路运输的11.1～17.5倍,是沿海运输的27.7～43.6倍,是管道运输的13.7～21.5倍,但比民航运输成本低,只有民航运输的6.1%～9.6%。由于汽车载重量小,行驶阻力比铁路大9～14倍,所消耗的燃料又是价格较高的液体汽油或柴油,因此,除了航空运输,就属汽车运输的成本最高了。

第四,劳动生产率低。公路运输的劳动生产率只有铁路运输的10.6%,是沿海运输的1.5%,是内河运输的7.5%,但比民航运输劳动生产率高,是民航运输的3倍。此外,由于汽车体积小,因而无法运送大件物资,不适宜运输大宗货物。

第五,占地多。公路建设占地多,随着人口的增长,占地多的矛盾将表现得更为突出。

第六,安全性较低。汽车引起的交通事故频发,平均每年有50多万人死于汽车交通事故。此外,汽车所排出的尾气和引起的噪声也严重地威胁着人类的健康,是大城市环境污染的最大污染源之一。

(2)铁路运输方式

铁路运输是指利用机车、车辆等技术设备沿着铺设轨道运行的运输方式。

①铁路运输的优点

第一,适应性强。依靠现代科学技术,铁路几乎可以在任何需要的地方修建,可以全年全天候不停地运营,具有较高的连续性,而且适合于长短途旅客和各类不同重量、不同体积货物的双向运输。铁路运输过程受自然条件限制较小,连续性强,通用性能好。

第二,运输能力大。铁路是大宗、通用的运输方式,能够承担大量的运输任务。铁路的载运能力比汽车和飞机大得多。一般每列客车可载旅客1 800人左右,一列火车可装2 000～3 500吨货物,重载列车可装20 000多吨货物。

第三,安全性高。火车货物运输到发时间准确性较高,运行比较平稳,安全可靠。随着先进技术的发展,铁路运输的安全程度也越来越高。在各种现代运输方式中,按所完成的旅客人千米和货物吨千米计算的事故率,铁路运输是很低的。

第四,运送速度快。铁路运行速度快,时速一般为80～120千米/小时。铁路货物列车运行速度一般为80～100千米/小时。

第五,环境污染程度小。铁路运输能耗较低,环境污染小。铁路运输每千吨千米耗标准燃料为汽车运输的1/11～1/15,为民航运输的1/174。而且,铁路运输对环境和生态平衡的影响程度小,特别是电气化铁路的影响更小。

第六,运输成本低。铁路运输成本比水路运输成本高些,但比公路运输和航空运输成本要低很多。我国铁路运输成本分别是公路运输和航空运输成本的1/20和1/128。

②铁路运输的缺点

第一,投资高。单线铁路每公里造价为100万～300万元,复线造价在400万～500万元。

第二,建设周期长。一条干线要建设5～10年,而且由于占地多,随着人口的增长,将给社会增加负担。

第三，短途运输灵活性差。在运输的起点和终点必须有其他运输方式的配合与衔接，为铁路运输集散货物。

综上所述，铁路运输主要适用于：大宗低值货物的中长距离运输，也较适合运输散装、罐装货物；大量货物一次高效率运输；运费负担能力小、货物批量大、运输距离长的货物运输；要求运输安全系数大的货物运输。

(3)水路运输方式

水路运输是指用船舶在内河或海洋上运送货物。水路运输通常表现为四种形式：沿海运输、近海运输、远洋运输和内河运输。在国际贸易中85%以上的货物是通过海洋运输来实现的，我国的对外贸易运输中90%以上的货物是通过海洋运输实现的。

①水路运输的优点

第一，运输能力大。在五种运输方式中，水路运输能力最大。在长江干线上，一支拖驳或顶推拖驳船队的载运能力已经超过万吨，国外最大的顶推驳船队的载运能力达到3万～4万吨。

第二，水运建设投资省。水路运输只需利用江河湖海等自然水利资源，除必须投资购造船舶、建设港口外，沿海航道几乎不需要投资，整治航道也仅仅只有铁路建设费用的1/3～1/5。

第三，运输成本低。我国沿海运输成本只有铁路的40%，美国沿海运输成本只有铁路运输的1/8；长江干线运输成本只有铁路运输的84%，而美国密西西比河干流的运输成本只有铁路运输的1/4～1/3。

第四，平均运距长。水路运输平均运距分别是铁路运输的2.3倍，公路运输的59倍，管道运输的2.7倍，民航运输的68%。

②水路运输的缺点

第一，受自然条件影响较大。内河航道和某些港口受季节影响较大，因冬季结冰和枯水期水位变低等难以保证全年通航，水路运输受海洋与河流的地理分布及其地质、地貌、水文与气象等条件和因素的制约与影响明显；此外，水运航线无法在广大陆地上任意延伸。

第二，运送速度慢，准时性差。普通杂货船时速为20～30千米/小时，在途的货物多，会增加货主的流动资金占有量，经营风险增加。

第三，运输连续性差。一个航次长达数十天，短的也要一个星期左右。

所以，水路运输主要适合承担以下作业任务：承担大批量货物，特别是集装箱运输；承担原料半成品等散货运输；承担远距离、运量大、不要求快速抵达的货物运输。

(4)航空运输方式

航空运输是指利用飞机运送货物的现代化运输方式。近年来，采用航空运输方式日趋普遍，航空货运量越来越大，航空运输的地位日益提高。

①航空运输的优点

第一，运送速度快。航空运输的一般时速在800～900千米/小时，大大缩短了两地之间运输的时间。

第二，机动性能好。航空运输几乎可以飞越各种天然障碍，可以到达其他运输方式难以到达的地方。

第三，破损率低。采用航空运输的货物本身价值就较高，其地面操作流程环节比较严格，管理制度比较完善，这就使得货物破损率很低，安全性较高。

②航空运输的缺点

航空运输的主要缺点有：飞机机舱容积和载重量都比较小；航空运输的运载成本和运价比地面运输高；运输的准确性和正常性会受到天气条件的影响；维护成本高；运输技术要求高，人员培训费用高。

航空运输主要适用于：附加值高、质量轻、体积小、运费承担能力强的中长距离运输，如精密仪器、电子仪器仪表、电脑设备、贵重金属、宝石等；货物的紧急运输，如救灾物资的运输和时效性物品的运输。航空运输不适合于低价物品和大批量货物的短距离运输。

(5)管道运输方式

管道运输是用管道输送流体货物和粉末货物的一种运输方式。它是依靠物体在管道内顺着压力方向顺序移动实现的。它与其他运输方式的重要区别在于管道设备是静止不动的。

①管道运输的优点

第一，运输量大。国外一条直径720毫米的输煤管道，一年即可输送煤炭2 000万吨，几乎相当于一条单线铁路的单方向的输送能力。

※ 链接："西气东输"工程

典型的管道运输是我国的"西气东输"工程，线路全长约4 200千米，投资规模1 400多亿元，是目前我国距离最长、口径最大的输气管道。设计压力为10兆帕，年设计输送量120亿立方米。西起新疆塔里木轮南油气田，终点为上海。东西横贯新疆、甘肃、宁夏、陕西、山西、河南、安徽、江苏、上海9个省(自治区、直辖市)。

第二，占地少。管道运输只需要铺设管线，修建泵站。在平原地区管道大多埋在地下，不占农田；管道可以从河流、湖泊甚至海洋的水下穿过，也可以翻越高山，横越沙漠。

第三，安全性高，无污染。管道运输的成品油运费仅为铁路的1/6～1/3，接近于海运。管道运输没有有害物质排放。

第四，稳定性好。管道运输不受气候影响，可以全天候运输，送达货物的可靠性高。

②管道运输的缺点

第一，专用性强。管道只能运输石油、天然气及固体料浆(如煤炭等)。管道运输不如其他运输方式灵活，承运的货物比较单一，货源减少时不能改变路线，当运输量降低较多时并超出其合理运行范围时，优越性难以发挥。另外，运输速度较慢。

第二，专营性强。管道运输属于专用运输，其生产和运销混为一体，不提供给其他发货人使用。

第三，机动灵活性差。管道运输仅提供单向运输。不易随便扩展管道，路线往往完全固定，服务的地理区域十分有限。

第四，固定投资大。为了进行连续输送，还需要在各中间站建立储存库和加压站，以促进管道运输的畅通。

4.2.2 多式联运

(1)多式联运的概念

所谓多式联运，就是根据实际运输要求，将不同的运输方式组合成综合性一体化运输，通过一次托运、一次计费、一张单证、一次保险，由各运输区段的承运人共同完成货物的全程运输的运输组织形式。

多式联运是按照社会化大生产要求组织运输的一种方法，它是将多种运输工具有机地结合在一起，以最合理、最有效的方式实现货物运输。所以，多式联运是一种高级的运输组织形式，它不仅可以最大限度地方便货主，加速货物运输过程，而且可以进一步实现运输合理化、物流合理化，提高运输的工作效益和经济效益。

由于多式联运被广泛应用于国际货物运输中，所以许多物流书籍或资料将其称为国际多式联运。

(2)多式联运的特点

多式联运与其他的单一运输方式相比，有着明显的特征。

①运输方式的通用性

多式联运在全程运输中至少使用两种或两种以上的运输方式，而且是不同方式的连续运输。与按单一方式的货运不同，多式联运所使用的运输单证、商务规定和货运合同协议、法律、规章等必须具有适用于两种以上方式的通用性。

②运输责任的全程性

运输合同包括从起运地到目的地的全程运输。多式联运是不同运输方式的综合组织，其全程运输均由多式联运经营人完成或组织完成。无论涉及几种运输方式、分为几个运输区段、有多少个中间环节，多式联运经营人都要对全程负责，完成或组织完成全程运输中所有的运输及相关的服务业务。多式联运经营人可以在运输网中选择适当的运输路线、运输方式和各区段的实际承运人，降低运输成本，提高运送速度，实现运输合理化。

③运输手续的简单性

多式联运是一票到底，实行单一费率的运输，发货人只要订立一份合同，一次性付费，一次保险，通过一张凭证，即可完成全程运输。与传统的分段运输相比，手续简便，不仅能最大限度地方便货主，缩短货物的运输时间，而且可以提前结汇，缩短货主的资金占用时间，提高经营效益。

④经营人身份的双重性

多式联运经营人在完成或组织完成全程运输过程中，首先要与托运人或货主订立全程运输合同，在合同中是承运人；但在与各种运输方式、各区段的实际承运人订立的分运(或分包)合同中，多式联运经营人又是以托运人和收货人的身份出现。这样，联运经营人就具有双重身份。就其业务内容和性质来看，联运经营人的主要工作实际上是组织、衔接各区段的货物运输，而各区段承运人对自己承担区段的货物运输负责。由此可知，联运经营人的这种身份与传统的货运代理人身份相似，担负的是“一手托两家”的中介组织任务。

由于多式联运可以集中各种运输方式的优势，组成连贯运输，所以，发展多式联运，有利于发挥综合运输的优势，简化货运环节；加速货物和资金周转，缩短货运时间，减少货损货差，提高货运质量；节省运杂费用，降低运输成本；有利于挖掘运输潜力，提高运输效率，形成以城市为中心、港站为枢纽的综合运输网络，方便无港站的县、市办理货运业务；同时，有利于交通运输管理体制的改革，扩大运输经营人的业务范围，提高运输的组织水平。

(3)多式联运的组织形式

①海陆联运

海陆联运是国际多式联运的主要组织形式。这种组织形式以航运公司为主体，签发联运提单，与航线两端的内陆运输部门开展联运业务，与陆桥运输展开竞争。如我国内地—我国港口—日本港口—日本内地就是典型的海陆联运方式。

②陆桥运输

所谓陆桥运输，是指使用横贯大陆的铁路、公路运输系统作为中间桥梁，把大陆两端的海运系统连接起来，形成跨越大陆、联结海洋的运输组织形式。如西伯利亚大陆桥、北美大陆桥、新亚欧大陆桥等都是陆桥运输的代表。

在国际多式联运中，陆桥运输起着非常重要的作用。它是远东—欧洲国际多式联运的主要形式。严格地讲，陆桥运输也是一种海陆联运形式，只是因为它在国际多式联运中的独特地位，故将其单独作为一种运输组织形式。

※ 链接：新亚欧大陆桥

新亚欧大陆桥，又名“第二亚欧大陆桥”，是从中国的江苏连云港市到荷兰鹿特丹港的国际化铁路交通干线，中国国内由陇海铁路和兰新铁路组成。大陆桥途经江苏、安徽、河南、陕西、甘肃、青海、新疆7个省(自治区)，65个地、市、州的430多个县、市，到中哈边界的阿拉山口出国境。出国境后可经3条线路抵达荷兰的鹿特丹港。中线与俄罗斯铁路友谊站接轨，进入俄罗斯铁路网，途经阿克斗亚、切利诺格勒、古比雪夫、斯摩棱斯克、布列斯特、华沙、柏林达荷兰的鹿特丹港，全长10 900千米，辐射世界30多个国家和地区。中国到中亚国家的货物走新亚欧大陆桥比走西伯利亚大陆桥减少行程3 000公里，比走海路费用节约20%，时间减少一半。

③海空联运

海空联运又称为空桥运输。海空集装箱货物联运是加拿大航空公司于20世纪60年代开创的，到80年代得到了较大的发展。20世纪60年代，承运人将远东船运至美国西海岸的货物，再通过航空运至美国内陆地区或美国东海岸，从而出现了海空联运。当然，这种联运组织形式是以海运为主，只是最终交货运输区段由空运承担。1960年底，苏联航空公司开辟了经由西伯利亚至欧洲的航空线。1968年，加拿大航空公司参加了国际多式联运。20世纪80年代，出现了经由中国香港、新加坡、曼谷等地区的集装箱经海运至阿拉伯联合酋长国的迪拜港后，再转由航空运输至欧洲诸国的目的地。其运时缩短很多，但全部运输成本只增加了少许，大大提高了运输服务水平，较适合高科技产品的快速流通。

在运输组织方式上，海空联运与陆桥运输有所不同：陆桥运输在这个货运过程中使用的是同一个集装箱，不用换装，而海空联运的货物通常要在航空港换入航空集装箱。不过，两者的目标是一致的，即以低费率提供快捷、可靠的运输服务。采用这种运输方式，运输时间比全程海运少，运输费用比全程空运便宜。

4.3　运输的合理化

4.3.1　运输合理化的概念

运输合理化是指物流运输企业优化资源配置，以最经济的手段和方法满足客户要求的过程，也就是从物流系统的总体目标出发，按照货物流通的规律，运用系统理论和有关原理、方法，合理利用各种运输方式，选择合理的运输路线和运输工具，以最短的路径、最少的环节、最快的速度和最少的劳动消耗组织货物运输。

4.3.2 不合理运输及其表现

不合理运输是指没有达到应有的运输水平而造成运力浪费、运费超支和运输时间增加等问题的运输组织形式。如在组织货物运输过程中，违反货物流通规律，不按经济区域和货物自然流向组织货物调运，忽视运输工具的充分利用和合理分工，装载量过低，流转环节过多等，都会造成运力浪费和运输费用增加的现象。

不合理运输大致可分为以下六大类：

(1)与运输距离有关的不合理运输

与运输距离有关的不合理运输主要包括过远运输和迂回运输。

①过远运输

过远运输是指调运货物舍近求远的物流运输行为，即完全可以由距离较近的供应地调运却从远处调运质量相同的货物，从而造成浪费的一种不合理运输形式。过远运输导致货物在途时间长、运输工具周转慢、货物占压资金多，又容易出现货损，增加费用开支。

②迂回运输

迂回运输是指可以选取较短路线却选择了较长路线的一种不合理运输形式。需要说明的是，只有当计划不周、地形不熟、组织不当而发生的迂回运输才属于不合理运输。当最短距离路线上有交通阻塞、路况不好或者对噪音、排气等存在特殊限制时所发生的迂回运输不能称为不合理运输。

(2)与运输方向有关的不合理运输

与运输方向有关的不合理运输主要包括对流运输和倒流运输。

①对流运输

对流运输又称相向运输、交错运输，凡属同一种货物或彼此间可以相互代用又不影响管理、技术及效益的货物，在同一线路上或平行线路上作相对方向的运输，并与对方运程的全部或一部分发生重叠的运输，即为对流运输。

对流运输有两种类型：一种是明显的对流运输，即在同一路线上的对流运输；另一种情况是同一种货物违反"近产近销"的原则，在两条平行的路线上沿相对的方向运输，它不易被发现，因而称为"隐蔽的对流运输"。

②倒流运输

倒流运输是指商品从销地(或中转地)向产地(或起运地)回流的一种不合理运输现象。其不合理程度要甚于对流运输，原因在于往返两程的运输都是不必要的，形成了双程浪费。倒流运输也可以看成是隐蔽对流的一种特殊形式。

(3)与货物运量有关的不合理运输

与货物运量有关的不合理运输主要包括返程或启程空驶和重复运输。

①返程或启程空驶

空车、空船或无货载行驶可以说是不合理运输的最严重形式。在实际运输组织中，有时候必须调运空车、空船，从管理上不能将其看成不合理运输。但是，因调运不当，货源计划不周，不采用运输社会化而形成的空驶，则是不合理运输的表现。

造成空驶的主要原因有以下几种：

第一，能利用社会化的运输体系而不利用，却依靠自备车送货提货，这往往出现单程重车、

单程空驶的不合理运输。

第二，由于工作失误或计划不周，造成货源不实，车辆空去空回，形成双程空驶。

第三，由于车辆过分专用，无法搭运回程货，只能单程重车，单程回空周转。

②重复运输

重复运输是指一种货物本可直达目的地，却由于某种原因而在中途停卸、重新装运的不合理运输现象。重复运输虽未延长运输里程，但增加了装卸环节，延长了货物在途时间，增加了装卸搬运费用，而且降低了车船使用效率，影响了其他货物运输。

(4)与运力有关的不合理运输

与运力有关的不合理运输主要包括运力选择不当和托运方式选择不当。

①运力选择不当

运力选择不当是指未正确利用运输工具造成的不合理现象。常见有以下若干形式：

第一，弃水走陆。在同时可以利用水运及陆运时，不利用成本较低的水运或水陆联运，而选择成本较高的铁路运输或汽车运输，使水运优势不能发挥。

第二，火车、飞机、大型船舶过近运输。火车、飞机及大型船舶起运及到达目的地的准备、装卸时间长，机动性不足，如果在过近距离中利用这些运输工具，不仅发挥不了它们的优势，相反，由于装卸时间长，反而会延长运输时间，增加装卸难度和运输费用。

第三，运输工具承载能力选择不当。不根据承运货物数量及重量选择，而盲目决定运输工具，造成过分超载、损坏车辆及货物不满载、浪费运力的现象。尤其是“大马拉小车”现象发生较多。由于装货量小，单位货物运输成本必然增加。

②托运方式不当

托运方式不当是指没有选择最好的托运方式，造成运力浪费及费用增加的一种不合理运输。例如，应选择整车运输而采取零担托运，应采取直达运输而选择了中转运输等，都是托运方式不当的表现。

(5)与线路设计有关的不合理运输

与线路设计有关的不合理运输主要包括交叉运输和配送区域重叠。

①交叉运输

交叉运输是指在同一区域进行物流运输时，设计的线路之间相互交叉，增加车辆行驶距离的一种不合理运输形式。

②配送区域重叠

配送区域重叠必然导致交叉运输，它是指在两个或两个以上配送区域有部分区域重叠，导致运输线路交叉，车辆行驶距离增加，从而造成运力浪费的一种不合理运输形式。

(6)与运输工具使用有关的不合理运输

与运输工具使用有关的不合理运输主要包括运输工具类型与货物特性不匹配等，如有些货物在运输过程中，需要恒定的温度或湿度，对运输工具的要求很高，如果运输工具达不到货物运输的要求，将会造成货物的腐烂、变质等。

需要说明的是，上述各种不合理的运输形式都是在特定条件下表现出来的，判断时必须注意各自的前提条件，进行综合判断，才能得出正确的结论，否则就容易判断失误。例如，对于同一种产品，只要商标、价格不同，发生的对流运输就不能视为不合理运输，因为其中存在市场竞争。如果因为所谓的“不合理”而不允许对流运输，就会起到保护落后、阻碍竞争甚至助长地区封锁的副作用。

4.3.3 运输合理化的五要素

影响运输合理化的因素很多，一般认为，起决定性作用的有以下五个方面的因素，称为合理运输的“五要素”。

(1)运输距离

运输距离简称运距。在运输过程中，运输时间、货损货差、运费、车辆或船舶周转等经济技术指标都与运输距离存在着较强的正相关关系。因此，运距长短是运输是否合理的一个最基本因素，缩短运距既具有宏观的社会效益，也具有微观的企业效益。

(2)运输环节

每增加一次运输，必然会增加运输的附属作业活动。所以，减少运输环节，尤其是减少同一工具的运输环节，是运输合理化的基本条件之一。

(3)运输方式

各种运输方式都有它的优势和劣势，合理地选择、组织运输方式，最大限度地扬长避短，并根据各种运输方式的特点进行装卸、搬运、包装等附属作业是运输合理化的重要一环。

(4)运输时间

运输是物流所有活动中最耗费时间的环节，长距离运输尤其如此。因此，缩短运输时间对缩短整个物流时间具有决定性意义。缩短运输时间也有利于加速运输工具的周转，从而充分发掘运力。此外，缩短运输时间还有利于加快货主资金的周转速度和提高运输线路的通过能力，增加经济效益和社会效益。

(5)运输费用

运输费用简称运费，在全部物流费用中占很大比例，运费高低是衡量物流运输是否合理的一个重要标志，在一定程度上决定了整个物流系统的竞争能力，也是物流企业采取的运输合理化措施是否有效的最终判断依据之一。因此，降低运费是物流企业的一个重要目标，也是货主企业的重要指标。

4.3.4 运输合理化的有效措施

(1)发展合装整车运输

合装整车运输也称“零担拼整车中转分运”，它主要适用于杂货运输。如在铁路运输中，合装整车运输是在组织货运时，由同一发货人将不同品种但发往同一车站、同一收货人的零担托运货物由物流企业自己配组在一个车皮内，以整车运输的方式托运到目的地；或把同一方向不同到站的零担货物集中组配在一个车皮内，运到一个适当的车站，然后再中转分运。

合装整车运输的具体做法有四种：零担货物拼整车直达运输，零担货物拼整车接力直达或中转分运，整车分卸，整装零担。由于采用合装整车的办法可以减少一部分运输费用，所以这种措施可以取得较好的经济效果，还能提高运输工具的利用率。

(2)发展直达运输

直达运输是运输合理化的重要表现形式，其要点是通过减少过载、换载，提高运输速度，节省装卸费用，降低中转货损。直达的优势在一次运输批量和用户一次需求量达到整车运输要求时表现得最为突出。此外，在生产资料、生活资料运输中，利用有效的技术来实现直达运输，可以建立起稳定的产销关系和运输系统，有利于提高运输水平和运输效率。

需要指出的是，直达运输的合理性在一定条件下才会表现出来。即直达运输是否优于中转运输，要根据用户的要求作出判断。一般而言，从用户角度来看，批量较大时，直达运输较为合理；批量较小时，中转运输较为合理。

(3)发展“四就”直拨运输

“四就”直拨是指：就厂直拨，就车站、码头直拨，就库直拨，就车、船过载等。一般批量到站或到港的货物，首先要进入分配部门或批发部门的仓库，然后再按程序分拨或销售给用户，这样一来，往往出现不合理运输。“四就”运输就是力求减少中转运输环节，以最少的中转次数完成运输任务的一种形式。

“四就”直拨和直达运输之间既有联系又有区别。一般而言，直达运输的货物运输里程较远，批量较大，而“四就”直拨运输的货物运输里程较近，批量较小，一般只在大中城市批发站所在地办理。在运输过程中，如能将“四就”直拨运输与直达运输结合起来，往往会收到更好的经济效果。

(4)提高技术装载量

提高技术装载量是组织合理运输、提高运输效率的重要内容。提高技术装载量不仅可以最大限度地利用车船载重吨位，而且可以充分利用车船装载容积。具体做法有以下几种：

①组织轻重装配

组织轻重装配是把实重货物和轻泡货物组装在一起，既可以充分利用车船装载容积，又能达到装载重量要求，充分提高运输工具的综合利用率。

②实行解体运输

实行解体运输是针对一些体积大而且笨重、不易装卸、容易碰撞致损的货物所采取的一种装载技术。例如，在运输大型机电产品、科学仪器、自行车、缝纫机等货物时，可将其拆卸装车，分别包装，以缩小占用空间，达到便于装卸搬运和提高运输装载效率的目的。

③堆码技术的运用

在物流运输过程中，应根据车船的货位情况及不同货物的包装形态，采取有效的堆码技术，如多层装载、骑缝装载、紧密装载等，以提高运输效率。与此同时，改进包装技术，逐步实行集装箱化、托盘化，对提高车船技术装载量也有重要意义。

(5)分区产销平衡运输

分区产销平衡运输就是在组织物流活动中，对某种货物而言，根据产销分布情况和交通运输条件，在产销平衡的基础上，按照“近产近销”的原则，一般都从固定的生产区运往特定的消费区，使货物运输线路最短，实现合理运输。

分区产销平衡运输主要适用于品种单一、规格简单、生产集中、消费分散，或消费集中、生产分散，以及调运量大的物质产品，如煤炭、木材、水泥、粮食、生猪、建材等。实行这一办法，对于加强产、供、运、销一体化，消除过远运输、迂回运输、对流运输等不合理运输，充分利用地方资源，促进生产力合理布局，降低物流费用，节约运力，具有十分重要的意义。

4.4　运输方式的选择

4.4.1　影响运输方式选择的因素

人类经过长期的实践，已经总结出影响运输方式选择的主要因素，包括货物的特性（货物品种)、运输批量、运输距离、运输时间、运输成本等。

(1)货物的特性

货物的性质、形状、价值、单件的重量、容积、危险性、易腐性等都是在选择运输方式时第一层次要考虑的问题。只有符合运输物品的特质或特点的运输方式才可以考虑选择。如电风扇、电视机、洗衣机等家用电器,选择管道运输就是不可行的。

(2)运输批量

大批量运输成本低,应尽可能使物品集中地大批量地运输。同时,选择合适的运输工具运载货物是降低成本的良策。一般来说,15~20 吨以下的物品用汽车运输,15~20 吨以上的物品用铁路运输,数百吨以上的原材料之类的物品可以选择船舶运输。

(3)运输距离

运输距离是影响运输成本的主要因素,因为它直接对劳动、燃料和维修保养等可变成本发生作用。应根据运输距离的不同,选择不同的运输方式。按照国际惯例,可以依照以下原则:300 千米以内,用汽车运输;300~500 千米的区间,用铁路运输;500 千米以上,用船舶运输。一般采取这样的选择是比较经济合理的。当然,在参照运输距离选择运输方式时,要特别注意与运输经由地的地形特点、运输的基础设施相联系。

(4)运输时间(期限)

运输时间是指从货源地发货到目的地接收货物之间的时间。运输时间的度量是货物如何快速地实现发货人和收货人之间"门到门"的时间,而不仅仅是运输工具如何快速移动、货物从运输起点到终点的时间。运输时间与交货日期相联系,要想做到按时及时交货,必须调查各种运输工具所需要的运输时间,根据运输时间来选择运输工具。

(5)运输成本

运输成本是指为两个地理位置间的运输所支付的费用以及与运输管理、维持运输中存货有关的总费用。运输成本因货物的种类、重量、容积、运距不同而不同。而且,运输工具不同,运输成本也会发生变化。在考虑运输成本时,必须注意运费与其他物流子系统之间存在着互为利弊的关系,不能只考虑用运输费用来决定运输方式,要由全部总成本来决定。

在上述五个因素中,货物的特性、运输批量和运输距离三个因素是货物自身的性质和存放地点决定的,因而属于不可变量。与此相反,运输时间和运输成本是不同运输方式相互竞争的重要条件,运输时间与成本的变化必然带来所选择的运输方式的改变。

缩短运输时间与降低运输成本之间是此长彼消的关系:如果要利用快速的运输服务方式,就有可能增加运输成本;而运输成本下降有可能导致运输速度减缓。因此,如何有效地协调这两者的关系,使其保持一种均衡状态,是企业选择运输方式时必须考虑的重要因素。

4.4.2 基于物流总成本比较的运输方式选择

运输方式的选择既是战术性决策又是操作性决策。与某个承运商签订合同的决策属于战术性决策,而具体运输方式的选择则是操作性决策。对于两种决策来说,托运人都必须权衡总成本。由于物流各环节之间存在着效益背反,因而运输成本的降低会导致其他环节(如库存)成本的上升。一种运费最低的运输方式,并不一定使运输总成本最低。运输的时间和可靠性会影响托运人和收货人的库存水平以及他们之间的在途库存水平。因此,应该以总成本分析为基础来选择运输方式。

运输对库存的影响有以下几点:

第一,较慢的运输模式会引起较多的中转或运输库存。

第二,较大运量的运输方式会导致订单量超过需求量的情况,从而增加库存。

第三,不可靠的运输模式会引起安全库存的提高。

在选择运输方式时,就要考虑库存持有成本可能升高而抵消运输服务成本降低的情况。因此,选择运输方式时的最合理方案应该是既能满足顾客需求,又使总成本最低的服务,即最佳服务——使某种运输服务的成本与该运输服务水平以及相关的库存成本之间达到平衡的运输服务。

例:某公司要将产品从位置 A 的工厂运往位置 B 的公司自有仓库,年运量 $D=700\ 000$ 件,产品单价 $C=30$ 元,年库存持有成本 $I=30\%$。公司希望选择使总成本最小的运输方式。据估计,运输时间每减少一天,平均库存成本可以减少 1%,各种运输服务方式的有关参数如表 4.1 所示。

表 4.1　　各种运输服务的参数

运输服务方式	运输费率(元/单位)	门到门运送时间 T(天)	每年运输批次
铁路运输	0.1	21	10
汽车运输	0.2	5	20
航空运输	1.4	2	40

解:在选择运输方式时要考虑总成本如下:

一是运输成本。不同运输方式的运输成本不同,各种运输方式下的运输成本为年运输量与运输费率的乘积。

二是在途货物的库存成本。不同运输方式将影响货物的在途时间,在途库存的持有成本不同。在途库存成本为 $I\times C\times D\times T/365$。

三是分拨渠道两端的库存成本。分拨渠道两端的平均库存大约为 $Q/2$,其中,Q 为运输批量。每单位货物的库存成本为 $I\times C$,但产品价值 C 在分拨渠道的不同地点是不同的。在工厂,C 是产品的出厂价值;在仓库,C 是产品的出厂价值加上运输费率。

下面计算各种运输方式下的总成本,如表 4.2 所示。

表 4.2　　运输服务总成本

成本类型	铁路运输	汽车运输	航空运输
运输成本	0.1×700 000=70 000	0.2×700 000=140 000	1.4×700 000=980 000
在途库存	0.3×30×700 000×21/365 =362 466	0.3×30×700 000×5/365 =86 301	0.3×30×700 000×2/365 =34 521
工厂库存	0.3×30×70 000/2 =315 000	0.3×30×35 000/2×0.84 =132 300	0.3×30×17 500/2×0.81 =63 788
仓库库存	0.3×(30+0.1)×70 000/2 =316 050	0.3×(30+0.2)×35 000/2 ×0.84=133 182	0.3×(30+1.4)×17 500/2 ×0.81=66 764
合　计	1 063 516	491 783	1 145 073

由表 4.2 可以看出,虽然采用铁路运输时的运输费率最低,采用航空运输时的库存成本最低,但汽车运输的总成本最低。如果使用汽车运输,运输时间减少到 5 天,两个端点的库存水

平比使用铁路运输大大减少。

本例中，库存持有成本很高，为30%。对于这类产品，不能忽视库存成本对总成本的影响，加快库存周转是非常重要的。另外，各种运输方式的运输费率和运输时间也对运输方式的选择有着重要的决定作用，尤其是在物流库存费率较高时，运输时间的缩短有利于库存快速周转，降低库存成本，使总成本降低。

4.5 供应链中的运输管理

4.5.1 供应链中的运输问题

运输是供应链的驱动要素之一，但是在供应链管理中却很少被提及，即使提到也主要是单纯地从运输自身的角度来考虑节约成本，没有从运输与供应链其他环节的相互关系出发进行分析。运输是供应链运作必需的环节，有效的运输策略甚至可以使货物不进仓库而直接在车辆间进行交换，使运输设备成为流动的仓库。因此，面对全球经济一体化的趋势，没有良好的运输作业基础，企业很难在市场竞争中立足。供应链运输决策应考虑的问题包括：

(1)运输部门的激励机制

进行运输决策时应确保运输战略对企业的发展战略起促进作用。如在决策时只考虑降低运输成本而不顾客户响应程度，将使企业总成本增加。所以，企业对运输部门的业绩考核应综合考虑运输成本、受运输决策影响的库存成本以及所达到的客户响应程度。

(2)在自营运输和外包运输之间做出权衡

自营运输、外包运输各有自己的优势，考虑使用自营运输、外包运输或二者兼而有之，应基于企业的运输管理能力和运输对企业发展战略的重要性。当运量较小、运输不是企业成功的关键因素时，可以将运输外包给第三方承担，以节约成本。然而，当运量大，客户响应程度重要时，运输对企业发展战略的成功影响非常大，企业应拥有自己的运输车队。

(3)运输网络的柔性

进行运输网络设计时应考虑需求的不确定性和运输的可利用性。忽视需求不确定性会导致大量采用廉价、非柔性的运输方式。如果运输计划不变，这种运输网络会执行得很好；然而，当运输计划改变时，该网络往往就很差劲。如果企业考虑了不确定性，在运输网络设计中采用一些柔性的运输方式，虽然会昂贵一些，但可以让企业以较低的成本提供高水平的客户响应。

(4)运输成本与其他相关成本

供应链中的运输决策必须考虑库存成本、设备和加工处理成本、供应链节点企业间的协作成本以及能够实现的客户的服务水平，对不同的运输配置进行评估，按不同的成本、收入以及协作的复杂性分成不同的等级，然后进行合适的运输决策。

①运输与库存成本

越廉价的运输方式提前期越长，装货量也越大，库存水平升高；装载量小的运输方式可降低库存水平，但相对昂贵。在供应链环境中，运输与库存成本间的权衡不仅包括运输方式的选择，还包括供应链中库存的集中。

供应链中可以通过将分散的库存集中起来以降低安全库存量。但是，库存集中策略可能会增加运输成本。当库存、设备成本占供应链总成本的比例很高时，集中库存是一个可以考虑的办法。

②运输成本与客户响应

供应链中运输成本与供应链提供的客户响应程度密切相关。如果企业的响应程度高，当天从客户接收到的订单当天完成，由于运量小、车辆利用率低，将导致很高的运输成本；反之，如果降低响应程度，在发货前经过一段时间集中订单，将会因运量增大带来的规模经营而使运输成本降低，但集中订单因为耽搁了及时发货而使客户响应程度降低。

(5)供应链中运输的不确定性

在供应链中运输是一个由多方共同参与的过程，它具有很强的不确定性。运输过程中出现的问题不仅会影响运输活动自身的正常进行，而且会降低供应链的整体绩效，甚至可能使供应链停止运作。如何避免运输不确定性带来的副作用是个值得关注的问题，只要有预见性和周密的规划，供应链中出现的运输问题大多可以得到解决。以下策略可供参考：

第一，制定备选规划和具体的可选方案，使得遇到突发事件时能够从容应对，一旦运输出现问题，立即启动备选方案。

第二，注意收集、更新有关数据，如燃料价格、承运商的经营状况等，通过对这些数据的分析，提高对运输问题的预见性。

第三，选择承运商时，应进行全面、严格的考核分析，不能仅仅基于价格进行选择。

4.5.2 供应链运输网络的设计方案

(1)直接运输网络

对于零售供应链而言，在直接运输网络中，所有货物直接从供应商处运达零售店，每一次运输的线路都是指定的，供应链管理者只需要决定运输的数量并选择运输方式，如图4.3所示。

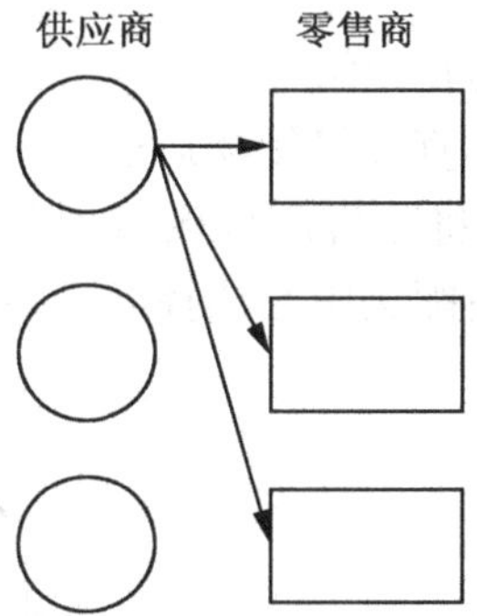

图4.3 直接运输网络

直接运输网络的主要优势在于无需中介仓库，而且在操作和协调时简单易行。运输决策只会对当次运输产生影响，不会影响别的货物运输。同时，由于每次运输都是直接的，从供应商到零售商的运输时间短。

(2)循环取货路线的直接运输网络

循环取货路线是指一辆卡车将从一个供应商那里提取的货物送到多个零售店时所经历的线路，或者从多个供应商那里提取货物送到一个零售店时所经过的线路，如图4.4所示。在这种运输体系中，供应商通过一辆卡车直接向多个零售店供货，或者由一辆卡车从多个供应商那里装载要运送到一家零售店去的货物。一旦选择这种运输体系，供应链管理者就必须对每条循环取货路线进行规划，循环取货路线通过多家零售店在一辆卡车上的联合运输降低了运输成本。

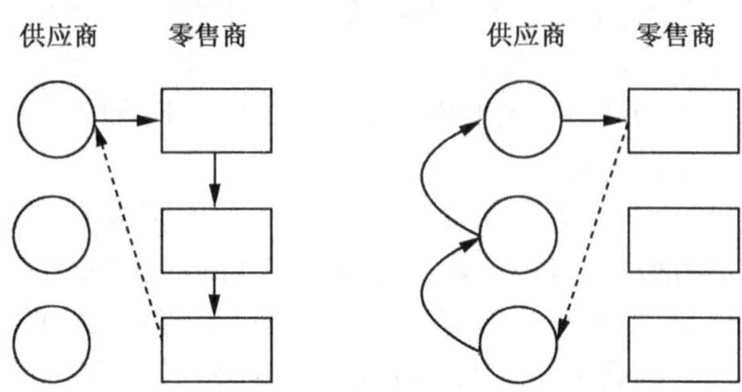

图 4.4　循环取货路线的直接运输网络

※ 链接：上海通用的“循环取货”

上海通用汽车的零部件超过了 5 400 多种，来自于 180 家供应商，这相当于一个中型超市的单品数。供应商为了节省成本，经常是装满一车才送货，但往往不是每一批货都能装满一整车，这时就要等。这样不仅造成了运输慢、库存高，占地面积大，而且也影响了对客户的服务速度。

针对这些用量很少的零部件，为了不浪费运输车辆的运能，充分节约运输成本，上海通用使用了“循环取货”的形式。

每天早上，上海通用的汽车从厂家出发，到第一个供应商那里装上准备好的原材料，然后到第二家、第三家，以此类推，直到装上所有的材料，然后再返回。这样做的好处是省去了所有供应商空车返回的浪费。

(3)所有货物通过配送中心的运输网络

在这种运输系统中，供应商并不直接将货物运送到零售店，而是先运到配送中心，再运到零售店。零售供应链依据空间位置将零售店按区域划分，并在每个区域建立一个配送中心。供应商将货物送到配送中心，然后由配送中心选择合适的运输方式，再将货物送到零售店，如图 4.5 所示。

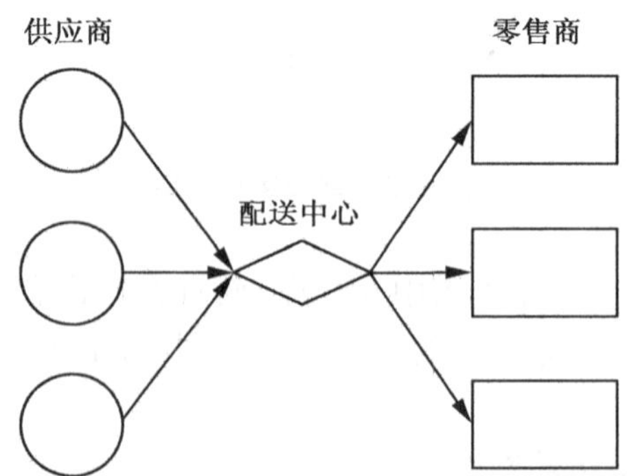

图 4.5　所有货物通过配送中心的运输网络

在这一运输体系中，配送中心是供应商和零售商之间的中间环节，发挥两种不同的作用：

一方面进行货物保管,另一方面则充当转运点。当供应商和零售店之间的距离较远、运费高昂时,货物保存和转运有利于减少供应链中的成本耗费。通过使进货地点靠近最终目的地,配送中心使供应链获取了规模经济效益,因为每个供应商都将中心管辖范围内的所有零售店的进货送至该配送中心。此外,配送中心的送货费不会太高,因为它只给附近的商店送货。

(4)通过配送中心使用循环取货线路的运输网络

如果每家商店的进货规模较小,配送中心就可以使用循环取货路线向零售商送货了,如图4.6所示。循环取货通过联合的小批量运送减少了送货成本。例如,日本的7－11公司将来自新鲜食品供应商的货物在配送中心进行对接,并通过循环取货线路向商店供货。因为单个商店向所有供应商的进货还不足以装满一辆货车,配送中心和循环取货线路的使用使该公司在向每一家连锁店提供库存商品时降低了成本。同时,使用配送中心和循环取货线路要求高度的协调以及对循环取货线路的合理规划和安排。

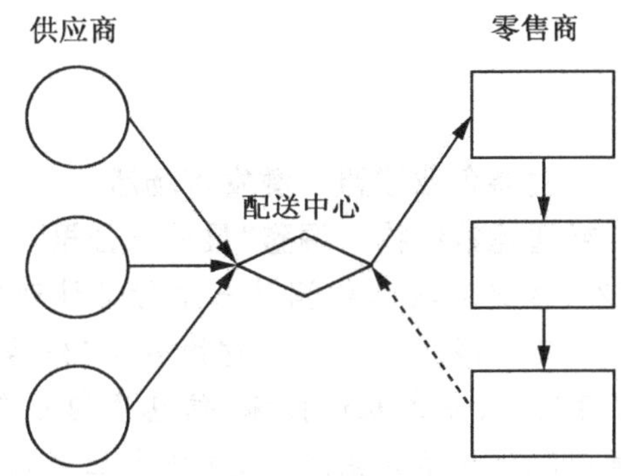

图4.6　配送中心使用循环取货线路

(5)量身定做的运输网络

量身定做的运输网络是上述运输体系的综合利用。它在运输过程中综合利用货物对接、循环取货路线、满载和非满载承运,甚至在某些情况下使用包裹递送,目的是根据具体情况采用合适的运输方案。送到大规模商店的大批量产品可以直接运送,送到小商店的小批量产品可以通过配送中心运送。这种运输体系的管理是很复杂的,因为大量不同的产品和商品需要使用不同的运送程序。量身定做的运输网络的运营,要求较多的信息基础设施,以便进行协调,但同时,这种运输网也可以有选择地使用进/供货方法,减少运输成本和库存成本。

复习思考题

一、单项选择题

1. 第二亚欧大陆桥的起点在(　　)。

A. 美国　　B. 荷兰

C. 瑞士　　D. 中国

2. 适合高价值、易腐变质和中长距离运输的是(　　)。

A. 公路运输　　B. 铁路运输

C. 航空运输　　D. 水路运输

3. 关于运输,下列表述错误的是(　　)。

A. 运输通过创造空间效用和时间效用来提高货物的价值
B. 每单位运输距离的成本随着运输距离的增加而减少
C. 利用运输工具对货物进行临时储存是一项权宜之计
D. 随着运输工具装载规模的增长，每单位载重量运输成本上升

二、应用分析题

请根据以下具体情况选用合适的运输方式，并说明选择该种运输方式的理由。
(1)某公司有两箱急救药品从北京运到广州。
(2)某公司要将一万吨大米从武汉运往南京。
(3)某公司要将十万吨煤炭从秦皇岛运到上海。
(4)某公司将五万吨钢材从重庆运往昆明。

读一读

发展企业联盟　激发市场活力
畅通运输结构　调整“最后一公里”

自国务院办公厅9月印发《推进运输结构调整三年行动计划(2018—2020年)》(简称《三年行动计划》)以来，政府和市场不断践行推进大宗货物运输“公转铁、公转水”，配合铁路运能提升、水运能力振兴、公路货运治理、多式联运提振、信息资源整合、城市绿色配送六大行动。笔者以为，调整运输结构必须以深化改革为主线，以发展企业联盟为抓手，才能有效激发市场活力，整合好现有资源。

《三年行动计划》的落实及我国综合运输的发展，取决于打破垄断、打破综合运输藩篱的力度，取决于企业联盟发育发展的效果，以及与此紧密相关的场站港口等运输节点的融合程度。为此，必须重构综合运输法规和监管规则，破除行政性垄断，严格督察经济性垄断行为，激励联盟运输的发展，改造完善不同运输节点与路网的协调性，优化布局运输节点。

加强基础设施连接，激发企业经营活力

六大行动反映了我国综合运输发展在货运领域六个重要方面中存在的突出问题，针对性极强，非常具体。笔者个人认为，其中核心的问题就两个方面。

不同运输方式之间基础设施连接不畅，尤其表现在“最后一公里”运输上，可靠性差、时效低、成本高，导致运输方式合理分担的多式联运难以实现。

这表现在两个方面，一是运输节点或枢纽与路网的连接不畅，不合理的内部结构布局严重影响了运输的可靠性和时效性。公路是所有运输方式中最基本的基础设施，很多铁路场站、机场、港口码头和公路场站等运输节点和枢纽按照封闭式院落式设计，与公路网衔接不畅，进出口和内部交通管理混乱，内部作业效率低、成本高，制约了铁路货运的发展，增加了公与铁、公与水、公与空多式联运的成本。

二是铁路没有接入大型港口码头、物流园区、公路货运场站、大型资源厂矿等规模化货物集散地和大宗货物运输节点枢纽，大量货物运输仍由道路运输完成，铁路骨干运输作用被削弱。目前，大宗货物铁与水、公与铁联运存在效率低、成本高等问题。

相对于综合运输对体制机制的需求来说，体制机制改革还需要加快步伐。与此同时，企业的经营激励和活力不足，不同运输方式和运输节点的经营企业衔接不畅，这也是造成基础设施

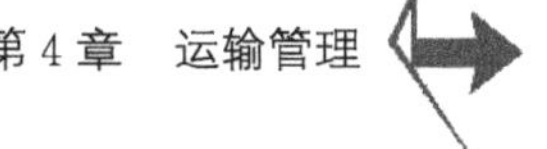

连接不畅的主要原因。

完善现代企业制度,健全企业间联运机制

笔者认为,可以利用此次《三年行动计划》带来的契机,在关键矛盾、主要问题上破冰,扎实推进不同运输方式的融合,使得综合运输发展、多式联运基本格局发生根本性的改变。

首先,以综合运输发展的内在要求为引导,改革行业监管理念和方式。随着互联网的广泛应用,生产企业与销售企业之间的联系更加紧密,多品种、小批量、个性化的消费需求,个性化、碎片化、灵活化的门到门物流运输需求更加旺盛,“一站式”跨境跨区、“门到门”的多式联运、综合运输的需求更加突出。这就要求减少区域性管理政策,弱化分运输方式管理,破除行政性垄断,推动不同运输方式之间对等开放融合,实现全国全行业统一规则和统一市场。

其次,推动铁路、航空、水运等主要运输方式关键运输节点完善现代企业制度,激发企业的经营活力。采取强激励的企业考核管理制度,加以必要的行业监管手段,增强企业的服务意识和水平,提高生产效率、降低成本。引进来、对外开放市场,使大型物流企业能够进驻场站港口,使货主企业愿意走、更多地走铁路和水运;走出去、主动服务市场,使铁路进入港口、物流园区、大宗货物企业,机场与航空公司联合在重要航空货物集散地建立分场,打通连接枢纽的“最后一公里”。

此外,按照物流运输生产与交通流组织的需要,改造运输场站。打破分割而治下形成的封闭式院落式结构布局设计理念,让场站与路网衔接更加顺畅。

最后,以企业联盟为抓手,加快推进多式联运、“一单制”、甩挂运输的发展。要紧密结合现有场站、物流园区,规划布局甩挂场站,大力推动企业联盟发展,健全企业间联运机制,制定完善多式联运规则和全程服务规范,特别是健全公、铁、水、空联运服务标准。

(资料来源:李晓明. 发展企业联盟　激发市场活力　畅通运输结构　调整“最后一公里”[EB/OL]. 中国交通新闻网,2018－11－23.)

参考文献

[1]邹龙. 物流运输管理[M]. 重庆:重庆大学出版社,2008.
[2]汪时珍,张爱国. 现代物流运输管理[M]. 合肥:安徽大学出版社,2009.
[3]黄远新. 物流运输管理[M]. 成都:四川大学出版社,2006.
[4]刘艳霞,杨丽. 物流运输管理[M]. 北京:机械工业出版社,2008.
[5]霍佳震. 物流与供应链管理[M]. 2版. 北京:高等教育出版社,2012.
[6]甘卫华. 运输规划与管理[M]. 北京:机械工业出版社,2013.
[7]梁金萍. 运输管理[M]. 北京:机械工业出版社,2010.
[8]朱仕兄. 物流运输管理实务[M]. 北京:北京交通大学出版社,2009.
[9]刘南. 交通运输学[M]. 杭州:浙江大学出版社,2009.
[10]毛宁莉. 运输作业实务[M]. 2版. 北京:机械工业出版社,2014.
[11]施先亮,王耀球. 供应链管理[M]. 北京:机械工业出版社,2011.

第5章　仓储管理与库存控制

【学习目标】

- 了解仓储及库存的相关概念；
- 熟悉仓储管理的相关内容；
- 理解库存管理各类名词的含义；
- 掌握库存控制方法。

【引导案例】

戴尔的零库存

“零库存”并不意味着没有库存。像戴尔这样的组装企业，没有库存意味着无法生存。只不过戴尔的库存很低，周转很快，并且善于利用供应商库存，所以其低库存被归纳为“零库存”，这只是管理学上导向性的概念，不是企业实际操作中的概念。经过充分的传播，戴尔的名声已经与“零库存”相联系，所以很多人一提起戴尔，马上就想起了零库存。

精髓是低库存

戴尔模式的竞争力在哪里？专家研究后发现，主要体现在低库存方面。戴尔的库存时间比联想少18天，效率比联想高90%，当客户把订单传至戴尔信息中心，由控制中心将订单分解为子任务，并通过Internet和企业间信息网分派给上游配件制造商。各制造商按电子订单进行配件生产组装，并按控制中心的时间表供货。戴尔只需在成品车间完成组装和系统测试，剩下的就是客户服务中心的事情。一旦获得由世界各地发来源源不断的订单，生产就会循环不停、往复周转，形成规模化。这样纷繁复杂的工作如果没有一个完善的供应链系统在后台进行支撑，而通过普通的人工管理来做好，是“不可能的任务”。在得州圆石镇，戴尔公司的托普弗制造中心的巨大厂房可以容纳五个足球场，而其零部件仓库却没有一个普通卧室那么大。工人们根据订单每三五分钟就组装出一台新的台式PC。

没有零部件仓库

在厦门设厂的戴尔，自身并没有零部件仓库和成品仓库。零部件实行供应商管理库存（VMI），并且要以戴尔订单情况的变化而变化。比如3月5日戴尔的订单是9 000台电脑，3月6日是8 532台电脑等。每天的订单量不一样，要求供应商的送货量也不一样。戴尔订单的数量不确定，则对供应商配件送货的要求也是可变的，对 15 英寸显示屏和 18 英寸显示屏的需求组合是不同的，如 3 月 5 日的显示屏需求组合是(5 000+4 000)，3 月 6 日的需求组合是(4 000+5 000)，等等。所以，戴尔的供应商需要经常采取小批量送货，有时送 3 000 个，有时送 4 000 个，有时天天送货，订单密集时需要一天送几次货，一切根据需求走。为了方便给戴尔送货，供应商在戴尔工厂附近租赁仓库，来存储配件，以保障及时完成送货。这样，戴尔的零库存建立在供应商的库存或者精确配送能力的基础上。戴尔通过对供应商库存的充分利用来降低自己的库存，并把主要精力放在凝聚订单上。而戴尔公司的成品管理则完全是采取订单式，用户下单，戴尔组装送货。

以信息代替存货

互联网受到戴尔公司的充分重视，主要表现在：戴尔与客户、供应商及其他合作伙伴之间通过网络进行沟通的时间界限已经模糊了，戴尔与客户之间在 24 小时进行即时沟通，突破了上班时间的限制；同时，戴尔与合作伙伴之间的空间界限已经被模糊了，戴尔在美国的供应商可以超越地域的局限，通过网络与设在厦门的工厂进行即时沟通，了解客户订单的情况。

通过强化信息优势，戴尔整合了供应商库存协作关系，并在实践中成功地磨合出了供应商的送货能力。戴尔需要 8 000 个显示器，在当天供应商就能送 8 000 个显示器；当戴尔需要 5 000 个大规格的显示器，供应商在 2 个小时内就能够配送 5 000 个大规格显示器。戴尔与供应商培植紧密的协作关系，保证为客户提供精确的库存。在流通活动中，客户的“信息”价值替代“存货”价值。在供应链管理中，戴尔作为链主，其主要的分工是凝聚订单，比如收集 10 000 台电脑订单，供应商则及时供货，提供 10 000 种与电脑相关的配件。供应商在戴尔的生产基地附近租赁仓库，并把零配件放到仓库中储备，戴尔需要这些零配件时，则通知供应商送货。零配件的产权由供应商转移到戴尔。另外，戴尔可以充分利用库存赚取利润。比如，戴尔向供应商采购零部件时，可以采取 30 天账期结算；但在卖出电脑时，执行的是先款后货政策，至少是一手交钱一手交货，并利用客户货款与供应商货款中间的时间差，来谋求利益。

（资料来源：https://max.book118.com/html/2016/1116/63482232.shtm.）

思考：

(1) 戴尔的“零库存”为什么能够实现？

(2) 零库存的优势体现在哪些地方？

5.1　仓储与仓储管理

5.1.1　仓储概述

(1)仓储的概念

“仓”即仓库，是存放物品的建筑物和场地，可以是房屋建筑、大型容器、洞穴或者特定的场地等，具有存放和保护物品的功能。

“储”表示收存以备使用，具有收存、保管、交付使用的含义，当适用于有形物品时也称为储存。

仓储是利用仓库存放、储存不即时使用的物品的行为。简单来讲，仓储就是在特定的场所储存物品的行为。

(2)仓储的功能

从整个物流过程看,仓储是保证这个过程正常运转的基础环节之一。其功能主要体现在以下几个方面:

①储存和保管的功能

这是仓库的最基本的传统功能,因此,仓库应具有必要的空间用于容纳物品。库容量是仓库的基本参数之一。保管过程中应保证物品不丢失、不损坏、不变质,要有完善的保管制度和正确的操作方法,合理运用搬运机具,在搬运和堆放时不能碰坏或压坏物品。

根据所储存货物的特性,仓库里应配有相应的设施设备,以保持储存物品的完好性。例如,水果、鱼肉类仓库要控制其温度,储存精密仪器的仓库应防潮防尘。

②调节供需的功能

从生产和消费两方面来看,其连续性的规律都因产品不同而不同。因此,生产节奏和消费节奏不可能完全一致。有的产品生产是均衡的,而消费不是均衡的,如电暖气等季节性商品;相反,有些产品生产节奏有间隔而消费则是连续的,如季节生产但需全年消费的大米。这两种情况都产生了供需不平衡,这就要有仓库的储存作为平衡环节来加以调控,使生产和消费协调起来。

③调整价格的功能

生产和消费之间也会产生价格差,供过于求、供不应求都会对价格产生影响,因此,仓储可以克服货物在产销量上的不平衡,达到调控价格的效果。

④调节货物运输能力的功能

各种运输工具的运量相差很大,船舶的运力大,海运船只一般是万吨以上,内河船也以百吨或千吨计。火车的运量较小,每节车皮能装 30～60 吨,一列火车的运量多达数千吨。汽车的运量最小,一般每车只有 4～10 吨。在码头和车站进行不同运输方式的转运时,运输能力是很不匹配的,这种运力的差异必须通过仓库或货场将货物短时存放以调节和衔接。

⑤信息传递的功能

在处理与仓库活动有关的各项事务时,需要依靠计算机和互联网来提高仓储物品信息的传输速度,及时而准确地了解仓库信息,如仓库利用水平、进出库频率、仓库的运输情况、顾客的需求以及仓库人员的配置等,这些都对仓库提出了信息传递功能的要求。

(3)仓库数量和大小

①仓库的种类

从不同的侧面来分析,仓库可以有不同的分类标准,概括起来,主要有以下几种分类标准。

● 根据营运状态分类

自用仓库:各生产或流通企业为了本企业物流业务的需要而修建的附属仓库。这类仓库只储存本企业的原材料、燃料、产品或商品,一般工厂、企业、商店的仓库以及部队的后勤仓库多属于这一类。

营业仓库:专门为了经营储运业务而修建的仓库。它面向社会服务或者以一个部门的物流业务为主,并且兼营其他部门的物流业务,例如商业、物资、外贸等系统的储运公司的仓库等。营业仓库由仓库所有人独立经营或由分工的仓库管理部门独立核算经营。

公用仓库:属于公共服务的配套设施,为社会物流服务的公共仓库。例如,铁路车站的货场仓库、港口的码头仓库、公路货场的货栈仓库等。

● 根据保管形态分类

普通仓库:常温下的一般仓库,用于存放一般性物资。对于这类仓库,没有特殊的要求,只要求具有一般通用的库房和堆场。例如,一般的金属材料仓库、机电产品仓库等。

保温仓库:用于储存对湿度、温度等有特殊要求的仓库,包括恒温、恒湿和冷藏库等。例如,用于存放粮食、水果、肉类等的冷库。这类仓库在建筑上要求具有隔热、防寒和密封等功能,并配备专门的设备,如空调、制冷机等。

特种仓库:用来储存危险品的仓库,如石油库、化学危险品库等,以及专门用于储存粮食的粮仓等。特种仓库的储藏物资单一,保管方法一致,但需要特殊的保管条件。

水上仓库:漂浮在水面的储藏货物的趸船、囤船、浮驳或者其他水上建筑,或者在划定水面保管木材的特定水域,沉浸在水下保管物资的水域。近年来,由于国际运输油轮的超大型化,许多港口因水深限制,大型船舶都不能直接进港卸油,往往采用在深水区设立大型水面油库(超大型油轮)作为仓库转驳运油。

● 根据仓库封闭程度分类

封闭式仓库:俗称“库房”。该结构的仓库封闭性强,便于对库存物资进行维护保养,适宜存放保管条件要求比较高的物品。

半封闭式仓库:俗称“货棚”。货棚的保管条件不如库房,但出入库作业比较方便,且建造成本较低,适宜存放那些对温湿度要求不高且出入库频繁的物品。

露天式仓库:俗称“货场”。货场最大的优点是装卸作业极其方便,适宜存放较大型的货物。

②仓库的数量

在决策仓库数量时,应考虑以下三个方面的因素:

● 成本因素

仓库数量对物流系统的各项成本都有影响,包括运输成本和仓储成本等。

● 市场需求因素

仓库数量决策要满足服务市场的需求量。

● 服务水平因素

一般而言,仓库数量越多,顾客响应程度越灵敏,服务水平越高。

③仓库的大小

仓库的大小是指仓库能够容纳的货物的最大数量或最大体积。直接影响仓库规模的因素是本地市场对仓库商品的需求量和需求速率。需求量越大,仓库也应越大。需求速率越快,说明出库速率越快,商品的周转速度也越快,那么仓库规模可以小一些。因此,要综合考虑市场需求量和需求速率,确定合适的仓库规模。

(4)仓库系统布局

为了方便客户,节约运输成本,仓库系统布局主要考虑仓库网点和它的客户群的位置关系。仓库布局模式可以分为四种类型:辐射型仓库、吸收型仓库、聚集型仓库和扇形仓库。

①辐射型仓库布局

辐射型仓库布局是指仓库位于许多用户的一个居中位置,物品由仓库向各个方向的用户运送,形如辐射状,如图 5.1 所示。辐射型仓库适用于用户相对集中的经济区域,这种仓库能够对其辐射范围内的用户进行有效供货和物流服务,而且物流成本低。

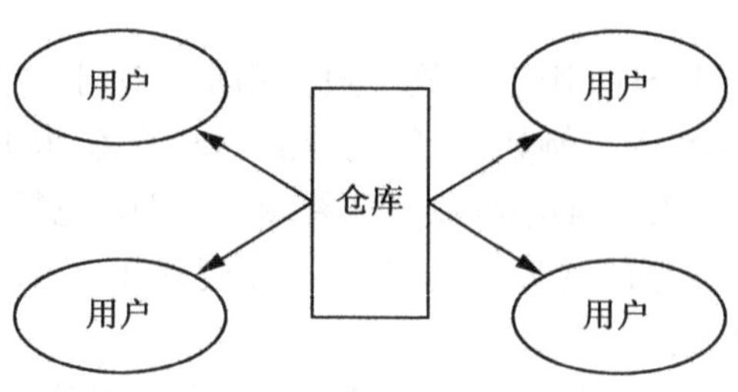

图 5.1 辐射型仓库

②吸收型仓库布局

吸收型仓库布局是指仓库位于许多货主的某一居中位置，货物从各个货主向此中心运送，形成吸收布局，如图 5.2 所示。这种仓库是一种集货中心，能够有效地将各个货主的货物运输集中到仓库，而且总的物流成本低。

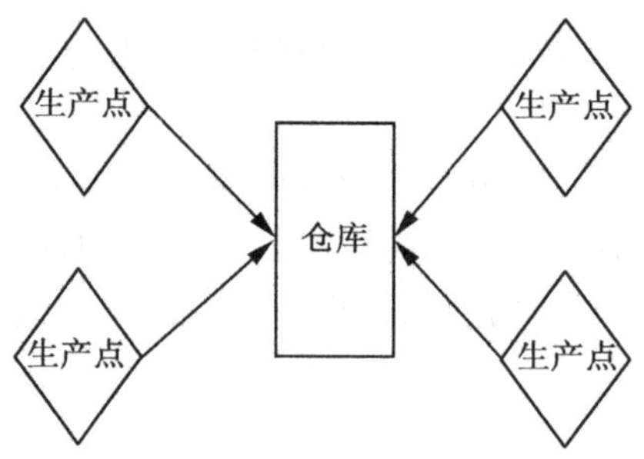

图 5.2 吸收型仓库

③聚集型仓库布局

这种仓库布局类似于吸收型仓库，但处于中心的不是仓库，而是一个客户聚集的经济区域，四周分散的不是货主和用户，而是仓库，如图 5.3 所示。这种仓库适用于经济区域中生产企业十分密集，不可能设置若干仓库的情况。客户周围环状分布的仓库群，能够有效地保障客户区客户的物资供应，而且总的物流成本低。

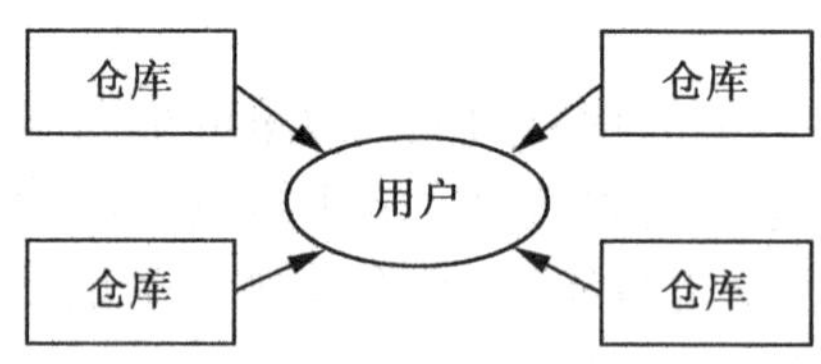

图 5.3 聚集型仓库

④扇形仓库布局

产品从仓库向一个方向运送，这种单向辐射称为扇形仓库布局。辐射方向与运输干线上的运动方向一致，如图 5.4 所示。这种仓库一般处于运输干线的末端，适宜在运输主干线的运输方向上一定区域范围内的客户的物资供应，这种布局同样能达到服务水平高和物流成本低的目的。

从仓库定位的角度来分，常见的仓库布局方式有三种：以市场定位的仓库、以制造定位的

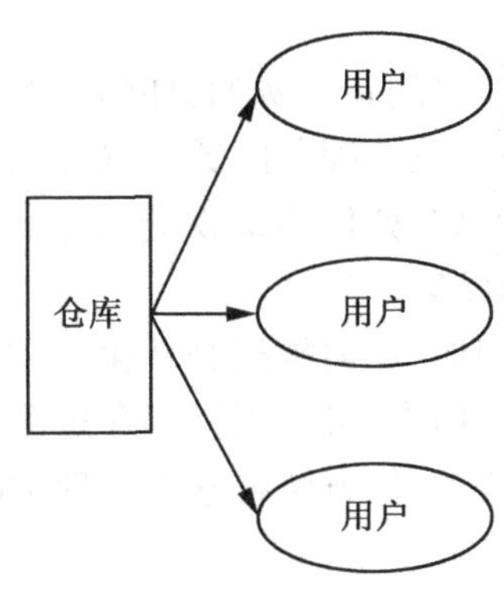

图 5.4　扇形仓库

仓库和以中间定位的仓库。

①以市场定位的仓库

仓库靠近用户区,属于辐射型仓库布局。通常用来向周围客户提供物资供应。其服务的市场区域的地理面积大小取决于被要求送货的响应时间和单位运输成本。以市场定位的仓库一般由零售商、制造商和批发商共同运作或者委托第三方物流公司单独运作。

②以制造定位的仓库

仓库布置在靠近商品生产区或多家生产企业的地方,属于吸收型布局。它向生产区或多家生产企业提供物资集中储存和外运服务,可以作为各个生产企业的成品库。每个企业可以不设成品库,也不需要自己亲自对外运输产品,产品生产出来以后就直接存放到集运仓库中,再由仓库向市场进行发运。这样,既提高了产品的储存发运效率,降低了物流成本,又有利于企业集中精力发展自己的核心竞争力。

③中间定位仓库

仓库布置在既不靠近生产区,也不靠近用户区,而是布置在其间某个位置。这个位置通常是交通运输的中转枢纽位置。仓库布置在这个位置,实际上是一种"因势利导"。因为产品从生产区到用户区,必须要经过这个中转点中转,在中转点进行卸货、暂存,再重新组配,分别装运到各个用户区。因此,可在这里设置一个仓库,直接进行货物的集散。这个仓库由于处在交通枢纽位置,道路既通向用户区,又通向生产区,所以为货物的集散提供了极大的方便。

5.1.2　仓储管理

(1)仓储管理的概念

仓储管理简单来说就是对仓库及仓库内的货物进行管理,是仓储企业为了充分利用所具有的仓储资源提供高效的仓储服务所进行的计划、组织、人员配备、领导和控制过程。

具体来说,仓储管理主要包括仓储资源的获得、仓储商务、进出库作业、货物的保管保养、库存控制及安全管理等一系列管理工作。

(2)仓储管理的内容

仓储管理的定义指明了其所管理的对象是一切库存物资,管理的手段既有经济的,又有技术的,具体包括以下几个方面:

一是仓库的选址与建筑问题。例如:仓库的选址原则,仓库建筑面积的确定,库内运输道路与作业的布置等。

二是仓库机械作业的选择与配置问题。例如：如何根据仓库作业的特点和所储存物资的种类及其理化特性，选择机械装备以及应配备的数量，如何对这些机械进行管理等。

三是仓库的业务管理问题。例如：如何组织物资入库前的验收，如何存放入库物资，如何对在库物资进行保养保管、发放出库等。

四是仓库的库存管理问题。例如：如何根据企业生产需求状况，储存合理数量的物资，既不因为储存过少引起生产中断造成损失，又不因为储存过多占用过多的流动资金等。

此外，仓库业务考核问题，新技术、新方法在仓储管理中的运用问题，仓库安全与消防问题等，都是仓储管理所涉及的内容。

(3)仓储管理的目标

仓储管理的目标可以概括为使仓库空间利用与库存货品处置成本之间实现平衡，具体表现在以下几个方面：

一是空间利用率最大化。

二是人员及设备的有效使用。

三是所有货品都能随时存取。

四是货品的有效移动。

五是保证货品的品质。

六是良好的管理。

(4)仓储管理的作业原则

仓储保管是一个综合复杂的过程，如何使保管合理化，保证保管的质量，提高保管效率，是物流研究的一个非常重要的内容。一般认为仓储保管必须遵循保证质量、讲究科学、提高效益、预防为主等原则。具体到仓储作业中，可以概括为以下原则：

①面向通道原则

为使货物出入库方便，也便于管理者上架存放和取出物品，货物的码放和货架的朝向都应面对通道。

②高层堆码原则

为了有效利用仓储容积，提高仓库利用率，应尽可能将货物向高处码放。遵循这一原则必须考虑货物的重量、包装的抗压能力及仓储地面的承受能力，一般为了保证安全，应尽可能采用货架保管货物。

③先入先出原则

为了防止货物因保管时间过长而导致变质、破损、老化、腐烂等，应遵循先入库货物先出库的原则，加快库存的周转。

④回转对应原则

根据货物出库的频率选定在仓库中的存储位置。

将出货和进货频率高的物品(如易耗品、原材料等)放在靠近仓储出入口处，以便于作业。

流动性较差的物品(如耐用品)等放在距离仓储出入口稍远的地方。

季节性物品依据季节特性来选定放置的场所，如电风扇等夏季用品在春夏两季放在离仓储出入口较近的位置，而在秋冬季就可以与电暖气交换位置，放在离仓储出入口较远的位置。

⑤同一性原则

为了提高仓储作业的效率和保管的便利，相同品种的货物尽可能放在同一仓库、同一区域保管。由于管理人员熟悉物品位置,可以缩短出入库时间,提高效率。

⑥类似性原则

将类似物品放在相邻的地方进行保管,便于货物的准确分类,从而提高保管效益,如日用品应尽量放在一个库内或者相邻库内。

⑦重量特性原则

根据物品重量不同安排保管的不同位置,一般是将重的货物放在下边,轻的货物放在上边;还可以根据货物重量的特性,选择货物存放的高度,较轻的货物存放在人体腰部以上最方便拿取。

⑧形状特性原则

依据形状安排货物的码放方式,一般标准的形状可以向高空码放,非标准形状的货物,要根据具体的形状决定码放方式。

⑨位置标识原则

为了便于货物的查找,提高出入库效率,存放货物的场所需要有明确的标识。国外常采用不同颜色进行标识,有序放置和有效区分,以灵活利用不同货架货仓的位置。

⑩关联性原则

根据货物出入库记录,预测出入库货物的关联性,将相关联的货物存放在邻近的区域内。

在仓储保管中除了遵循上述原则外,还必须根据货物的特点及本身的物理化学性质,确定保管的方法和采取的保养手段。

5.1.3 仓储作业管理

仓储作业是完成仓库物资入库、储存、出库以及流通加工等不可缺少的手段。因此,仓储作业管理是仓储管理的一个非常重要的内容。

整个仓储作业基本包括进货入库、储存保管和出库发送三个阶段。三个阶段互相衔接,共同实现仓库的所有功能。商品入库是前提,出库是目的。商品入库是仓储作业的开始,是商品储存保管工作的条件;商品出库是仓储作业的结束,是商品储存保管工作的完成,是仓储目的的实现;而储存保管是为了保持商品的使用价值不变,将供需衔接起来。具体的流程如图5.5所示。

(1)入库作业

商品入库一般经过接运、验收两个过程。

接运是从供应商或运输商手中接收货物的过程。交接完毕后,货物正式放入仓库中。接运的主要任务是确定清收货物的数量和质量,做好记录,办好交接手续。

接运到的货物要做卸载、分类、点验(数量和质量)、签发入库凭证、入库堆码、登记入账等一系列作业。

(2)储存保管作业

物资入库完毕,就进入了物资保管阶段。物资保管最主要的工作就是要维持储存物资的使用价值不发生变化。因此,要弄清物资产生数量或质量变化的原因,对症下药,采取合适的应对保管措施。

在储存保管过程中,维护保养是经常性的工作,主要包括温度和湿度的调节控制、通风、去潮、去湿、去污染、清洁卫生、防虫、防暑、防盗、防火、货架维护等。其目的是维持合适的保管条件和保管安全,维持被保管物资的使用价值。对已经发生变化损坏的物资,要采取各种救治措

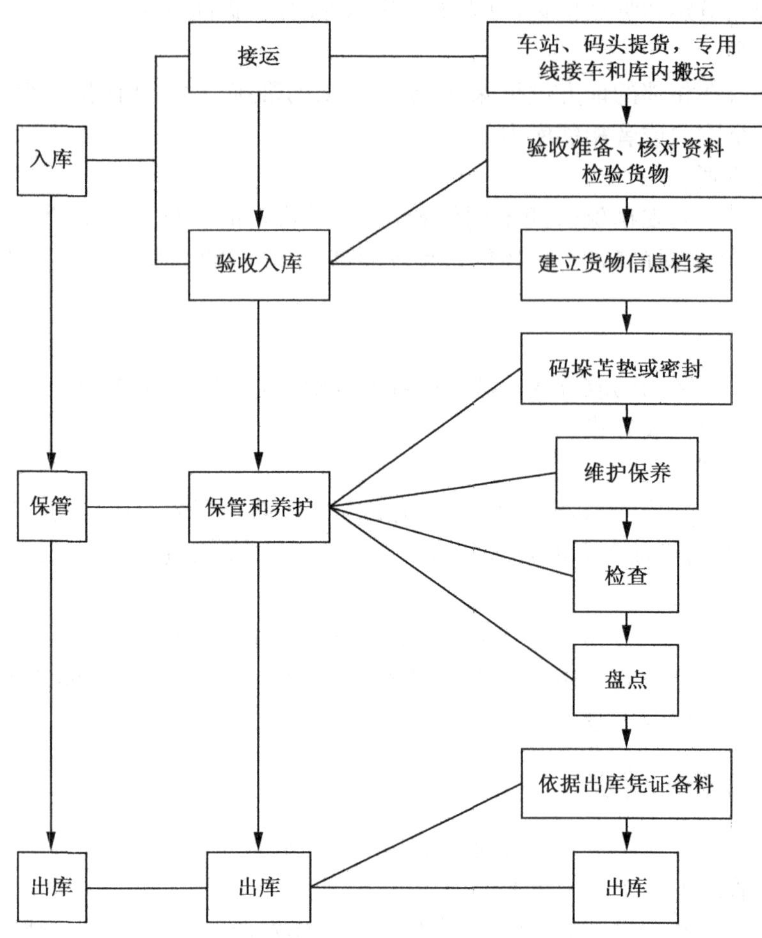

图 5.5 仓储作业流程

施，如除锈、破损修复、晾晒等，防止损失的扩大。

(3)盘点作业

盘点，也就是盘存清点，是指为确定仓库内或其他场所现存物料的实际数量而对物料的现存数量加以清点。这是一项日常工作，主要检查账务与实物是否相符。当发现账务与实物不符时，要查明原因，进行账务调整，补充单据，盘亏赔偿损失。

(4)出库作业

仓库在接到出货单位的出货通知后，应立即做好出库前的准备工作，包括人员、装卸搬运设备的准备以及理货场地的准备等。只有做好各方面的准备工作，才能加快货物的出库发送速度，避免出现差错，提高货物的出库工作效率。

出库作业要根据业务部门开出的物资出库凭证，按其所列的物资编号、名称、规格、数量等项目组织商品出库。要对商品的出库凭证进行审核，根据单据上所列的各项，对照登记商品保管账，按出库凭证进行配货，并将配好的出库商品集中到理货场所复核，如无错误，由仓库发货人员按单将商品交付给提货或承运人员，办清交接，然后包装、发运，最后还要清理场地。

5.2　库存与库存管理

5.2.1　库存概述

(1)库存的概念及形态

①库存的概念

根据中华人民共和国国家标准《物流术语》(GB/T 18354-2006)的定义,库存是指:储存作为今后按预定的目的使用而处于闲置或非生产状态的物品。广义的库存还包括处于制造加工状态和运输状态的物品。

②库存的形态

库存的形态包括原材料、外购件、在制品、成品、物资批发部门库存等,如图 5.6 所示。

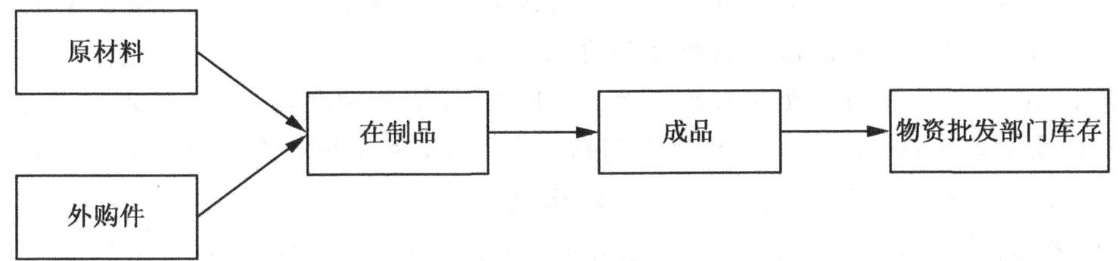

图 5.6　库存的形态

显而易见,图 5.6 中处于左侧的库存成本低,处于右侧的库存成本高。这是由于处于左方的库存,未经加工或只有少量加工,因而成本较低;随着生产过程的进行,库存逐渐向右方移动,加工量逐渐增加,因而库存成本也逐步增加。

从库存的形态还可以看到,处于图左的库存通用性大,处于图右的库存特殊性较强。

(2)库存的利弊

①库存的作用

一是缩短订货提前期。当制造厂维持一定量的成品库存时,顾客就可以很快采购到他们所需的物资,这样就缩短了顾客的订货提前期,加快了社会生产的速度,也使供应商争取到了顾客。

二是稳定生产和需求。在竞争激烈的社会环境中,外部需求的不稳定性是经常现象,而生产的均衡又是企业内部组织生产的客观要求,外部需求的不稳定性与内部生产的均衡性是矛盾的。要保证满足需求方的要求,又要使供给方的生产均衡,就需要维持一定量的成品库存。成品库存将外部需求与内部生产分开,就像水池一样起着稳定的作用。

三是防止物资短缺。维持一定量的库存可以防止物资短缺。为了应付各种突发事件,一个企业必须要有一定的库存物资。

四是防止生产中断。在生产过程中维持一定量的在制品库存,可以防止生产中断。例如,当某道工序的加工设备发生故障时,如果工序间有在制品库存,其后续工序就不会中断。

五是降低运输成本。实施整车运输,降低运输成本,达到运输的规模效益。

②库存的弊端

库存的存在,意味着资源闲置,造成浪费,并增加了企业的开支,给企业带来较大的经济负担。库存的弊端主要表现在:

第一,库存造成资金积压,引起资金周转困难。

第二,库存使预期投资利润受到损失。

第三,由于有的物资会过时、陈腐,因而加大了库存积压品的损失风险。

第四,库存产品有时减价销售,从而降低利润。

第五,库存占用了建筑物的使用空间。

第六,库存使费用增加。

※链接:美特斯邦威陷入库存危局

对服装企业而言,库存始终是其主要的痛点之一。产品积压不仅占用了公司的运营资金,也增加了公司的管理成本和获利成本,拉长了产品的周转周期,从而降低了公司的整体利润。

2011 年底,美特斯邦威遭遇库存危机,被媒体曝出 25.6 亿元库存压仓。在公布的 2016 年第三季度报告中,美特斯邦威库存为 20.63 亿元,较期初余额 18.75 亿元增长了 1.88 亿元。迫于库存压力,美特斯邦威祭出了打折清库存的险招。

截至 2016 年 9 月 30 日,九牧王库存为 7.21 亿元,较年初余额 5.48 亿元增长了 1.73 亿元。存货的变动比率达 31.57%。其库存问题虽在 2015 年末相对有所好转,较上期同比下降 1.52%,但 2016 年似乎并没有延续 2015 年之乐观。

(资料来源:腾讯云·资讯 . https://cloud.tencent.com/,2018—01—19.)

5.2.2 库存管理

(1)库存管理的概念

库存管理也称为库存控制,是指对制造业或服务生产、经营全过程的各种物品、产成品以及其他资源进行管理和控制,使其储备保持在经济合理的水平上,是企业根据外界对库存的要求和订购的特点,预测、计划和执行一种库存的行为,并对这种行为进行控制。过去认为仓库里的商品多,表明企业发达、兴隆,现在则认为零库存是最好的库存管理。库存多,占用资金多,利息负担加重。然而,如果过分降低库存,则会加大短缺成本,造成货源短缺。

(2)库存管理的目标

库存管理的总目标有两个:一是保障供应,二是降低成本。

首先是保障供应、不缺货。仓库的根本任务,就是能够满足需求者的需求。在生产企业,仓库是为生产服务的。生产线一开,就需要原材料、零部件、设备和工具等。而且生产企业的生产线是要长年持续运转的,哪一个时刻如果没有了物资供应,生产线就要停止,这将会给企业造成巨大损失。

要做到保障供应,就应尽可能地增加仓库里的库存物资,减少缺货。然而,这就必然需要占用很多库存资金,需要大的仓库,需要保管维护,增加保管费用,从而增加经营成本,给企业造成较大的负担。

库存管理不善会导致库存不足或过剩。库存不足将错失销售机会,失去销售额,致使顾客不满,产生生产“瓶颈”;而库存过剩则不必要地占用了更多的资金,这些资金如果用在其他地方会有更高的效益。尽管库存过剩的危害看上去比较小,但附着在大量过剩库存上的价值令人瞠目结舌，当库存持有成本较高时，容易导致局面失控。

因此，企业既要防止缺货，避免库存不足，又要防止库存过量，避免造成大量不必要的库存费用。在二者之间寻求最佳的平衡是非常重要的。

(3)库存管理名词

库存管理有一些名词以及与之相对应的符号，为方便后面的学习，现作如下解释：

①需求量 D

需求量 D 是指用户到仓库来提货的数量，有时称作需求率，指单位时间的需求量。对于制造厂商来说，有时也称为消耗量或者消耗率。

②订货量 Q

订货量 Q 是指企业根据需求，为补充某种物资的库存量而向供货厂商一次订货或采购的数量。

③订货间隔期 T

订货间隔期 T 是指两次订货的时间间隔或订货合同中规定的两次进货之间的时间。

④订货提前期 L_2

订货提前期 L_2 是指从发现库存量已经下降到规定水平或以下，开始进行补充订货或采购之时算起，直到物资进入仓库验收为止的一段时间。只能是正值。

⑤到货延迟期 L_1

到货延迟期 L_1 是指物资实际到货时间比合同规定到货时间延迟的时间。可以是正值也可以是负值，代表迟到或者早到。

⑥订货提前期需求量 D_{L_2}

订货提前期需求量 D_{L_2} 是一个联合变量，也就是 $D\times L_2$。

⑦两次到货期间需求量 $D_{(T+L_1)}$

两次到货期间需求量 $D_{(T+L_1)}$ 中两次到货之间的时间应为合同规定的间隔期 T 加上实际到货延迟期 L_1。也是一个联合变量，即 $D\times(T+L_1)$。

⑧在库库存量

在库库存量是指已验收入库、库内现有的库存量。

⑨在途库存量

在途库存量是指已经订货，但尚未到达与验收入库的一种虚拟库存量。

⑩名义库存量

名义库存量是在库库存量与在途库存量之和。

⑪安全库存量 S

由于需求量 D、订货提前期 L_2 或订货间隔期 T 都是随机变量，因此，某一订货提前期需求量 D_{L_2} 或某两次到货期间需求量 $D_{(T+L_1)}$ 也是随机变量，它们可能超过平均值。为了预防和减少这部分不可预知的、可能突然发生的增量所造成的缺货机会，就必须有一部分储备，这部分储备称为安全库存量。

⑫存储成本

存储成本又称为持有成本，是指存货在储存过程中发生的费用。存储成本包括货物占用资金应付的利息、货物损坏变质的支出、仓库折旧费、维修费、仓储费、保险费、仓库保管人员工资等费用。

⑬订货成本

订货成本是指订货过程中发生的与订货有关的全部费用，包括办公费、差旅费、订货手续费、通信费、招待费以及订货人员的有关费用。一般来说，订货成本与订货量的多少无关，而与订货次数有关。要降低订货成本，就需减少订货次数。

⑭缺货成本

缺货成本是指当存储供不应求时引起的损失，如失去销售机会的损失、停工待料的损失、临时采购造成的额外费用以及延期交货不能履行合同而缴纳的罚款等。从缺货损失的角度考虑，存储量越大，缺货的可能性越小，缺货成本也就越少。

⑮服务水平

服务水平一般用供应量占需求量的百分比大小来衡量，即：

$$服务水平=\frac{供应量}{需求量}\times100\%=\frac{供应量}{供应量+缺货量}\times100\%$$

5.3 库存控制方法

5.3.1 ABC 分类法

(1)ABC 分类法的基本思想

一般来说，企业的库存物资种类繁多，每个品种的价格不同，数量也不等，有的物资品种不多但是价值很大，而有的物资品种很多但价值不高。由于企业的资源有限，对所有库存品种均给予相同程度的重视和管理是不可能的，也是不切实际的。为了使有限的时间、资金、人力、物力等能得到更有效的利用，应对库存物资进行分类，将管理的重点放在重要的物资上，并依据重要程度的不同，分别进行不同的管理，这就是 ABC 分类方法的基本思想。

(2)ABC 分类法的概念

ABC 分类法(activity based classification)，又称为帕累托法，是存储管理常用的分析方法。1951 年，美国的 H. F. 迪克电器公司首先在库存管理中倡导和应用 ABC 分类管理法，将 ABC 分类法引入库存管理就形成了 ABC 库存分类管理法。

ABC 管理法，就是以某类库存物资品种数占物资品种数的百分数和该类物资金额占库存物资总金额的百分数大小为标准，将库存物资分为 A、B、C 三类，进行分级管理。

这种方法是根据库存商品在一定时期内的价值、重要性及保管的特殊性，通过对所有库存商品进行统计、综合，按大小顺序排列、分类，找出主要矛盾，然后抓住重点进行管理的一种科学有效的库存控制方法。

(3)ABC 分类的依据

ABC 的分类标准如下：

第一，品种少、占用资金多的重要商品归为 A 类。

第二，品种较多、占用资金一般的商品归为 B 类。

第三，品种多、占用资金少的次要商品归为 C 类。

各类物资品种和资金所占比例关系如表 5.1 所示。

表 5.1　**ABC 分类标准**

分类	品种占用累计百分比	资金占用累计百分比
A	5%～20%	60%～80%
B	20%～30%	20%～30%
C	60%～80%	5%

(4)ABC 分类法的实施步骤

第一步，收集数据。根据分析要求和分析的内容，收集分析对象的有关数据。例如，要对库存商品占用资金的情况进行分析，则可以收集各类库存商品的数量、销售价格等数据。

第二步，处理数据。将第一步中收集到的数据资料进行汇总、整理，对储存物资按其价值量的大小进行排序。一般来说，平均资金占用额＝平均库存×单价。

第三步，绘制 ABC 分类表。

ABC 分类表由 9 栏构成，每栏所需填入数据如表 5.2 所示。

表 5.2　**ABC 分类**

物品名称	品目数累计	品目累计百分数	物品单价	平均库存	平均资金占用额	平均资金占用额累计	平均资金占用额累计百分数	分类结果
①	②	③	④	⑤	⑥＝④×⑤	⑦	⑧	⑨

填写表格时要注意，物品的数据条目应按照该项物品价值量的大小从大到小进行排序，这样排序的目的是便于我们区分主要与次要的物品类别。

第四步，分类。根据 ABC 分类表中第 3 栏(品目累计百分数)和第 8 栏(平均资金占用额累计百分数)，进行 A、B、C 三类商品的分类。

第五步，绘制 ABC 分类管理图。以品目累计百分数为横坐标，以平均资金占用额累计百分数为纵坐标，按 ABC 分类表中第 3 栏和第 8 栏提供的数据，在直角坐标图上取对应点，连接各点的曲线，即为 ABC 分类曲线。按 ABC 分类表上确定的 ABC 三个类别，在图上标明，如图 5.7 所示。

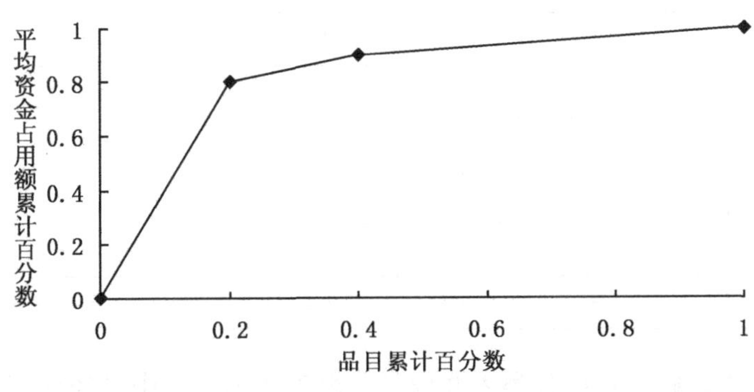

图 5.7　ABC 分类

下面通过例子来说明 ABC 分类法的具体应用。

例：某企业保持有 10 种商品的库存，有关资料如表 5.3 所示，为了对这些库存商品进行有效的控制和管理，该企业打算根据商品的投资大小进行分类。请选用 ABC 分类法将这些商品分为 A、B、C 三类。

表 5.3　　仓储物资单价及数量

物品名称	单价(元)	库存量(件)
a	4	300
b	8	1 200
c	1	290
d	2	140
e	1	270
f	2	150
g	6	40
h	2	700
i	5	50
j	3	2 000

解答过程如下：

第一步，收集数据。题目中已经给出了要分析的数据，此过程可以省略。

第二步，处理数据，计算库存物资的价值，按照平均资金占用额＝平均库存×单价的公式，将表 5.3 第二列和第三列数据相乘得到平均资金占用额数据，如表 5.4 所示。

表 5.4　　平均资金占用额汇总

物品名称	单价(元)	库存量(件)	平均资金占用额(元)
a	4	300	1 200
b	8	1 200	9 600
c	1	290	290
d	2	140	280
e	1	270	270
f	2	150	300
g	6	40	240
h	2	700	1 400
i	5	50	250
j	3	2 000	6 000

第三步和第四步，制作 ABC 分类表并分类。由于在第二步中已经计算出了每种物资的平均资金占用额，在绘制 ABC 分类表时，需要先对平均资金占用额按照从大到小的顺序进行排序，再计算品目数累计百分比和平均资金占用额累计百分比并分类。结果如表 5.5 所示。

表 5.5　**库存物资 ABC 分类**

物品名称	品目数累计	品目数累计百分数	单价（元）	库存量（件）	平均资金占用额（元）	平均资金占用额累计（元）	平均资金占用额累计百分数	分类
b	1	10%	8	1 200	9 600	9 600	48.4%	A
j	2	20%	3	2 000	6 000	15 600	78.7%	
h	3	30%	2	700	1 400	17 000	85.7%	B
a	4	40%	4	300	1 200	18 200	91.8%	
f	5	50%	2	150	300	18 500	93.3%	C
c	6	60%	1	290	290	18 790	94.8%	
d	7	70%	2	140	280	19 070	96.2%	
e	8	80%	1	270	270	19 340	97.5%	
i	9	90%	5	50	250	19 590	98.8%	
g	10	100%	6	40	240	19 830	100.0%	

第五步，绘制 ABC 分类图，如图 5.8 所示。

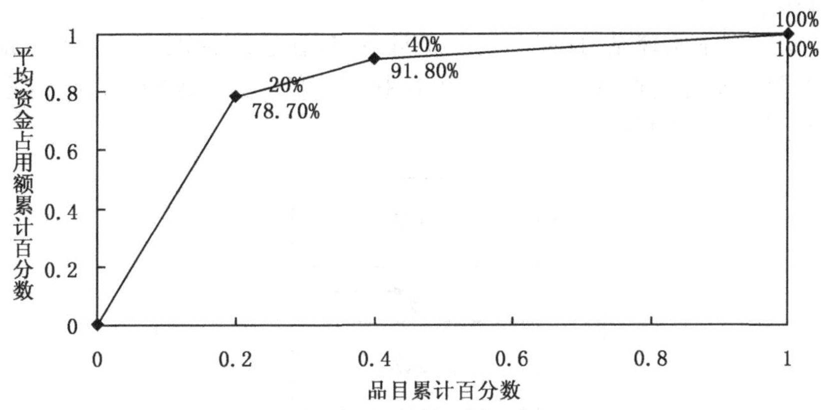

图 5.8　**物资 ABC 分类**

(5)ABC 分类管理的措施

用上述方法分出 A、B、C 类货物之后，就应根据企业的经营策略对不同类别的库存物资进行不同的管理。

①A 类物资的管理

第一，尽可能正确地预测需求量。根据历史资料和市场供求的变化规律，认真预测未来货物的需求变化，并依此组织入库货源。

第二，缩短订货提前期。多方了解货物供应市场的变化，与供应商协调，尽可能地缩短订货提前期。

第三，力求出货量平稳。控制货物的消耗规律，尽量减少出库量的波动，降低安全库存量。

第四，合理增加采购次数，降低采购批量。

第五，货品放到易于出入库的位置。

第六，货物包装尽可能标准化，以提高仓库利用率。

第七，必须严格执行盘点，每天或每周盘点一次，以提高库存精确度。

②C类物资的管理

对C类物资要放宽控制或只作一般控制，采用较高的安全库存，减少订货次数。由于品种繁多复杂，资金占用又小，如果订货次数过于频繁，不仅工作量大，而且从经济效益上考虑也没有必要。

③B类物资的管理

此类物资介于A和C之间，因此，对B类物资的管理也介于A、C类物资的管理方法之间。在采购中，订货数量可适当照顾到供应企业的利益，有利于供方确定合理的生产批量及选择合理的运输方式。

5.3.2 库存控制的类型

一般说来，库存控制的方法可以分为定量订货法和定期订货法两种。根据它们的需求速率和订货提前期的已知情况，每种方法又分为确定型和概率型。总的说来，库存控制模型可以概括为20种，下面对几种比较典型的模型进行具体分析。

(1)定量订货法

定量订货法是指当库存量下降到预定的最低库存量(订货点)时，按规定数量进行订货补充的一种库存决策方法。

定量订货法的基本原理是：预先确定一个订货点，在仓库管理中连续不断地监控库存水平，当库存水平降低至订货点时，发出订货通知，执行订货任务。采购的物品到达时，库存品的数量得到补充。如图5.9所示。

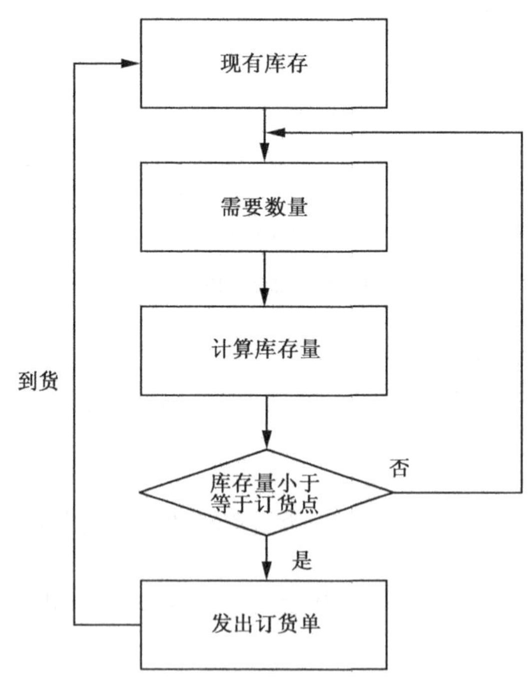

图5.9 定量订货法的作业程序

利用定量订货法进行库存控制，必须连续不断地检查库存物品的库存数量，所以这种方法有时也称为连续库存检查控制法。

①定量订货法的参数

在实际应用中，定量订货法需要确定三个参数的值。

一是订货点——解决什么时候订货的问题。

二是订货批量——解决一次订货多少的问题。

三是安全库存量。

②确定型定量订货法

确定型定量订货法是指企业对物品的需求量和订货提前期是确定和已知的。这种情况下，企业可以不设置安全库存。其库存模型如图 5.10 所示。

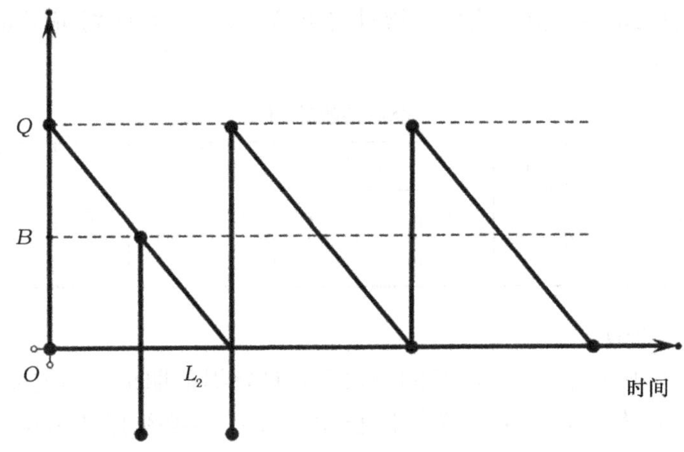

图 5.10　确定型库存模型

图 5.10 中，B 为再订货点，Q 为每次订货量，L_2 为订货提前期。

当库存量下降到 B 时发出订单，每次订货量为 Q，经过 L_2，货物到达企业的仓库。

由于企业每年物品的需求量一定，每次订货数量越大，订货的间隔时间就越长，订货次数就越少，订购成本就越低。但是，订货数量越大，储存成本就越高。订购成本与储存成本构成了效益背反的关系。研究表明，只有在订购成本等于储存成本的时候，储存总成本最低。此时：

$$Q^*=\sqrt{\frac{2DH}{C}}=\sqrt{\frac{2DH}{PF}}$$

其中：Q^*——经济订货批量；

D——商品年需求量；

H——每次订货成本；

P——单位商品的购入成本；

F——物品的储存成本率；

C——单位商品储存成本（$C=PF$）。

※ 注意：D 可以代表任一时期的需求量，并不要求必须是年需求量，只要 D 与 C、F 所表示的时间段一致就可以了。

例：某公司 2014 年 A 物料的年需求量为 110 件，每次订购费为 45 元，每月每单位的储存成本为 15%，该物料的单位成本为 10 元，企业物料净需求时段分配如表 5.6 所示。试计算该物料的经济订货批量和计划订购方式。

表 5.6　物资需求

月	1	2	3	4	5	6	7	8	9	10	11	12	合计
净需求		10	10		14		7	12	30	7	15	5	110

解：

月均需求量为 110/12≈9(件)

$$Q^* = \sqrt{\frac{2DH}{C}} = \sqrt{\frac{2\times9\times45}{10\times15\%}} = 23.24(\text{件})$$

经济订货批量为 23 件。根据该公司物料需求情况，将订购计划编制如表 5.7 所示，可以使企业的库存成本最低。

表 5.7　企业采购计划

月	1	2	3	4	5	6	7	8	9	10	11	12	合计
净需求		10	10		14		7	12	30	7	15	5	110
计划采购		23			23			23	23		23		115

③概率型定量订货法

概率型定量订货法是指企业对物品的需求量和订货提前期是不确定和未知的。在这种情况下，企业很难保证不发生缺货现象，为了防止发生缺货，就必须保持保险储备，即安全库存。

安全库存对企业的影响是双向的：一方面，它可以防止发生缺货，降低缺货成本，提高顾客服务水平；另一方面，它又提高了企业的库存水平，增加了企业的储存成本，因此必须确定一个合理的安全库存量。

概率型定量订货法的库存模型如图 5.11 所示。

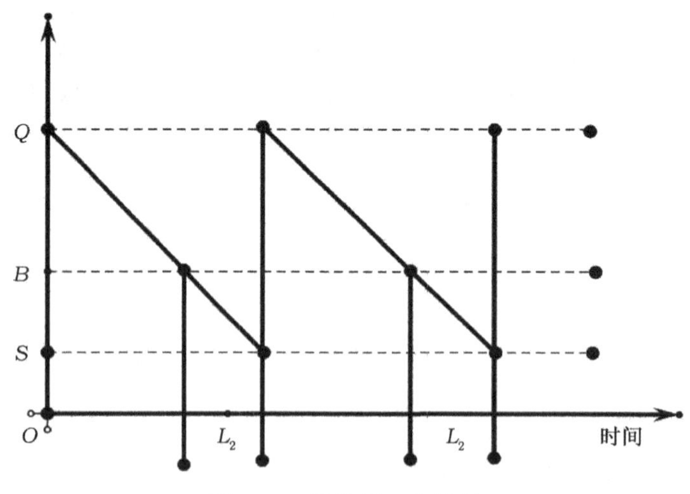

图 5.11　概率型库存模型

由图 5.11 可以看出，再订货点 B 由订货提前期内的平均需求量和安全库存量 S 两部分构成。即：

$$B=S+D_{L_2}=S+D\times L_2$$

以下将介绍几种不同的情况来确定安全库存量。

● 需求随机，提前期为常数

由于市场上各个产品所面向的顾客群的不同、顾客喜好的不同、使顾客得到的满足不同、行业性质不同、竞争状况各异等因素，不同的产品拥有不同的需求水平，且分布的形式也不尽相同，但都呈现出波动的趋势。

假设单位时间内的产品市场需求服从均值为 d，标准差为 σ 的正态分布，订货提前期为 L_2，各个时期的市场需求是相互独立的。当 M 为提前期内需求均值，标准差为 σ_M 时，则根据正态分布的性质，有：

$$M=L_2\times d$$

$$\sigma_M=\sqrt{L_2\times\sigma^2}$$

$$S=z\times\sigma_M=z\times\sigma\times\sqrt{L_2}$$

其中：z——一定顾客服务水平下需求变化的安全系数；

S——安全库存。

例如，服务水平为 90%，表示在一个存货周期内，出现缺货的概率是 0.1，而不出现缺货的概率为 0.9。表 5.8 是常用的缺货概率对应的安全系数。

表 5.8　安全系数

缺货概率(%)	30	27.4	25	20	16	15	13.6
安全系数值	0.54	0.6	0.68	0.84	1	1.04	1.1
缺货概率(%)	11.5	10	8.1	6.7	5.5	5	4
安全系数值	1.2	1.28	1.4	1.5	1.6	1.65	1.75
缺货概率(%)	3.6	2.9	2.3	2	1.4	1	
安全系数值	1.8	1.9	2	2.05	2.2	2.33	

例：根据历年资料，A 公司的某产品每天的需求服从均值为 320 台、标准差为 40 的正态分布。已知订货提前期为 1 周，公司所提供的服务水平为 95%，试确定该公司应当持有的安全库存量。

解：根据题意，可得：

$d=320$，$\sigma=40$，$L_2=7$，查表 95%的服务水平所对应的安全系数为 1.65。

$$S=z\times\sigma_M=z\times\sigma\times\sqrt{L_2}=1.65\times40\times\sqrt{7}=175\text{（台）}$$

● 需求确定，提前期随机

当市场需求相对稳定，而由于供应商的技术水平、设备故障、运输等原因导致提前期变化不稳定，出现波动趋势时，为了能够满足提前期内的客户订单，就需要通过设置安全库存进行缓冲，满足客户需求。

假设提前期服从均值为 L_2、标准差为 σ_{L_2} 的正态分布，而市场的需求是稳定的，单位时间内的需求量为 d，则安全库存的设置是为了应对由于一些突发状况引起的提前期延长的市场需求。对于此种情形，在某一特定的服务水平下安全库存的计算公式为：

$$S=z\times\sigma_M=z\times d\times\sigma_{L_2}$$

例：已知 A 公司的某产品的市场需求是稳定的，每天为 120 个单位，该产品的订货提前期服从正态分布，其平均值为 5 天，标准差为 3 天。当服务水平为 98%时，求安全库存和再订购点。

解：根据题意，有：

$d=120$，提前期均值 $L_2=5$，标准差 $\sigma_{L_2}=3$。查表得 98%的服务水平对应的安全系数为 2.05，则：

$S=2.05\times120\times3=738$(单位)

$B=d\times L_2+S=120\times5+738=1\ 338$(单位)

● 需求与提前期均随机

假设需求和提前期均服从正态分布，其中需求均值为 d，标准差为 σ；提前期均值为 L_2，标准差为 δ。当 M 表示提前期内需求均值，标准差为 σ_M 时，安全库存可以表示为：

$$S=z\times\sigma_M=z\times\sqrt{\sigma^2L_2+\delta^2d^2}$$

(2)定期订货法

定期订货法是预先确定一个订货周期和一个最高库存量水准，然后以规定的订货周期为周期，周期性地检查库存，发出订货，订货批量的大小每次都不一定相同。

由于定期订货法是按固定的订货周期检查库存，以每次实际盘存的库存量与预定的最高库存量之差作为每次的订货量，因此，只有到达订货时间才检查库存，没有到达订货时间不检查库存。在检查库存时就是确定最高库存量与实际库存量的差，以此作为再次订货的数量。具体工作流程如图 5.12 所示。

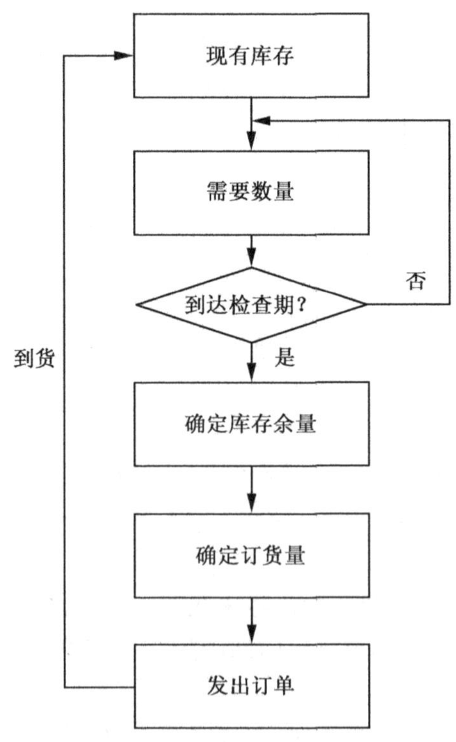

图 5.12 定期订货法的作业程序

定期订货法也有确定型和概率型之分，考虑到概率型定期订货法的应用情况比较复杂，在本书的学习中，我们仅讨论确定型定期订货法。

在确定型定期订货中，物品的需求量和订货提前期是确定和已知的，这种情况下，企业可以通过自己的有效计划和管理，在不保有安全库存的前提下，以最低的成本，满足企业的需求。

确定型定期订货法中的相关参数表示为：

经济订货间隔时间：

$$T=\sqrt{\frac{2H}{DC}}=\sqrt{\frac{2H}{DPF}}$$

最高库存水平：

$$E=D(T+L_2)$$

例：某仓库每年需要购进单价为 10 元的某商品 10 000 件，每次订购成本为 18 元，每单位商品的年储存成本为 4 元。如果订货提前期为 9 天。问经济订货间隔时间、最高库存水平分别是多少？

解：

$$T=\sqrt{\frac{2H}{DC}}=\sqrt{\frac{2H}{DPF}}=\sqrt{\frac{2\times 18}{10\ 000\times 4}}=0.03(\text{年})\approx 11(\text{天})$$

$$E=D(T+L_2)=10\ 000\times(0.03+9/365)=547(\text{件})$$

(3)定量订货法与定期订货法的区别

定量订货法和定期订货法不同，它们的主要区别如下：

①提出订购请求时点的标准不同

定量订购法提出订购请求的时点标准是，当库存量下降到预定的订货点时，即提出订购请求；而定期订购法提出订购请求的时点标准则是，按预先规定的订货间隔周期，到了该订货的时点即提出请求订购。

②请求订购的商品批量不同

定量订购法每次请购商品的批量相同，都是事先确定的经济批量；而定期订购法每次订购的商品批量不一定相同，要根据库存的实际情况计算后确定。

③库存商品管理控制的程度不同

定量订购法要求仓库作业人员对库存商品进行严格的控制，精心的管理，经常检查、详细记录、认真盘点；而用定期订购法时，对库存商品只要进行一般的管理，简单的记录，只在达到订货时间时才检查库存，确定库存的剩余量，不需要经常检查和盘点。

④适用的商品范围不同

定量订购法适用于品种数量少，平均占用资金大的、需重点管理的 A 类商品；而定期订购法适用于品种数量大、平均占用资金少的、只需一般管理的 B 类、C 类商品。

关于③和④的争论，解释如下：

因为定量订货方式需要每次订货的时候，检查库存是否减少到了订货点，因此，需要经常了解和掌握库存的动态，也就是经常进行检查和盘点，正因如此，定量订货方式的工作量大且花费大量时间，如果对于每种商品都经常进行检查盘点，就会增加库存保管成本，因此这种方式适合于少量的重要商品，即 A 类商品，而定期订货法则反之。

5.3.3　零库存技术

(1)零库存的概念

零库存技术(zero-inventory logistics)是指在生产与流通领域按照JIT(just in time)方式组织物品供应,使整个过程库存最小化的技术的总称。

零库存是对某个具体企业、具体商店、车间而言,是在有充分社会储备保障前提下的一种特殊形式,零库存不是广义的概念而是一个具体的概念,虽然现代科学技术和管理技术可以把零库存的控制区域从一个车间延伸到一个工厂再延伸到相关的社会流通系统,但是在整个社会再生产的全过程中,零库存只能是一种理想,而不可能成为现实。没有设备储备的保障,没有供大于求的经济环境,微观经济领域的零库存是很难实现的。

零库存技术并非单纯地从数量上使得库存为零。由于物流系统中广泛存在着效益背反现象,单纯降低企业的库存,可能会引起企业运输成本的大量增加,二者不可能同时降低到最小值。但是,物流对于企业的意义,并不是某一个方面或者环节的成本压缩,而是整体资源的最优化,因此,明智的做法是在运输成本和库存成本间找到一个平衡点,而非盲目地压缩库存。所以,零库存技术只是一种理念,并不是把企业库存绝对地降低为零,而是相对尽可能地降低。

零库存技术也不是把企业的库存推到企业之外去完成,JIT的最终目的是在整个供应链中实现零库存。这样,才能使企业在现代竞争中的总成本最低。

(2)实施零库存技术的方法

有了零库存理论,实施零库存的技术就容易掌握了。企业可以根据自身实际,采取有效的方法来降低库存,可以从以下方面入手:

①借助于JIT生产的零库存技术

来源于丰田汽车公司的JIT生产,由于使用了需求拉动的思想,采用“看板供应”技术,使企业供应链的上一环节的商品数量、品种和时间由下一个环节的商品数量、品种和时间决定。保证在供应链的每一个环节不会出现物品的过多生产和库存。

要实现JIT,要求物流部门加强与供应商的协调与联系,准确把握生产现场的物流时间与物流量的变化趋势,准确及时地将物品送到生产现场。

事实上,把需求拉动的思想应用于企业的生产和库存管理中,就可以使库存尽可能地降低。如戴尔公司,根据客户的订单进行生产,使企业的零部件、产成品在各个环节都降到尽可能低的水平,企业在低成本下运作,提高了企业的竞争力。

②虚拟库存

虚拟库存不是实实在在的库存,而是充分利用信息系统。在互联网环境下,各个客户、物流中心、供应商等通过信息系统,相互形成虚拟库存,在缺货时由其他存储点的库存来进行交叉履行,生成交叉履行订单,这可以帮助降低整体库存水平和提高各存储点的订单履行率。利用这种库存方法,可以使企业避免库存风险,降低物流成本,提高企业效益和效率。

③越库供应

传统的仓库进行货物供应的一般流程是:采购货物—入库储存—分拣备货—配装送货,在这个环节中,物品都在本企业的仓库中进行了中转。越库供应是一套高效的供应运作体系,它打破了这一传统的运作方式,把采购的物品不经过本企业的仓库,直接供应给下一个环节,即采购—送货。这样,供应环节减少了,仓库面积减少了,提高了仓库的运作效率,减少了储存、分拣次数,库存周转率加快了。如果商品每次进出量很大的话,越库作业对于库存成本的降低是很可观的。也就是说,越库作业就是实现商品从收到发的直接转移,通过很少或者几乎没有的库存占用实现商品的交付。如快速消费品,由于其周转快、批量大、商品价值低、对商品新鲜度要求高等特性,使得越库作业技术在快速消费品行业中被广泛应用。

※ 小案例:波司登的越库配送

产品配送是电商企业的一个重要环节,由于许多企业存在分公司、办事处等库存点,越库配送货品也是常事。例如,波司登羽绒服仓库总部在常熟,而买家在扬州,那么从扬州的羽绒服仓库发货可以更节省物流费用,这中间就要尤其注意一些越库配送的问题,以免库存盘点出现错误。

5.4　供应链环境下的库存管理

5.4.1　供应链管理中的库存问题

在供应链系统中,库存以原材料、半成品、成品、在制品、在途品存在于供应链的各个环节,传统的库存管理注重于优化单一企业的库存成本,但是在供应链系统中,这种传统的库存管理方式显然不能使供应链系统中的库存水平最优。

(1)三类基本问题

在供应链系统中主要包括信息沟通问题、供应链运作问题、供应链结构问题三类基本问题。具体来说包括:供应链各节点企业在确定经营策略时的全局意识;供应链各企业整体的运行效率评价和管理问题;信息在供应链各成员间交流的效率;不确定性和库存的平衡关系;库存管理策略对实际情况的适应性等问题;供应链各企业间的合作协调;产品设计与供应链库存之间的关系问题等。

(2)供应链中的需求变异加速放大

这一问题在第 2 章中已经有过分析,即牛鞭效应,此处简单作一说明。当供应链中的企业根据下游企业的需求量来确定其生产决策时,需求信息的不确定性就会沿着供应链逆流而上,而其不确定性会逐级放大,达到最上游的供应商时,其需求的变异系数远大于位于供应链下游的经销商和零售商。传统的库存管理模式不能解决需求变异放大的问题。

(3)供应链不确定性与库存的关系

供应链的不确定性包括企业之间、部门之间的衔接不确定性和企业内部的运作不确定性。加强供应链各企业间的信息共享是降低不确定性的重要手段,具体来说,由于企业间的信息共享,使得企业间信息不对称问题得以减少,企业在需求相对稳定的情况下,就可以大大降低库存水平。

5.4.2　供应链中的库存管理策略

(1)供应商管理库存(VMI)

①供应商管理库存的概念和基本思想

VMI 系统本质上是用户和供应商之间的合作性策略。在一般情况下,供应商为了适应不可预测的需求变化,需要建立库存,用户也需要建立库存来应付其内部需求和供应链的不确定性,这种行为实际上导致了重复库存的问题,同时由于变异放大原理,需求信息在供应链中会被进一步扭曲。在 VMI 模式下,以双方成本最低为目标,在双方相互同意的框架下,由供应商来管理库存，同时这个协作框架被不断监督和修正，从而保证该库存管理策略的持续改进。

VMI 的核心思想在于零售商放弃商品库存控制权，而由上游制造商掌握库存，由供应商依据零售商提供的每日商品销售资料和库存情况来集中管理库存，替零售商下订单或连续补货。制造商虽然担任的工作比传统模式更多、更复杂了，但是通过将分销商的库存纳入自己的管理范围，制造商可以间接地了解需求信息，而不是根据订单进行供给。

②供应商管理库存的优势

供应商管理库存的模式不仅可以降低供应链的库存水平，而且可以为用户提供更高水平的服务，使双方达到双赢。具体地说，实施供应商管理库存具有以下优点：

首先，供应商拥有库存，对于零售商来说，可以省去多余的订货部门，使人工任务自动化，可以从过程中去除不必要的控制步骤，使库存成本更低，服务水平更高。

其次，供应商拥有库存，供应商会对库存考虑更多，并尽可能进行更为有效的管理，通过协调多个零售生产与配送，进一步降低总成本。

最后，供应商能按照销售时点的数据，对需求作出预测，减少预测的不确定性，从而减少安全库存量，同时，供应商能更快响应用户需求，提高服务水平，使用户的库存水平也降低。

供应商管理库存虽然拥有众多的优点，但在其实施过程中，供应商和用户之间必须相互信任、密切合作，遵循互惠互利的原则，在共同目标指导下，明确自己的责任，精心设计与开发供应商管理库存系统。只有这样，才能有效地降低供应链的库存水平和成本，改善资金流，并为用户提供高水平的服务。

③实施 VMI 需要注意的问题

实施 VMI 应注意以下几个问题：

一是信任问题。VMI 需要合作双方相互信任，零售商要信任供应商，不要干预供应商对发货的监控，供应商也要多做工作，使零售商相信它们不仅能管好自己的库存，也能管好零售商的库存。

二是技术问题。只有采用先进的信息技术，才能保证数据传递的及时性和准确性，而这些技术往往价格昂贵，利用 EDI 技术将 POS 信息和配送信息分别传输给供应商和零售商，利用条形码技术和扫描技术来确保数据的准确性。

三是存货所有权问题。在确定由谁来进行补充库存的决策以前，零售商收到货物时，所有权也同时转移了，现在变为寄售关系，供应商拥有库存直到货物被售出。同时，由于供应商管理责任增大，成本增加了，双方要对条款进行洽谈，使零售商与供应商共享系统整体库存下降。

四是资金支付问题。过去，零售商通常在收到货物 1～3 个月以后才支付货款，现在可能不得不在货物售出后就要支付货款，付款期限缩短了，零售商要适应这种变化。

※ 链接：台湾雀巢与家乐福之间的供应商管理库存

台湾雀巢在 2000 年 10 月积极开始与家乐福公司合作，制定建立供应商管理库存系统的计划，目标是要提高商品的供货率，降低家乐福库存持有天数，缩短订货前置期以及降低双方物流作业的成本。就雀巢与家乐福既有的关系而言，只是单纯的买卖关系，唯一特别的是家乐福对雀巢来说是一个重要的客户。买卖方式是家乐福具有决定权，决定向雀巢订货的产品与数量。

每日 9:30 前家乐福用 EDI 方式传送库存与出货信息至雀巢公司。9:30—10:30 雀巢公司将收到的资料合并至其销售数据库系统中，产生预估的补货需求并将之写入后端的 ERP 系统中，根据实际库存量计算出可行的订货量，产生所谓的建议订单。10:30 前雀巢公司以 EDI 方式传送建议订单给家乐福。10:30—11:00 家乐福公司在确认订单并进行必要的修改（量与品种）后回传至雀巢公司。11:00—11:30 雀巢公司依照确认后的订单备货并出货。

（资料来源：http://www.ancc.org.cn/news/article.aspx? id=3472.）

(2)联合库存管理

①联合库存管理的基本思想

联合库存管理是在供应商管理库存的基础上发展起来的，它能够克服 VMI 系统的局限性和规避传统库存控制中的“牛鞭效应”，强调供应链中各个节点同时参与，共同制定库存计划，每个库存管理者都从相互之间的协调性考虑，任何相邻节点需求的确定都是供需双方协调的结果，这就保证了供应链中各节点之间的库存与需求预期保持一致，提高了供应链的同步化程度，从而部分消除了由于供应链环节之间的不确定性和需求信息扭曲现象导致的供应链的库存波动，消除了需求变异放大现象。联合库存管理强调供应链中各企业之间的互利合作，上游企业和下游企业权利责任平衡和风险共担，体现了战略联盟的新型合作关系。

②联合库存管理的优势

一是信息优势。联合库存管理通过在上下游企业之间建立起一种战略性的合作伙伴关系，实现了企业间库存管理上的信息共享。这样既保证供应链上游企业及时准确地获得市场需求信息，又可以使各个企业的活动都围绕着客户需求开展。

二是成本优势。联合库存管理实现了从分销商到制造商到供应商之间的库存管理一体化，实现了准时制采购（在恰当的时间、恰当的地点，以恰当的数量和质量采购恰当的物品）。它不仅实现了库存的减少，而且加快了库存周转速度，缩短了订货和交货提前期，降低了企业的采购成本。

三是物流优势。联合库存管理打破了各自为政的传统供应链库存管理局面，它强调各方协同合作，共同制定库存计划，共同分担风险，有效地消除库存过高和“牛鞭效应”。

四是战略联盟的优势。联合库存管理的实施以各方充分信任与合作为基础，只有分销商、制造商和供应商协同一致行动，才能真正实施联合库存管理。此外，联合库存管理的有效实施也加强了企业间的联系与合作，充分体现出战略联盟的整体竞争优势。

③联合库存管理模式

一种是各个供应商的零部件都直接存入核心企业原材料库的集中库存。其重点在于核心企业根据生产的需要，保持合理的库存量，既能满足需要，又要使库存总成本最小。

另一种是无库存模式。供应商和核心企业都不设立库存，供应商直接在核心企业的生产线上进行连续小批量多频次的补充货物，并与之实行同步生产、同步供货，从而实现“在需要的时候把所需要品种和数量的原材料送到需要的地点”的准时制供货模式。由于完全取消了库存，所以效率最高，成本最低，但对供应商和核心企业的运作标准化、配合程度、协作精神和操作过程要求严格，而且二者的空间距离不能太远。

(3)多级库存优化

联合库存管理是供应链中单级的局部优化管理模式，而多级库存优化是全局性的库存管理优化模式，强调供应链资源的全局优化。多级库存管理有非中心化（分布式）策略和中心化（集中式）策略。

非中心化策略是各库存点独立地采取各自的库存策略，操作比较简单，但是其实施效果与供应链中的信息共享水平有很大关系，在共享度低的情况下，很难实现供应链系统的最优。

中心化策略是指同时决定所有库存点的控制参数，结合各库存点的相互关系，通过协调来实现供应链系统中的库存最优。这种管理方法在供应链层次较多的情况下，操作难度较大。

(4)工作流管理

工作流管理是针对企业战略性库存决策问题所提出的库存管理策略。这种策略认为，库存是企业之间或部门之间没有实现无缝链接的结果，库存管理本质上不是针对物料的管理，而是针对企业业务流程的工作流管理，强调通过企业业务过程的调整来解决库存问题。这种策略强调了企业间的战略合作和协调。

复习思考题

一、案例分析题

某仓库为某存货人储存一批皮革及其制品，请你帮助该仓库进行货物储存安排，并主要回答下列问题：

(1)这种商品在存储中会发生怎样的变化？

(2)这种商品应如何进行储存保管？

二、计算题

某物流公司为加强对库存货物的管理，拟采用ABC分类法进行重点管理。该公司的库存货物明细如表5.9所示。请采用ABC分类法对库存货物进行分类，分成A、B、C三类，并针对不同类别说明不同的管理方法。

表5.9　　库存货物明细表

序号	品种数量	平均库存量(千克)	平均资金占用额(万元)
1	380	1 896	22 752
2	260	1 358	8 148
3	95	980	53 900
4	29	650	807 950
5	55	1 205	108 450
6	420	1 685	84 250

读一读

库存周转只有4天，京东酝酿了10个月的7FRESH是如何做到的？

零售行业的“新物种”层出不穷，超市加餐饮模式的新零售业态店已然成了零售圈的一种时尚，继阿里的盒马鲜生、永辉的超级物种、美团的掌鱼生鲜、世纪联华的鲸选之后，京东的7Fresh也来了。

京东集团副总裁、7FRESH总裁王笑松告诉钛媒体，试营业期间，7FRESH每天的客流在

1 万以上，每天的订单量在 1 万以上，这意味着每一个到店的客户都会至少消费一单。同时，7FRESH 的动销率也高于业内平均水平，达到了 87%，也就是说，一天之内有超过 87%的商品都有销售。

这让人不免好奇，一家开在南五环边上，附近没有密集居民区、写字楼的门店，是如何引得消费者络绎不绝地涌入，还实现了如此高的转化率？

心思都在细节处

门店 4 000 平方米的面积中，前店卖货的部门大概占到 2 400 平方米左右，其余都为后厂包装加工区，前店包括日用百货、生鲜、餐饮区等几块区域。

与其他"新物种"一样，7FRESH 也提供现场加工的即食服务。餐饮区被一分为二，根据口味、料理方式的不同辟出了东方餐饮区、西方餐饮区。

东方餐饮区主要以日式料理、中式烹饪为主，负责日料的主厨来自前四叶寿司的"大手"；西方餐饮区主要提供披萨、牛排、意面等，其行政总厨出身于"台塑王品牛排"。在 7FRESH 餐饮区，你既可以享受一顿大师坐镇的高端料理，也可以买几件小食逛逛吃吃。

值得一提的是，7FRESH 的餐饮部分全部采取的是自营模式，从熟制肉类到面包甜点，均由 7FRESH 自己加工制作。王笑松说，这样模式虽然任务比较繁重，管理挑战也很大，但只有自营才能真正对商品的品质做到把关。

7FRESH 的品牌口号是"一周 7 天，每天新鲜"。在店内，生鲜产品约占 75%。新鲜和品质是 7FRESH 的主打，在 7FRESH 生鲜区，大部分都是称重、包装好的标准包装货品，每一件商品都可以看出是精挑细选过的，每一片菜叶都透着新鲜，但相对来说，商品的价格也是略高于普通大卖场的。不过从门店的火爆程度来看，消费者还是愿意花更多的钱为好品质买单的。

王笑松告诉钛媒体，7FRESH 曾经在内部讨论过，要不要对临期食品进行打折促销，最终还是决定，当天没有卖完的面包、熟食，不打折，全部销毁。"很多人说浪费，但我们这么做，就是要告诉消费者我们起 7FRESH 这么一个名字就要说到做到，一周七天，每天都能买到新鲜的食材，我们希望在消费者心中强化这个理念。"王笑松说。

同时，依托于京东成熟的供应链、仓配体系，7FRESH 也可以通过货品的快速上架来确保食材的新鲜。据王笑松介绍，鲜鸡蛋从鸡下蛋到上货架仅需 12 小时，由宁夏盐池滩羊有机牧场直供的肋排 24 小时就能到店。

不仅有生鲜，还有黑科技

在 7FRESH，我们也看到了许多京东自主研发的"黑科技"。

为了解放消费者的双手，7FRESH 在店内配备了智能购物车，消费者下载 7FRESH App，扫描车身二维码，就可以与购物车完成绑定。使用前，车体会弹出一个装有手环的框，消费者佩戴上手环，智能购物车便会自动跟随。

智能购物车设有避障系统，综合了摄像头、红外线感应技术，在遇到障碍和紧急情况时，购物车可以立刻作出刹车指令。

除了自动跟随，它还可以自行前往购物车专属结算通道等候排队，消费者凭取货码，在半小时内前往服务台结账即可。当消费者不再需要购物车时，它甚至可以自动返航回到充电处，等待下一位顾客的召唤。

为了让消费者清楚地了解每一种水果的"出身"，7FRESH 店内为部分水果配备了"魔镜"系统。

消费者拿起带有二维码标识的水果，"魔镜"便可自动扫描感应，将水果的原产地、甜度、湖源等信息展示在镜面上。对于有“选择恐惧症”的消费者，可以直观地了解到不同水果之间的差别，从而更有针对性地购买。

在这家店里，你不用现金、不用刷卡，只要打开App，即可“靠脸吃饭”。在结算支付方面，7FRESH支持现金、微信、刷卡等各种支付方式，此外还增加了无需提前预设、操作步骤简单的刷脸支付，为人工结算分流的自助POS结算，以及摇一摇手机便会弹出支付二维码的“摇一摇”支付。

在硬科技之外，7FRESH还引入了人脸拉花咖啡机这一暖心黑科技。只需把你的照片发送到门店的公众号上，就可以享受一杯为你定制的拉花咖啡了。

如何做到库存周转仅4天

目前传统的超市卖场的库存周转大概在30天左右。据王笑松透露，7FRESH的库存周转目前已经做到了不到4天，这意味着一款商品在货架上最多待4天。同时，门店每天动效率在87%，也就是说，一天之内有超过87%的商品都有销售。

这让人不免好奇，一家刚刚试水线下商超的新玩家，是如何做到这些传统零售巨头都完不成的指标的？

据王笑松介绍，不同于传统大卖场前店后仓的模式，7FRESH的后仓只做生鲜产品的包装和加工，而不作为仓储使用，这主要得益于京东多年来积累的仓配优势和一套依托于大数据的智能补货系统。

依托于京东的物流仓配体系，从仓储中心到7FRESH门店，目前可以做到211补货，即系统上午发出补货指令，下午就能配送到门店，所以不需要单独设立后仓。消费者这端，以门店为中心的3公里范围内，都能享受到最快半小时送达的服务。

另外，依托于京东大数据，7FRESH还自建有一套智能补货系统。该系统能准确预测出可能缺货的时间段并提早作出应对，保证消费者在有所需的时候必定有所得，化解无货的尴尬。

不过，王笑松也坦言，由于7FRESH开业的时间还很短，所以历史积累的数据量还较少，对于未来销售的预测，还是需要在自动补货之外进行部分人为修正，但王笑松相信，随着门店运营时间的积累，智能补货会越来越精准，机器补货迭代和进步速度也将加快，补货效率方面还会继续提升。

王笑松说，7FRESH的模式可以理解为是一个前置店，而这个概念主要是与目前生鲜O2O比较主流的前置仓模式相对的。在他看来，两种模式各有利弊，前者的优点在体验好，后者的优点在扩张快。

王笑松认为，店的存在本身就是一个很好的展示窗口，一是通过店内的展示可以增强消费者的信心，二是可以增加与消费者的互动。比如，7FRESH目前就会在每周设置主题活动，和各个国家的使馆、核心供应商团队、餐厅等合作，向消费者教授一些美食的加工、搭配方式。

“门店其实不光只是卖产品，在这之外还要提供一个全方位的美食体验和解决方案，顾客来到店里不光可以买新鲜的食材，更重要的是能知道这个食材怎么加工和烹饪，这一点上，仓是很难做到的，而这对于拉新的作用是很大的。”王笑松说道。

（资料来源：谢康玉．库存周转只有4天，京东酝酿了10个月的7FRESH是如何做到的？[EB/OL].钛媒体，2018－01－05.）

参考文献：

[1]梁军. 仓储管理[M]. 杭州：浙江大学出版社，2009.
[2]熊正平，黄君麟. 库存管理[M]. 北京：机械工业出版社，2011.
[3]周伟华，吴晓波. 物流与供应链管理[M]. 杭州：浙江大学出版社，2011.
[4]赵泉午，卜祥智. 现代物流与供应链管理[M]. 上海：上海交通大学出版社，2010.
[5]孙学琴，何民爱. 物流中心运作管理[M]. 北京：机械工业出版社，2008.
[6]候云先，吕建军. 物流与供应链管理[M]. 北京：机械工业出版社，2011.
[7]蔡改成. 仓库与库存管理实务[M]. 武汉：武汉理工大学出版社，2007.
[8]潘迎宪. 物流仓储管理[M]. 成都：四川大学出版社，2006.
[9]林勇. 供应链库存管理[M]. 北京：人民交通出版社，2008.
[10]程敏. 供应链库存控制问题的研究与应用[D]. 兰州：兰州交通大学，2014.
[11]周润. 助理物流师[M]. 北京：机械工业出版社，2011.
[12]王昭凤. 供应链管理[M]. 北京：电子工业出版社，2012.

第 6 章　配送管理

【学习目标】

- 理解配送的概念及特点；
- 掌握运输和配送的区别；
- 熟悉配送作业流程；
- 掌握现代配送模式，能根据具体情况选择正确的配送模式；
- 掌握配送合理化的相关内容。

【引导案例】

了解沃尔玛的人都知道，低成本战略使物流成本始终保持低位，是像沃尔玛这种廉价商品零售商的看家本领。在物流运营过程中尽可能降低成本，把节省后的成本让利于消费者，这是沃尔玛一贯的经营宗旨。

沃尔玛在整个物流过程当中，最昂贵的就是运输部分，所以沃尔玛在设置新卖场时，尽量以其现有配送中心为出发点，卖场一般都设在配送中心周围，以缩短送货时间，降低送货成本。沃尔玛在物流方面的投资，也非常集中地用于物流配送中心建设。

物流配送中心一般设立在 100 多家零售店的中央位置，也就是配送中心设立在销售主市场。这使得一个配送中心可以满足 100 多个附近周边城市的销售网点的需求；另外，运输的半径既比较短又比较均匀，基本上是以 320 公里为一个商圈建立一个配送中心。

沃尔玛各分店的订单信息通过公司的高速通信网络传递到配送中心，配送中心整合后正式向供应商订货。供应商可以把商品直接送到订货的商店，也可以送到配送中心。有人这样形容沃尔玛的配送中心：这些巨型建筑的平均面积超过 11 万平方米，相当于 24 个足球场那么大；里面装着人们所能想象到的各种各样的商品，从牙膏到电视机，从卫生巾到玩具，应有尽有，商品种类超过 8 万种。沃尔玛在美国拥有 62 个以上的配送中心，服务 4 000 多家商场。这些中心按照各地的贸易区域精心部署，通常情况下，从任何一个中心出发，汽车可在一天内到达它所服务的商店。

在配送中心，计算机掌管着一切。供应商将商品送到配送中心后，先经过核对采购计划、商品检验等程序，分别送到货架的不同位置存放。当每一样商品储存进去的时候，计算机都会把它们的方位和数量一一记录下来；一旦商店提出要货计划，计算机就会查找出这些货物的存放位置，并打印出印有商店代号的标签，以供贴到商品上。整包装的商品将被直接送上传送带，零散的商品由工作人员取出后，也会被送上传送带。商品在长达几公里的传送带上进进出出，通过激光辨别上面的条形码，把它们送到该送的地方去，传送带上一天输出的货物可达 20 万箱。对于零散的商品，传送带上有一些信号灯，有红的、有黄的、有绿的，员工可以根据信号灯的提示确定商品应该被送往的商店，然后拿取这些商品，并将取到的商品放到一个箱子中，以避免浪费空间。

灵活高效的物流配送使得沃尔玛在激烈的零售业竞争中技高一筹。沃尔玛可以保证商品从配送中心运到任何一家商店的时间不超过 48 小时，沃尔玛的分店货架平均一周可以补货两次，而其他同业商店平均两周才能补一次货；通过维持尽量少的存货，沃尔玛既节省了存贮空间又降低了库存成本。

（资料来源：https://www.sohu.com/a/73040970_343156.）

思考：

(1)沃尔玛在配送方面具有哪些竞争优势？

(2)沃尔玛高效的配送系统给你什么启示？

6.1　配送概述

6.1.1　配送的概念

根据中华人民共和国国家标准《物流术语》(GB/T 18354-2006)的定义，配送是指在经济合理区域范围内，根据客户要求，对物品进行拣选、加工、包装、分割、组配等作业，并按时送达指定地点的物流活动。它是物流中一种特殊的、综合的业务，面向特定用户服务，具有辐射范围小、多品种、小批量的特点。

从物流的角度来说，配送几乎包括了所有的物流功能要素，包括装卸、包装、保管、运输等活动，通过这一系列活动完成将货物送达客户的目的。

从商流角度来说，物流是商物分离的产物，而配送则是商物合一的产物。配送是“配”和“送”的有机结合体。在具体实施时，配送也有以商物分离形式实现的，但从配送的发展趋势看，商流与物流越来越紧密的结合，是配送成功的重要保障。

6.1.2　配送的特点

配送需要依靠信息网络技术来实现，它包括以下特点：

(1)配送不仅仅是送货

配送业务中，除了送货，在活动内容中还有“拣选”“包装”“分货”“分割”“组配”“配货”等工作，这些工作难度很大，必须具有发达的商品经济和现代化的经营水平才能做好。在商品经济不发达的国家及历史阶段，很难按用户要求实现配货，要实现广泛的高效率的配货就更加困难。因此，一般意义的送货和配货存在着很大的区别。

(2)配送是送货、分货、配货等活动的有机结合体配送是许多业务活动有机结合的整体，同时还与订货系统紧密联系。要实现这一点，就必须依赖现代情报信息，建立和完善整个大系统，使其成为一种现代化的作业系统。这也是以往的送货形式无法比拟的。

(3)配送的全过程有现代化技术和装备的保证

由于现代化技术和装备的采用，使配送在规模、水平、效率、速度、质量等方面远远超过以往的送货形式。在活动中，由于大量采用各种传输设备及识别码、拣选等机电装备，使得整个配送作业像工业生产中广泛应用的流水线，实现了流通工作的一部分工厂化。因此，可以说，配送也是科学技术进步的一个产物。

(4)配送是一种专业化的分工方式

以往的送货形式只是作为推销的一种手段，目的仅仅在于多销售一些商品。而配送则是一种专业化的分工方式，是大生产、专业化分工在流通领域的体现。因此，如果说一般的送货是一种服务方式的话，配送则可以说是一种体制形式。

6.1.3 配送的分类

配送以不同的运作特点和形式满足不同的客户需求，形成不同的配送形式。

(1)按配送的组织主体不同来分

按配送组织主体的不同，可以把配送分为以下几种：

①配送中心配送

根据中华人民共和国国家标准《物流术语》(GB/T 18354-2006)的定义，配送中心是指从事配送业务且具有完善信息网络的场所或组织。配送中心应基本符合下列要求：主要为特定的客户或末端客户提供服务；配送功能健全；辐射范围小；提供高频率、小批量、多批次配送服务。

该种配送的组织者是专职配送中心，规模较大。有的配送中心需要储存各种商品，储存量也比较大；有的配送中心专门进行配送，储存量较小，货源靠附近的仓库补充。配送中心专业性较强，和客户有固定的配送关系，一般实行计划配送，需配送的商品有一定的库存量，一般很少超越自己的经营范围。配送中心的设施及工艺流程是根据配送需要专门设计的，所以配送能力强，配送距离较远，配送品种多，配送数量大，承担工业生产用主要物资的配送及向配送商店实行补充性配送等。配送中心配送是配送的主体形式，在数量上占主要部分，但是难以一下子建设大量的配送中心。因此，这种配送形式仍有一定的局限性。

②仓库配送

这种配送方式以仓库为中心，可以在保留仓库原有功能的基础上进行配送，即以仓库原功能为主，再增加一部分配送的职能。由于是对仓库进行的部分改造，不是按照配送中心的专门要求而设计和建立的，因而在规模和专业化方面不及配送中心，但是可以利用原仓库的储存设施及能力、交通运输路线开展中等规模的配送形式。另一种形式是对仓库按照配送中心的标准进行全面改造，使其成为完全意义上的配送中心。

③商店配送

这种配送方式的组织者是商业或物资的门市网点。这些网点往往经营商品的零售，它们可以在经营的同时，根据用户的要求，将本店经营的商品种类配齐，甚至为用户代为订购其他店的商品，连同该店的商品一起送到用户的手中。该配送方式适用于小批量、零星商品的配送，因为商业或物资的门市网点通常规模和实力有限，所以一般无法承担大批量的商品配送。

然而，这种经营网点较多，可以灵活机动地对非生产企业非生产性物资的产品进行配送，满足企业或消费者的需求。

④生产企业配送

这种配送形式的组织者是生产企业，尤其是进行多种产品生产的企业。这种配送方式越过了配送中心，直接由生产企业进行配送。由于具有直接、避免中转的特点，因而在节省成本方面具有一定的优势。这种配送方式多适用于大批量、单一产品的配送，不适用于多种产品"划零为整"的配送方式，具有一定的局限性。其实，把生产企业作为配送的主体是不适宜的，只有在那些有独特的生产技术和独特的产品种类的企业才适用。

(2)按配送时间及数量不同分类

按配送时间及数量的不同，可以把配送分成以下几种：

①定时配送

定时配送即按事先约定的时间间隔进行配送，如数天、数小时一次，每次配送的品种及数量可以预先计划，也可以根据客户的需求进行调整，用商定的联络方式(电话、计算机终端联系等)通知配送品种和数量。

这种方式时间固定，易于安排工作计划，易于计划使用设备，也有利于安排接运人员和接运作业。但是临时性较强，配货、配装工作紧张，难度较大，如果配送数量变化较大，则会出现配送运力的困难。

日配是定时配送中使用较广泛的一种方式，尤其是在城市内的配送，日配占了绝大多数比例。日配在时间方面的要求大体是，上午订货下午送达，下午订货第二天送达，配送时间在订货后 24 小时之内。

日配主要适用于以下一些情况：

一是生鲜食品配送，如蔬菜、水果、点心、肉类等的配送。

二是小型商店配送，这些商店要求商品随进随售，因而需要采取日配形式快速周转。

三是不能保持较长时期库存的用户配送，如实现"零库存"的企业或缺乏冷冻设施的用户。

※ 小知识：京东"211 限时达"

"211 限时达"是京东利用自营物流的优势提供给用户的一项送货时效承诺：在指定配送区域内，当日上午 11:00 前提交的现货订单(以订单出库后完成拣货时间点开始计算)，当日送达；夜里 23:00 前提交的现货订单(以订单出库后完成拣货时间点开始计算)，第二天 15:00 前送达。这样的话，在"211 限时达"的配送区域内(如北京五环内)，上午下单，下午送达，下午下单，次日送达。这一时效承诺非常简单明了，用户也有非常明确的送货时效预期。

②定量配送

定量配送是按规定的批量在一个指定的时间范围内进行的配送。由于数量和品种相对固定，使得备货工作相对简单，而时间规定不严格，则为将不同用户所需的物品拼凑整车运输、充分提高运力利用率提供了机会，并对配送路线进行合理优化，达到节约运力、降低成本的目的。此外，定量配送还有利于充分发挥集合包装运输的优越性，如使用托盘或集装箱进行运输，提高运送效率。

③定时、定量配送

定时、定量配送是在规定的时间内对规定的商品品种和数量进行配送。它兼有以上两种方式的特点，对配送企业的要求比较严格，管理和作业的难度较大，需要配送企业有较强的计划性和准确度，因而相对来说比较适用于生产和销售稳定、产品批量较大的生产制造企业和大型连锁商场的部分商品的配送及配送中心采用。

④定时、定量、定点配送

定时、定量、定点配送是按照确定的周期、确定的货物品种和数量，对确定的用户进行配送。这种配送形式一般事先由配送中心与用户签订配送协议，双方严格按协议执行。这种配送方式能够适应重点企业和重点项目的需要，配送中心一般与用户有长期稳定的业务往来，这对于保证物资供应、降低企业库存非常有利。

⑤定时、定路线配送

定时、定路线配送是通过对客户的分布状况进行分析，设计出合理的运输路线，根据运输路线安排到达站点的时刻表，按照时刻表沿着规定的运行路线进行配送。用户可以按规定的路线站点及规定的时间接货以及提出配送要求。这种方式对于配送中心来说，易于安排车辆和驾驶人员及接、运货工作。对于用户来讲，可以就一定路线和时间进行选择，又可以有计划地安排接货力量，适用于消费者比较集中的地区。

⑥即时配送

即时配送是完全按照用户突然提出的时间和数量方面的配送要求，立即将商品送达指定地点的配送方式。即时配送可以灵活高效地满足用户的临时需求，但是对配送中心的要求比较高，特别是对配送速度和配送时间要求比较严格。因此，通常只有配送设施完备，具有较高的管理和服务水平，较高的组织和应变能力的专业化的配送中心才能大规模地开展即时配送业务。只有即时配送才会使用户真正实现保险储备的零库存，适用于采取“准时”生产的企业。

⑦快递配送

快递配送是一种面向社会的快速的配送方式。这种配送方式与即时配送相比更为灵活机动。其服务对象为广大的企业和用户，覆盖范围比较广，服务时间随地域的变化而变化，配送的物品主要是小件物品，它可以快速地将物品送到所需用户手中，因为其方便快捷的特点大受欢迎，发展很快。如美国的联邦快递、德国的急配中心、中国的特快专递等都是成功的快递式配送企业。

(3)按配送商品种类及数量不同分类

按配送商品种类及数量的不同，可以把配送分为以下几种形式：

①少品种大批量配送

当生产企业所需的物资品种较少或只需要某个品种的物资，且需要量较大、较稳定时，可以采用这种配送方式。由于这种方式配送的商品种类较少，又不必与其他物资一同进行装配，所以配送机构内部组织计划工作比较简单，而且运输量一般较大，易于装配和合理使用运输车辆，多采取直达运输，配送成本较低。这种方式多用于生产企业配送和批发商配送。

②多品种少批量配送

多品种少批量式的配送是按照用户的要求，将其所需要的多种商品通过集货、分拣、配货、流通加工等环节，分期分批地配送给客户的方式。现代企业的发展趋势是多品种、小批量的生产方式，因而除了少数大型企业外，大量企业需要多种多样的物资。因此，采用多品种少批量配送方式十分有利于企业安排生产。但是，这种配送方式对于配送中心来说作业难度大，技术要求高，使用的设备特别是分拣设备较复杂，还要具备配送计划的严格性和作业环节的协调性所要求的管理的高水平。目前国内经济发达地区，生产制造企业零配件的配送和商业连锁体系商品的配送使用这种方式较多。

③配套(成套)配送

配套(成套)配送是按照企业的生产需要，将其所需的多种商品(配套或成套产品)配备齐全后直接运送到生产企业和其他所需用户的手中。例如，某装配企业需要装配一台机器设备，那么配送中心应按照企业的工作计划和作业的时间进度，将企业所需要的全部零部件配齐后，按时送往装配企业。这样装配企业可以直接将零部件投入生产线，节省库存成本，有利于企业实现“零库存”。

6.1.4　配送在物流中的作用

配送是从最后一个物流节点到用户之间的物资空间移动过程，是完善物流终端运作的重要组成部分。

(1)配送完善了运输及整个物流系统

配送中心是运输的终点，同时也是配送的起点，客户是配送的终点，也是物流系统服务的终点，必须合理、经济地组织商品的运输和配送。通过集中配送的方式，按一定规模集约并大幅度提高其能力，实现多品种、小批量、高周转的商品运送，提高物流的整体效率，同时也降低物流成本，使物流服务水平与物流成本相协调。

(2)提高了物流的经济效益

配送减少了过多的进货环节，节约了各个环节的费用，能够降低商品的采购成本，压缩库存资金，降低经营成本，缩短资金周转期，加速资金周转，使资金充分发挥作用。通过集约化操作完善物流配送，提高经济效益。

(3)通过集中库存，降低企业的库存

通过集中库存，可以降低企业的库存，实现低库存或零库存。配送一改以往社会流通所出现的每个企业基本上是独立设库的局面，解决了库存分散、库存量过大的难题，根据市场供求关系的变化、消费量的多少、用户的订货要求集中进行采购，满足用户的需求，从而改变库存结构的失衡状态，使库存结构在合理的情况下，实现库存总量的降低。

6.1.5　配送与运输的关系

(1)运输与配送的联系

由概念可知：运输和配送都是线路活动，运输活动必须通过运输工具在运输线路上移动才能实现位置移动，这是一种线路活动。配送以送为主，属运输范畴，也是线路活动。

(2)运输与配送的差别

运输与配送的区别主要表现在以下几个方面：

①活动范围不同

运输是在大范围进行的，如国家之间、地区之间、城市之间等。配送一般仅局限在一个地区或一个大城市之内。

②功能上存在差异

运输是以实现大批量、远距离的物品位置转移为主，运输途中客观上存在着一定的存储功能。配送以实现小批量、多品种物品的近距离位置转移为主，同时要满足用户的多种要求，如多个品种、准时到货、多个到货地点、小分量包装、直接到生产线、包装物回收等。为了满足用户的上述要求，有时需要增加加工、分割、包装、存储等功能，因此，配送具有多功能性。

③二者的目标追求不同

运输主要追求提高运输效率。配送主要追求服务好。

6.2 配送作业流程

物流配送作业一般由备货(集货)、理货和送货三个基本环节组成。

备货是配送作业的基本环节,涉及接收并汇总订单、订货、验货、存货等操作性活动。

理货是按照客户需要,对货物进行分拣、配送、包装等一系列操作性活动。理货是配送业务中操作性最强的环节,是配送区别于一般送货的重要标志,而且从操作角度讲,理货技术也是配送业务的核心技术。

送货是配送业务的核心,也是备货和理货的延伸,涉及装车、出货、送达等操作性活动。

在实际的操作当中,不管是配送中心的配送,还是生产企业的配送,或者是商店的自有仓库的配送,它们的业务作业流程基本上都是相同的。

下面以配送中心的配送为例进行配送作业流程分析。

6.2.1 备货作业

(1)接收并汇总订单

无论从事何种货物配送活动,配送中心都有明确的服务对象。换言之,无论何种类型的配送中心,其经营活动都是有目的的经济活动。因此,在未进行实质性的配送活动之前,都有专门的机构以各种方式收取客户的订货通知单加以汇总。按照惯例,需要配送服务的各个客户一般都要在规定的时间以前将订单通知给配送中心,以此来确定所要配送货物的种类、规格、数量和配送时间等。

(2)进货

配送中心的进货流程包括以下几种作业:

①订货

配送中心收到和汇总客户的订货单后,首先要确定配送货物的种类和数量,然后要查询系统现有库存商品中有无所需的现货。如有现货,则转入拣选流程;如果没有,或虽有现货但数量不足,则要即时向供应商发出订单,进行订货。有时,配送中心也根据各客户需求情况、商品销售情况以及供货商签订的协议进行订货,以备发货、接货。通常,在商品资源宽裕的条件下,配送中心向供应商发出订单之后,后者会根据订单的要求很快组织供货,配送中心的有关人员接到货物以后,需要在送货单上签收,继而对货物进行检验。

②查验

查验作业是核对凭证并对货物进行数量和质量检验活动的总称,是物流配送中心作业管理的一个重要环节。

● 查验目的

查验作业是为了确保物流配送中心货物的品种、数量和规格与相关单据相符。供应商送来的货物来自不同地方的工厂或配送中心,由于在不同的交接点间,货物运输过程中会因种种原因造成货物溢缺、损坏等问题,因此,通过在货物入库时的查验作业便可以分清各作业交接环节的责任。货物的查验工作包括对货物“品质的检验”和“数量的点收”两方面。查验工作的进行有两种不同的情形:一是先点收数量,再通知检验部门办理检验工作;二是先由检验部门检验品质，认为完全合格后，再通知仓储部门，办理收货手续，填写收货单。

在货物入库时，将货物的实际状况搞清楚，判明货物的品种、规格、质量、外包装等是否符合国家标准或供货合同规定的技术指标，数量上是否与供货单位附来的单据相符，以便货物按品种、规格分别进行分区分类堆码存放，保证在储存过程中货物不发生变质。对于受损的货物，如果不经过检查验收就按合格品入库，必然造成货物积压。货物验收过程中若发现货物数量不足，或发现规格不符，或质量不合格时，配送中心检验人员应做详细的验收记录，据此由业务主管部门向供货单位提出退货、换货或向承运责任方提出索赔等要求。倘若货物入库时未进行严格的验收，或没有做严格的验收记录，而在保管过程中甚至在发货时才发现问题，这就会使责任不明，难以交涉，带来不必要的经济损失。

● 查验要求

第一，货物与相关单据凭证是否相符。货物入库时，首先检查单据所列的产地、货号、品名、规格、数量、单价等与货物原包装上的识别标志内容是否一致，即使只有一项不符，也不能入库。

第二，包装是否符合要求。在清点货物数量的同时，还要检查包装，如木箱、塑料袋、纸盒等是否符合要求，有无玷污、残破、拆开等现象，有无受潮水湿的痕迹，包装标识是否清楚等。

第三，货物质量是否合格。货物验收时，除查看包装外部情况外，还要适当开箱拆包，查看内部货物是否有发霉、腐烂、溶化、虫蛀、鼠咬等。同时，还要测定货物的含水量是否正常、是否超过安全水分率等。对液体货物，要检查有无沉淀及包装有无破损等。有问题的货物暂不入库区。

此外，还要查验货物的条形码是否符合相关要求。

● 货物验收方法

货物验收一般包括数量、质量和包装三个方面。具体来说，收货验收工作是一项细致复杂的工作，一定要仔细核对，才能做到准确无误。

通常情况下，验货人员会核对货物条形码（或物流条形码）、货物的件数以及货物包装上的品名、规格、明细数。用托盘收货时，要采取边收货边验货的方法，才能保证核对的准确性。

有的货物（如品种繁多的小货物）即使进行了以上内容的核对，仍会产生一些规格和等级上的差错，因此，要根据单据核对所有项目，即品名、规格、颜色、等级、标准等，才能保证单货相符、准确无误。

● 查验作业管理环节

货物查验包括验收准备、核对凭证和检验实物三个作业环节。

第一，验收准备。

验收作业的准备工作主要包括以下内容：

人员准备：安排好负责质量验收的技术人员或专业技术人员、配送中心管理人员或配送中心调度人员以及装卸搬运人员。

资料及单据准备：收集并熟悉待验货物的有关文件，如技术标准、仓储合同、订货合同及相关惯例资料等。

器具准备：准备好验货所要使用的检验工具，并检验其准确性。

验货场地准备：确定货物入库验收时所用的场地，确保场地适于验货作业顺利进行，计算和准备堆码苫（垫）材料、货架等。

设备准备：大批量货物的验收，必须要有装卸搬运机械的配合，应进行设备的申请调用。

劳防用品准备：对于有些特殊货物的验收，如有毒货物、腐蚀品、放射品等，还要准备相应的劳防用品。

第二，核对凭证。

在开始验货作业前，应该先核查入库凭证，要保证与入库货物有关的单证齐全、无差错、无短缺。这项工作是货物验收作业的基础。

入库凭证主要包括：入库通知单和订货合同副本，是配送中心接货的凭证；货物供应商提供的装箱单、发货明细表等；货物承运商提供的运单，若货物在入库前发现残损情况，还要由承运部门提供货运记录或普通记录，作为向责任方交涉的依据。

验货作业前，要将上述凭证加以整理，全面核对，相符后，才可进行下一步实物验收。

第三，验收实物。

首先是数量检验。数量检验是保证货物数量正确、不发生短缺现象的重要步骤，一般在质量验收之前进行。按货物的性质和包装情况，数量检验一般有三种方式：计件、检斤和检尺求积。

在进行数量验收之前，还应根据货物来源、包装的完整度或有关部门规定，确定对到库商品是采取抽验还是全验方式。一般情况下，数量检验应全验，即按件数供货的全部进行点数，按重量供货的全部检斤，按理论重量供货的全部检尺，再换算成重量，以实际检验结果的数量为实收数。有关全验和抽验，如果货物管理机构有统一规定时，则可按规定办理。若合同有规定，则按合同规定办理。

其次是质量检验。质量检验包括外观检验、尺寸检验和理化检验三种形式。配送中心一般只进行外观检验和尺寸检验。理化检验如果有必要，则由配送中心技术管理职能机构取样，委托专门检验机构检验。

外观检验是通过人的感官，查看货物的包装外形是否有缺陷；检查货物包装是否牢固；检验货物有无损伤，如撞击、变形、破碎等；检查货物是否被雨、雪、油污等污染，是否有潮湿、霉腐、生虫等。

需要尺寸检验的商品，主要是金属材料中的型材、部分机电产品和少数建筑材料。不同型材的尺寸检验也不尽相同，例如，椭圆材主要检验直径和圆度，管材主要检验壁厚和内径，板材主要检验厚度及其均匀度等。尺寸检验是一项技术性强、很费时间的工作，所以一般采用抽验的方式进行。

理化检验是对货物进行机械物理性能检验和化学成分检验。一般对贵重高档货物或一些特殊货物进行此类检验，如羊毛含水量、药粉含药量等。理化检验要求检验人员拥有一定的技术知识和检验手段。目前配送中心大多不具备这些条件，所以一般由专门的技术检验部门进行。

● 问题处理

查验作业中发现问题等待处理的货物，应该单独妥善保管，防止混杂、丢失、损坏。货物若发生数量不符的情况，不论是何原因，应由收货人员与相关负责人员在单证上做好详细记录并签字，按实际数量签收，并通知发货人。货物质量不符合规定时，要让有关人员当场做出详细记录，交接双方在记录上签字，随后及时与供货单位进行交涉，办理退货、换货，或采取其他解决方法。货物规格不符合要求或错发时，应先将规格对的予以入库，规格不对的要详细做好验收记录并交给主管部门处理。单证没有或单证不齐时，应及时向供货单位索取，到库货物应作为待检验货物堆放在待验区，等单证到齐后再进行验收。单证未到之前，不能验收，不能入库。

经检验发现是由承运商造成的货物数量短少或外观包装严重残损时，要凭借提货时索取的“货运记录”向承运商索赔。

(3)分拣

对于供应商送来的商品，经过有关部门验收之后，配送中心的工作人员随即要按照类别、品种将其分门别类地存放到指定的场地或直接进行下一步操作。

(4)存储

货物经过入库查验作业和分拣作业后即进入在库保管环节，其主要任务是妥善保存货物，合理利用仓储空间，有效利用劳力和设备，安全和经济地搬运货物，对存货进行科学管理。

6.2.2　理货作业

为了顺利、有序地出货，以及为了便于向客户发送商品，配送中心一般都要对各种货物进行整理，并依据顾客要求进行组合。从地位和作用上说，理货是整个作业流程的关键环节，同时也是配送活动的实质性内容。

从理货流程的作业来看，它是由以下几项作业构成的：加工作业，拣选作业，包装作业，组合或配装作业。具体情况概述如下：

(1)加工作业

配送中心的加工作业主要是指流通加工。流通加工是指物品在物流配送的过程中，为了更好地满足客户的要求，改善物品功能，适应多样化的客户需求，提高物品的附加值，促进销售，推进物流系统化而对物品进行的加工。在配送作业中，流通加工这一功能要素属于增值性活动，不具有普遍性。虽然不具有普遍性，但通常是具有重要作用的功能要素。有些加工作业属于初级加工活动，如按照客户的要求，将一些原材料套裁；有些加工作业属于辅助加工，如对物品进行简单组装，给物品贴上标签或套塑料袋等；也有些加工作业属于深加工，食品类配送中心的加工通常是深加工，如将蔬菜和水果洗净、切割、过磅、分份并装袋，加工成净菜，或按照不同的风味进行配菜组合，加工成原料菜等配送给超市或零售店。

(2)分拣及配货作业

分拣及配货不仅是配送不同于其他物流形式的功能要素，也是配送成败的一项重要支持性工作，它是完善送货、支持送货的准备性工作，是不同配送企业在送货时进行竞争和提高自身经济效益的必然延伸。

①分拣作业

分拣作业就是配送中心的工作人员根据要货通知单，从储存的货物中拣选出客户所要商品的一种活动。在接收到的所有订单中，每张客户的订单都至少包含一项以上的物品，如何将这些不同种类数量的物品由配送中心中取出并集中在一起，这就是分拣作业要完成的任务。对于小体积、多品种物品可以采用摘取的方式拣选；或采用人工作业配合自动传输系统拣取；也可以采用高度自动化的保管和搬运结合成一体的高层货架系统，用计算机进行集中控制，自动进行存取作业。而对大体积或大数量物品的出货，可以采用播种分堆的方式分拣。

● 摘取式拣货

摘取式拣货是指针对每张订单，作业人员巡回于仓库内，将订单上的商品逐一挑出集中的拣货方式。它是一种比较传统的拣货方式，优缺点如表 6.1 所示。

表 6.1 **摘取式拣货的优缺点**

优　点	缺　点
作业方法单纯； 前置时间短； 导入容易且弹性大； 作业人员责任明确，容易公平分工； 拣货后不用再分类，无需另外的作业场地，适用于大量订单的处理。	商品品类多时，拣货行走路径加长，拣取效率低； 拣货区域大时，搬运系统设计困难； 无法及时发现拣货差错； 储位操作频度大，容易造成储位和库存的不准确。

● 播种式拣货

播种式拣货是指把多张订单集合成一批订单，依商品类别将数量汇总后再进行拣取，然后依客户订单再做分货处理的拣货方式。其优缺点见表 6.2 所示。

表 6.2 **播种式拣货的优缺点**

优　点	缺　点
适合订单数量庞大的系统； 一次拣出商品总量，可以缩短拣取时行走的距离，增加单位时间的拣货量； 一次拣出总量，储位操作频度低，有助于维护储位和库存的准确性和降低拣错率； 由于批量拣货，对拣货区的操作少，拣货准确率高，有利于储位和库存的准确安排； 二次分货作业形成对批次总量拣货的检查，使拣货正确率提高。	前置时间长，对订单的到来无法作出及时反应； 批量拣货之后，还需二次分货，增加了作业环节，增加了出差错的概率，而且需要另备额外的分拣作业空间； 由于各环节有时间上的相依性，整个出货时间易被延长； 如果订单量很大，而使得拣货设备产生区域饱和的状态，需要多出另一批次作业，则会促使总作业时间的增长，但若为了减少批次数量而增加每批次的客户订单数，则会使得二次分货的作业时间与困难度增加。

摘取式拣货和播种式拣货各有优缺点，它们适用于不同的作业状况。表 6.3 对两种方式进行了比较。

表 6.3 **两种拣货方式的比较**

摘取式拣货	播种式拣货
拣取弹性大，临时性调整容易； 适合少量多样订货，订货大小差异较大； 适合订单数量变化频繁、有季节性趋势且商品外形体积变化大、货品特性差异大、分类作业较难进行的配送中心。	拣货弹性大，产能调整能力较低； 适合订货大小差异不大，少样多量的订货； 适合订单数量稳定，订货大小差异不大，商品外形体积较规则及需要流通加工的配送中心。

②配货作业

配货是用各种拣选设备和传输装置，将存放的物品按客户的要求分拣出来，配备齐全，送入指定发货地点。配货作业是指把拣取分类完成的物品经过配货检查过程后，装入容器和做好标志，再运到配货准备区，待装车后发送。配货作业需按一定步骤进行，其步骤一般为：

● 分货

分货就是把拣货完毕的物品按客户或配送路线进行分类的工作。

● 配货检查

配货检查作业是指根据客户信息和车次对拣送物品进行物品号码和数量的核实，以及对物品状态、品质的检查。分类后需要进行配货检查，以保证发运前的物品品种、数量、质量无误。

● 包装、打捆

配货作业的最后一环，便是要对配送物品进行重新包装、打捆，以保护物品，提高运输效率，便于配送到户时客户识别各自的物品等。配货作业中的包装主要是指物流包装，其主要作用是为了保护物品并将多个零散包装物品放入大小合适的箱子中，以实现整箱集中装卸、成组化搬运等，同时减少搬运次数，降低货损，提高配送效率。另外，包装也是物品信息的载体，通过在外包装上书写产品名称、原料成分、重量、生产日期、生产厂家、物品条码、储运说明等，可以便于客户和配送人员识别物品，进行物品的装运。通过扫描包装上的条形码还可以进行物品跟踪，配货人员可以根据包装上的装卸搬运说明对物品进行正确操作。

(3)组装或配装作业

为了充分利用载货车辆的容积和提高运输效率，配送中心常常把一条送货路线上不同客户的货物组织起来，配装在同一辆载货车上。

6.2.3　送货作业

这是配送中心的末端作业，也是整个配送流程中的一个重要环节，包括装车、出货和送达三项经济活动。

(1)装车

配送中心的装车作业有两种表现形式：其一是使用机械装卸货物，其二是利用人力装车。通常，批量较大或较重物品都被放在托盘上进行装车。有些散装货物，或用吊车装车，或用传送设备装车。因各配送中心普遍推行混载送货方式，对装车作业有如下几点要求：

第一，按送货点的先后顺序组织装车，先到的要放在混载货物的上面或外面，后到的要放在其下面或里面。

第二，要做到“轻者在上，重者在下”，“重不压轻”。

(2)出货

出货是货物向客户需要的地点运输或运送。在一般情况下，配送中心都使用自备的车辆进行出货作业。有时，它也借助于社会上专业运输组织的力量，联合进行出货作业。此外，为适合不同客户的需要，配送中心在进行出货作业时，常常作出多种安排，有时是按照固定时间、固定路线为固定客户送货；有时也不受时间、路线的限制，机动灵活地进行。

(3)送达

将客户所需的货物在指定时间送到指定地点，并由客户在回执上签字，一次配送活动就此完成。

6.3　现代配送模式及选择

在供应链环境下，配送在物流中占据着重要的地位，配送成本的高低，直接关系到物流成本的高低，而要想降低配送成本，首先要选择合适的配送模式，即以哪种方式进行配送才能高效地将物料送达需求方。

6.3.1 自营配送模式

(1)自营配送模式的概念

自营配送是指企业运用自己企业现有的物流设施及资源，结合各下游企业的各种货物需求及布局网点等多项环境，在合适的地点建立一个或几个物流配送中心，再由企业内部派人对配送过程进行经营管理，企业自营配送中心的建立、配送的各个环节都由企业自己筹建并进行组织管理。企业选择自营配送模式时，因为企业对整个配送过程进行自主管理，所以企业对配送系统的运作过程具有有效的控制权，可以随时根据市场需求对配送系统进行调整，提高系统对顾客服务的专用性，最大限度地满足客户需要。

※ 链接

2009 年初，京东商城就斥巨资成立自己的物流公司，开始在北京、上海、广州、成都、武汉设立一级物流中心，随后在沈阳、济南、西安、南京、杭州、福州、佛山、深圳 8 个城市建立了二级物流中心，这些城市的顾客是京东商城的主要顾客。以华东物流中心——上海为例，每日能正常处理 2.5 万个订单，日订单极限处理能力达到 5 万单。京东上海嘉定的“亚洲一号”物流中心(一期)已经于 2014 年正式投入使用，“亚洲一号”将至少支持百万级的 SKU，目标是适应未来 5～10 年的发展。正是有了如此大规模的自营物流体系的支持，京东商城才敢在 2010 年 4 月正式推出了“211 限时送达”服务。

(2)自营配送模式的优缺点

①优点

企业建立自营配送模式，优点有：

首先，企业自主控制产品的配送过程，不必为和对方配送费用达不到一致而产生纠纷苦恼，提高了配送效率，降低了交易成本。

其次，企业能够有效控制竞争对手对企业优质的产品配送系统的利用，保证企业的优势竞争地位。

最后，企业能够及时了解客户需求，反馈市场供求信息，从而减少交易时间，及时调整自身配送系统。

②缺点

并不是所有的企业都适合采用自营配送模式。在建立自营配送系统时，企业必须要有巨大的资金作为后盾，并且因为管理上的复杂性，要充分调动企业所有员工的积极性，还需要对各项业务都精通，因此，必须引入大量的管理人才，加强员工培训，势必要增加企业的管理成本。如果企业的规模实力达不到，建立自营配送系统不但不会发挥规模经济的优势，反而会造成企业成本的增加、资源的浪费。

6.3.2 共同配送模式

(1)共同配送的概念

简单来讲，共同配送是指两个或两个以上的有配送业务的企业相互合作对多个用户共同开展配送活动的一种物流模式。一般采取由生产、批发或零售、连锁企业共建一家配送中心来承担他们的配送业务或共同参与由一家物流企业组建的配送中心来承担他们的配送业务的运作方式，从而获取物流集约化规模效益，解决个别企业配送效率低下的问题。其配送业务范围可以是生产企业生产所用的物料、商业企业所经销的商品的供应，也可以是生产企业生产的产品和经销企业的商品销售。

(2)共同配送的优缺点

①优点

企业采用共同配送模式，在很大程度上可以节省资金，降低配送成本，提高服务效率，实现企业之间的优势互补。这种模式适合于那些资金不足、实力不强的中小型企业，可以在短时间内取得收益，提高企业竞争力。

②缺点

第一，由于各个企业存在着不可避免的不一致性，因而需求满足会受到制约，服务质量就会降低。

第二，由于是共同经营，因而企业存在很大情报泄密的风险，一旦企业商品需求计划及经营策略让竞争对手知道，对企业的影响将会很大。

(3)实施共同配送应注意的问题

为了使共同配送健康发展，实施共同配送应该注意以下几点：

第一，参与共同配送的双方应签订较为正式的合同或协议。

第二，承担配送的货主或物流主体应具备较为完善的信息系统作为技术支持，在物流信息管理方面应具有一定的基础。

第三，在分布、商品特性、操作方式及经营系统方面应有相似性和趋同性，便于组织管理和相互协调。

第四，货物或物流主体在物流配送方面应为共同的利益相互合作，相互配合，尽管他们在其他方面或许是竞争对手。

第五，对于配送收益的分配在合同或协议内应有明确规定，以免以后引起不必要的争端。

6.3.3　第三方配送模式

(1)第三方配送模式的概念

第三方配送模式又称为外包配送模式，就是把企业的物流配送业务，通过契约的方式承包给第三方物流配送企业来完成。

(2)第三方配送模式的优缺点

①优点

第一，符合社会专业化分工协作的要求，有利于规模化经营，可以提高物流配送效率，降低物流配送成本。

第二，可以把企业的各种资源用在有竞争优势的地方，增强企业的核心竞争力。

第三，方便企业的业务调整，当企业的产品结构或经营空间需要调整时，可以同其他物流配送企业再签订物流配送服务的协议。

第四，可以减少企业投资物流配送系统的风险。

②缺点

第一，不利于本企业对物流配送渠道的控制，有时会使企业受制于人。

第二，当企业的业务量很大时，物流配送业务外包，反而不利于企业降低物流配送成本。

6.3.4 配送模式的选择

企业选择何种配送经营模式主要取决于以下几方面的因素:配送对企业的重要性、企业的配送能力、市场规模与地理范围、保证的服务及配送成本等。一般来说,企业配送模式的选择方法主要有矩阵图决策法和比较选择法。

(1)矩阵图决策法

矩阵图决策法主要是通过两个不同因素的组合,利用矩阵图来选择配送模式的决策方法。其基本思路是选择决策因素,然后通过其组合形成不同区域或象限再进行决策。这里主要围绕配送对企业的重要性和企业配送的能力来进行分析,如图 6.1 所示。

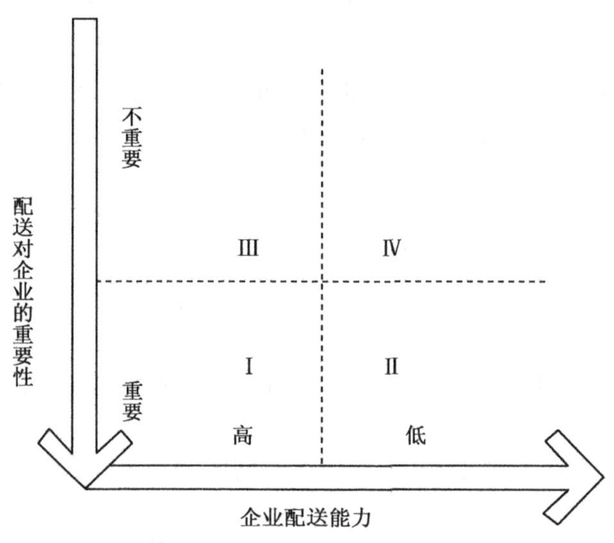

图 6.1 矩阵图决策法

在实际经营过程中,企业根据自身的配送能力和配送对企业的重要性组成了上述区域。一般来说,企业可以根据下列思路来进行选择和决策:

在状态Ⅰ下,配送对企业的重要性程度较大,企业也有较强的配送能力,在配送成本较低和地理区域较小但市场相对集中的情况下,企业可采取自营配送模式,以提高顾客的满意度和配送效率,与营销保持一致。

在状态Ⅱ下,配送对企业的重要性程度较大,但企业的配送能力较低,此时,企业可采取的策略是寻求配送伙伴来弥补自身在配送能力上的不足。可供选择的模式有三种:

第一种,加大投入,完善配送系统,提高配送能力,采用自营配送模式;

第二种,进行一些投入,强化配送能力,采用共同配送模式;

第三种,采取第三方配送模式,将配送业务完全委托给专业化的配送企业来进行。

一般来说,在市场规模较大,且相对集中及投资量较小的情况下,企业可采取自营配送模式;若情况相反,则可采取第三方配送模式。

在状态Ⅲ下,配送在企业战略中不占据主要地位,但企业却有较强的配送能力,此时,企业可向外扩展配送业务,以提高资金和设备的利用能力。若企业在该方面具有较强竞争优势时,也可适当地调整业务方向,向社会化的方向发展,成为专业的配送企业。

在状态Ⅳ下,企业的配送能力较低,且不存在较大的配送需求,此时,企业宜采用第三方配

送模式，将企业的配送业务完全或部分委托给专业的配送企业去完成，而将主要精力放在企业最为擅长的生产经营方面，精益求精，获得更大的收益。

(2)比较选择法

比较选择法是企业通过对配送活动的成本和收益等进行比较而选择配送模式的一种方法。一般有确定型决策、非确定型决策和风险型决策。

①确定型决策

确定型决策是指一个配送模式只有一种确定的结果，只要比较各个方案的结果，即可作出选择何种配送模式的决策。

例：某企业为扩大生产销售，现有三种配送模式可供选择，各配送模式所需的配送成本与可能实现的销售额如表 6.4 所示。

表 6.4　各配送模式所用的配送成本与可能实现的销售额

配送模式	成本费用(万元)	销售额预计数(万元)
自营配送模式	12	240
共同配送模式	8	200
第三方配送模式	6	72

这是一个单目标决策的问题，此时企业可以运用价值分析来进行选择，即直接用公式 $V=F/C$ 来计算各种配送模式的价值系数。其中，V 为价值系数，F 为功能(此题为销售额预计数)，C 为成本费用。

通过计算，哪一种配送模式的价值系数越大，说明该种模式的配送价值就越大，是企业最佳的配送模式或满意模式。

各种配送方式的价值系数分别如下：自用配送模式为 240/12＝20；共同配送模式为 200/8＝25；第三方配送模式为 72/6＝12。

其中，共同配送模式的价值系数最大，应该选择共同配送模式。

在实际经营过程中，企业对配送模式的选择往往需要考虑许多方面的因素，即需要进行多目标决策。此时，评价配送模式的标准是各模式的综合价值，一般可用综合价值系数来进行。

某一模式的综合价值系数越大，则说明该模式的综合价值就越大，这种模式就是企业所要选择的配送模式。综合价值系数可用公式 $V=\sum M_i F_i$ 来计算。其中，V 为综合价值系数，M_i 为分数，F_i 为权数。

例：某企业在选择配送模式时主要考虑四个方面的目标，如表 6.5 所示。

表 6.5　某企业选择配送模式时主要考虑的目标

配送模式	成本费用(万元)	销售额预计数(万元)	利润总额(万元)	客户满意度(%)
	0.1	0.3	0.4	0.2
自营配送模式	10	220	25	98
共同配送模式	8	180	17	97
第三方配送模式	5	140	15	99

$$V_{自营}=\frac{5}{10}\times 0.1+\frac{220}{220}\times 0.3+\frac{25}{25}\times 0.4+\frac{98}{99}\times 0.2=0.95$$

$$V_{共同}=\frac{5}{8}\times0.1+\frac{180}{220}\times0.3+\frac{17}{25}\times0.4+\frac{97}{99}\times0.2=0.78$$

$$V_{第三方}=\frac{5}{5}\times0.1+\frac{140}{220}\times0.3+\frac{15}{25}\times0.4+\frac{99}{99}\times0.2=0.73$$

可以看出，自营配送模式的综合价值系数最大，是企业所要选择的配送模式。

②非确定型决策

非确定型决策是指一个配送模式可能出现几种结果，而又无法知道其概率时所进行的决策。其条件是：决策者期望的目标明确，存在着不以决策者意志为转移的两种以上状态，具有两个或两个以上可供选择的配送模式，不同模式在不同状态下相应的损益值可以获得。非确定型决策作为一种决策方法，虽带有较大的主观随意性，但也有一些公认的决策准则可供企业在选择模式时参考。

例：某企业计划通过提高配送效率，满足客户对配送的要求，以扩大经营规模。现可供选择的配送模式有三种，由于在未来几年内，企业对用户要求配送的程度无法作出准确的预测，只能大体估计为三种情况，且估算出在三种自然状态下三种模式在未来几年内的成本费用（如表 6.6 所示），但不知道这三种情况的发生概率，该企业应如何决策？

表 6.6　　某企业在三种自然状态下三种模式的成本费用

自然状态	配送模式		
	自营配送	共同配送	第三方配送
配送要求程度高	90	70	65
配送要求程度一般	50	35	45
配送要求程度低	10	13	30

第一种方法：乐观准则。首先从每种模式中选择一个最小成本看作必然发生的自然状态。然后在这些最小成本的模式中，再选择一个最小成本的模式作为满意方案。

在本例中，三种模式的最小成本分别为 10、13、30。其中，自营配送模式的成本最低，可作为企业满意的模式。这种决策方法一般适用于把握较大和风险较小的情况。

第二种方法：悲观准则。首先，从每种方案中选择一个最大成本作为评价模式的基础，实际上是对每个局部模式持悲观态度，从不利的角度出发，把最大成本作为必然发生的自然状态，将非确定型问题变为确定型决策问题来处理。然后，再从这些最大成本中选择成本最小的模式。

本例中，三种模式的最大成本分别是 90、70、65。其中，第三方配送模式的成本最小，可作为企业满意的模式。在现实经济生活中，这种决策方法一般适合于把握性小和风险较大的情况。

第三种方法：按最小后悔值准则（沙万奈准则）来决策。这种决策方法是以每个模式在不同自然状态下的最小成本值作为理想目标。如果在该状态下，没有采取这一理想模式，而采取了其他模式，就会使成本增加，从而感到“后悔”，这样每个自然状态下的其他模式成本值与其理想值之差所形成的损失值，就称为“后悔值”。然后，按模式选出最大后悔值，在最大后悔值中再选出后悔值最小的成本值，其对应的模式就是企业所要选择的模式，这种决策方法是较为保险的一种决策。

例:根据表 6.6 的资料,计算出各种模式下的后悔值,如表 6.7 所示。

表 6.7　　某企业在三种自然状态下三种模式的后悔值

自然状态	配送模式		
	自营配送	共同配送	第三方配送
配送要求程度高	90(90－65＝25)	70(70－65＝5)	65(65－65＝0)
配送要求程度一般	50(50－35＝15)	35(35－35＝0)	45(45－35＝10)
配送要求程度低	10(10－10＝0)	13(13－10＝3)	30(30－10＝20)

根据表 6.7 的计算结果可以看出,三种模式的最大后悔值分别为 25、5 和 20。其中共同配送模式的最小值为 5,此时企业可选择该模式为满意的模式。

③风险型决策

风险型决策是指在目标明确的情况下,依据预测得到不同自然状态下的结果及出现的概率所进行的决策。由于自然状态并非决策所能控制,所以决策的结果在客观上具有一定的风险,故称为风险型决策。风险型决策通常采用期望值准则。一般是先根据预测的结果及出现的概率计算出期望值,然后根据指标的性质及计算的期望值结果进行决策。产出类性质的指标,一般选择期望值大的方案;投入类性质的指标,一般选择期望值小的方案。

例:某企业计划通过加强配送效率,提高客户满意度来扩大产品的销售量,现有三种配送模式可供企业选择,各种资料如表 6.8 所示,企业应该选择哪种配送模式?

表 6.8　　相关资料　　单位:万元

市场需求规模	概　率	销售量		
		自营配送	共同配送	第三方配送
大	0.5	1 000	1 200	1 500
一般	0.3	800	700	1 000
小	0.2	500	400	300

自营配送模式:1 000×0.5＋800×0.3＋500×0.2＝840(万元)

共同配送模式:1 200×0.5＋700×0.3＋400×0.2＝890(万元)

第三方配送模式:1 500×0.5＋1 000×0.3＋300×0.2＝1 110(万元)

第三方配送模式的期望值最大为 1 110 万元,因此该模式可作为企业比较满意的模式。

6.4　配送合理化

配送合理化是指用最经济的手段和方法实现配送的功能。对于配送的决策评价很难有一个绝对的标准,所以配送的决策是全面、综合的决策,应注意避免由于不合理配送而造成的损失。

6.4.1　不合理配送的表现形式

不合理配送的表现形式主要有以下几个方面:

(1)进货不合理

配送是利用较大批量进货,通过进货的规模效益来降低进货成本,使配送进货成本低于客户自己的进货成本,从而取得优势。如果不是集中多个客户需要进行批量进货,而仅仅是为某几个客户代购,不仅不能降低成本,反而要多支付一笔配送企业的代购费,因而是不合理的。

(2)库存决策不合理

配送应充分利用集中库存总量低于客户分散库存总量这一优势,大大节约库存成本,降低客户实际库存负担。因此,必须依靠科学管理来实现一个低总量的库存,否则就会出现库存转存现象,并未根本解决库存的不合理问题。

(3)价格不合理

一般配送的价格低于客户自己进货时购买价格加上提货、运输、进货的成本总和,这样客户才有利可图。有时候,由于配送有较高的服务水平,即使价格稍高,客户也是可以接受的,但这不能是普遍原则。如果配送价格普遍高于客户自己进货价格,损害了客户利益,就是一种不合理表现;如果价格制定过低,使企业在无利或亏损状态下运行,也是不合理的。

(4)配送与直达的决策不合理

配送增加了环节,但是环节的增加可降低客户平均库存水平,这样不但抵消了增加环节的费用支出,而且还能取得剩余效益。但是如果客户使用批量大,可以直接通过社会物流系统均衡批量进货,比通过配送中心转送更节约费用。在这种情况下,不直接进货而通过配送就是不合理的。

(5)送货中运输不合理

配送与客户自提货物比较,可以集中配装一车送几个客户,大大节省了运力和运输。如果不利用这一优势,仍然是一户一送,车辆达不到满载,就属于不合理。此外,不合理运输的若干表现形式(如迂回运输、对流运输、过远运输、重复运输等)在配送中心均可能出现,也会使配送变得不合理。

(6)经营观念不合理

在配送实施中,有时会因经营观念不合理而导致配送优势无法发挥,这是在开展配送时尤其需要注意的不合理现象。例如,企业利用配送手段向客户转嫁资金或库存困难,如在库存过大时长期占用客户资金,在资源紧张时将客户委托资源挪作他用获利等。

6.4.2 配送合理化可采取的措施

为了提高配送经济效益和合理化程度,可以采取以下措施:

(1)恰当设置配送中心

配送中心的数量及地理位置是决定能否取得高效益的前提条件。配送路线的选择,直送或配送的决定都是在配送中心数量、位置已确定的前提下作出的。如果这个前提条件本身有缺陷,则很难弥补,所以恰当设置配送中心是取得效益的基础。在此前提条件下,准确选择配送路线,恰当决定配送或直送,是提高配送的合理化程度、实现系统总体最优的基本条件。

(2)加强配送的计划

在配送活动中,临时配送、紧急配送或无计划的随时配送是导致经济效益大幅度降低、配送不合理的主要因素。临时配送是因为事前计划不善,未能考虑正确的配装方式及恰当的配送路线,到了临近配送截止日期,则必须安排专车、单线进行配送,车辆不易满载,浪费里程也多。紧急配送是指为了满足紧急订货需要,只要求按时送到货物,来不及认真安排车辆配装及配送路线，从而造成载重及里程的浪费。一般为保证服务水平，配送中心有可能拒绝紧急配送，但是如果能认真核查并留有调剂准备的余地，紧急配送也可纳入计划而保证其效益。随时配送是指对配送要求不作计划安排，有一次客户需求就送一次，不能保证配装及选择路线，会造成较大浪费。

(3)推行一定综合程度的专业化配送

通过采用专业设备、设施及操作程序，取得较好的配送效果，并降低配送过分综合化的复杂程度及难度，从而追求配送合理化。

(4)推行加工配送

通过加工和配送结合，充分利用本来应有的这次中转，而不增加新的中转以求得配送合理化。同时，加工借助于配送，使得加工目的更明确，和用户联系更紧密，更避免了盲目性。这两者有机结合，在投入不增加太多的前提下却可追求两个优势、两个效益，是配送合理化的重要经验。

(5)推行共同配送

通过共同配送，可以以最近的路程、最低的成本完成配送，从而追求合理化。

(6)实行送取结合

配送企业与用户建立稳定、密切的协作关系。配送企业不仅成了用户的供应代理人，而且承担用户储存据点的作用，甚至成为产品代销人。在配送时，将用户所需的物资送到，再将该用户生产的产品用同一运输工具运回，这种产品也成了配送中心的配送产品之一，或者作为代存代储，免去了生产企业的库存包袱。这种送取结合的方式，使运力充分利用，也使配送企业功能得以更大地发挥，从而追求配送合理化。

(7)推行准时配送系统

准时配送是配送合理化的重要内容。配送做到了准时，用户才有货源把握，可以放心地实施低库存或零库存，可以有效地安排接货的人力、物力，以追求最高效率的工作。另外，保证供应能力，也取决于准时供应。从国外的经验看，准时供应配送系统是现在许多配送企业追求配送合理化的重要手段。

(8)推行即时配送

即时配送是最终解决用户企业断供之忧，大幅度提高供应保证能力的重要手段，即时配送是配送企业快速反应能力的具体化，是配送企业能力的体现。即时配送成本较高，但它是整个配送合理化的重要保证手段。此外，即时配送也是用户实现零库存的重要保证手段。

复习思考题

一、判断题

1. 配送时间应尽量选择夜间配送、凌晨配送、假日配送等方式。（　　）

2. 播种式的优点是：以出货单为单位，一人负责一张单据，出错的机会较少，而且易于追查。（　　）

3. 日配式配送方式使客户只需有一天的库存量。（　　）

4. 配送中的送货都把汽车作为主要的运输工具。（　　）

二、案例分析题

美国得克萨斯州的沃斯堡孟买家具及配件公司，近来想要成立一家服务于成千上万家零售店和网上商店的批发分公司，原计划利用其原有的物流网络来组织新的商业物流，但是孟买公司的物流副总裁很快就意识到：孟买批发分公司要想成功，就必须采用全新的物流方式。因为孟买公司的配送中心的设计是专门符合家具的存储和分拣配送的，而新成立的批发分公司所销售产品的性质和零售渠道与家具是完全不同的，他们必须要有能力履行位于不同地方的成千上万个客户的订单。由于服务的集约化以及运量的不同，他们几乎需要使用所有的运输方式，很多客户同时还要求采用特殊的条码和标签。

由于孟买配送中心初期并不具有灵活处理订单的能力，因此，他们打算寻求物流业务外包，但是新的批发分公司刚刚起步，未来发展如何还不能确定，与第三方物流物流公司签订长期的个体租用合同对其来说是一种冒险。于是综合各方面的因素，共同配送成为孟买批发分公司的首选。当年10月，孟买批发分公司选择了USCO物流公司作为其物流服务商，共享其物流设施。他们之间的协议是一月一签约，并且采用按件计费的收费方式。这样使得孟买批发分公司避免了支付人工、设备和设施等高额的管理费用，这同样给孟买公司更大的发展空间，并为他们的服务能力带来了更大的柔性。

随着客户订单的快速增长，对于不同客户订单的自动处理能力对于孟买公司的成功至关重要。而该能力恰恰是孟买公司的物流系统所不具备的，因此，孟买批发分公司依靠USCO物流公司来帮助公司实现订单履行程序的自动化，并提供帮助该公司建立为顾客定制的条形码和标签的技术支持。孟买批发分公司同样也把公司所有的外向运输交给了USCO物流公司，这在一定程度上比孟买公司自己与运输公司谈判签约所付的运费要低。

根据上述材料，回答以下问题：

通过采用共同配送，孟买批发分公司获得了哪些好处？

读一读

配送行业进入细分时代　无人配送将成未来发展方向

近日，美团联合中国物流与采购联合会(中物联)、罗戈研究院共同发布《2018中国即时配送行业发展报告》，这也是国内首部针对即时配送这一新兴领域的行业报告。报告称，我国即时配送行业发展前景广阔，外卖市场的高速发展是即时配送订单增长的最重要的推动力，2018年即时配送市场仍以超过30%的增长率快速增长，预计2018年全年订单量将超过120亿件。

该报告对于即时配送的定义，是可以实现同城区域内30～60分钟送到的服务。即时配送与仓配、快递等传统物流主要存在三点区别：一是点对点服务，无中转环节；二是即时性以及非计划性，配送时长在45分钟甚至30分钟以内；三是以生活圈为半径，覆盖范围通常在5公里以内。一般用户对于即时配送的使用，以外卖居多。当前，国内从事即时配送的公司包括美团、饿了么、达达等多家公司。

近年来，随着移动互联网的普及和城镇居民消费水平的提高，中国即时配送行业增长迅速，已成为新时代新物流的重要标志。截至2017年底，中国即时配送行业订单总量超89亿件，预计2018年全年订单量将超过120亿件，活跃用户将超过3.6亿人。国内即时配送市场的迅速发展引发资本追逐，融资事件频繁，年最高融资额达到36.32亿元。

美团外卖配送事业部总经理魏巍介绍称，即时配送行业发端于外卖，随着与其他行业不断渗透融合，即时配送的服务场景在不断拓宽。当前即时配送服务的主要场景有外卖、B2C 零售、商超便利、生鲜宅配、快递及落地配末端配送、C2C 配送需求等。2018 年美团日最高订单量超过 2 100 万份，按交易数量算，是全球已建成和运营最大的即时配送网络。

"即时配送场景的随机性、非计划性等特点都与传统物流有很大的不同，因此在路径规划与定价等问题上的解决方式方案都是独特的。"中物联同城即时物流分会秘书长万莹表示，高效的物流配送能力是决定外卖等 O2O 平台商业模式成败的关键，也是 O2O 经济区别于传统经济的根本。因此，智能调度系统成为各家运力平台的技术核心。

以美团采用的即时配送智能分配系统为例，启用该系统后，订单平均配送时长由 2015 年 12 月的 38 分钟下降到 2017 年 10 月的 28 分钟，效果显著。

值得注意的是，即时配送行业前景广阔，并不局限于外卖配送。"我们希望通过这样一份报告，让我们的商户了解到即时配送对整个零售经济的改变，进而能让即时配送更好地为商家服务。即时配送打造的是完整的餐饮链条以及各品类的到家服务，而不仅仅是外卖配送。"魏巍说。

魏巍补充说，美团每天有超过 50 万骑手小哥奔波在大街小巷，日均订单量突破 2 100 万，在这 2 100 万份订单中，有很多非外卖品类。不管是从小象生鲜上购买的食材，还是从美团闪购上购买的日用品，除了少部分商家自配送，大部分订单是由美团即时配送队伍里的骑手送出的。

报告统计，目前即时配送订单中超过 80%依然是外卖品类。而随着新零售经济在中国的快速发展，小象生鲜、盒马鲜生等新型超市的订单增长迅速，达到 8%。美团提供的数据同样显示，2017 年美团配送网络配送的零售产品增长 2.6 倍，生鲜、水果增长最快，商家数量翻倍。

快速发展中，即时配送行业也存在一些发展难点。比如，订单需求集中且波动性大，供需平衡难以匹配；配送品类需求日益多元，配送难度逐渐加强；人员流动性大，管理困难等等。

针对上述问题，行业采取了一系列行动。同城物流工作组、共享配送联盟等行业组织先后成立。2018 年 7 月，《即时配送服务规范》正式立项，标志着首部针对即时配送领域的行业标准诞生。同时，政府、协会联合即时配送企业，开展行动规范行业发展，例如中物联主办的"道路交通安全大讲堂"活动、美团举行的美团 717 骑士节等，有力推动了行业的规范、健康发展。

中国物流与采购联合会副会长兼秘书长崔忠付表示，即时配送行业是一个发展迅速的新兴行业，发展过程中需要制定行业标准加以规范，也需要社会各界的包容与支持。

报告预测，未来即时配送行业的市场集中度将进一步提升，行业的竞争将主要集中在几大平台之间；配送场景不断扩展，由外卖等高频消费逐渐向服装等低频消费演进；无人配送将成为未来发展的方向，并成为缓解用工难题的解决方案之一。

（资料来源：王轶辰．配送行业进入细分时代 无人配送将成未来发展方向[EB/OL]．中国经济网，2018－11－19.）

参考文献：

[1]储雪俭.物流配送中心管理[M].北京：高等教育出版社，2012.
[2]田红英.物流配送管理[M].成都：四川大学出版社，2006.
[3]陈平.物流配送管理实务[M].武汉：武汉理工大学出版社，2007.
[4]王慧，郝渊晓，马健平.物流配送管理学[M].广州：中山大学出版社，2009.
[5]刘娜.物流配送[M].北京：对外经济贸易大学出版社，2004.

[6]魏丽玲.物流仓储与配送[M].北京:北京邮电大学出版社,2008.
[7]周晓杰.物流仓储与配送实务[M].北京:机械工业出版社,2011.
[8]何峻峰.现代物流管理[M].成都:西南财经大学出版社,2010.
[9]胡春森,袁荃.物流与供应链管理[M].武汉:华中科技大学出版社,2011.
[10]陈达强等.配送与配送中心运作与规划[M].杭州:浙江大学出版社,2008.

第 7 章　包装、装卸搬运与流通加工

【学习目标】

- 熟悉包装、装卸搬运、流通加工的相关内容；
- 掌握装卸搬运合理化的措施。

【引导案例】

案例 1:2015 年 3 月 14 日，秦女士通过德邦物流从海口寄了几台电脑到重庆，在快递单上，秦女士特别标明要在外包装上装订木架，并保价 5 000 元。可当秦女士在重庆收到货时，发现电脑外包装有明显损坏，且未装订木架，电脑也坏了。对此，快递公司承认是运输不当，让秦女士做异常签收，自行维修后报账。但当秦女士做维修估价(需要花 3 080 元)后去报账时，却遇到麻烦，快递公司只承认赔 1 000 多元。

案例 2:2016 年 6 月 14 日，浙江台州检验检疫局工作人员对一批快递进口的旧电机进行监督销毁。该批旧电机因包装方式不当，在快递途中遭到损坏，电机的保护外壳破碎，带电体明露，存在严重安全隐患。这是台州口岸首次发现的因快递包装方式不当导致进口旧机电产品遭损坏的案例。

案例 3:2017 年 12 月 15 日，戴先生通过青岛市城阳区一家快递网点从青岛给达州市的朋友寄一块手机主板，因为物品是电子配件，容易损坏，戴先生特意叮嘱快递员要进行标准化包装，快递员也答应了。12 月 17 日，快递到达达州市，戴先生的朋友在收件后，发现手机主板已经不能使用，手机主板的衔接处出现断裂的情况。原来，发快递时，快递员为了省事，只用一个普通的信封袋进行了包装，没有进行标准化包装。对此，这家快递承认物品损坏是自己包装不当造成的，对戴先生赔付了 390 元。

思考：

(1)包装不当会给企业带来哪些危害?

(2)在商品包装中应注意哪些问题?

7.1 包装及其合理化

7.1.1 包装概述

包装是企业生产过程的终点,同时又是物流过程的起点。然而,从目前物流的发展来看,包装作为物流起点的意义要比作为生产终点的意义大得多。而且,随着物流过程中流通加工作用和能力的加强,包装操作已不再限于生产领域,而进入到仓储和流通领域,与产品的运输、储存、搬运、流通加工都有密切的关系,特别是与仓库及运输工具空间的有效利用有密切的关系。合理的包装能够提高物料的搬运效率和物流服务水平,降低物流成本。

(1)包装的概念

中华人民共和国国家标准《物流术语》(GB/T 18354-2006)中对包装的定义是:“为在流通过程中保护产品、方便储运、促进销售,按一定技术方法而采用的容器、材料及辅助物等的总体名称。也指为了达到上述目的而采用容器、材料和辅助物的过程中施加一定技术方法等的操作活动。”由此可见,包装是指在物流过程中为保护产品,方便储运,促进销售而按一定技术方法采用容器、材料及辅助物等将物品包封并标注适当标志的工作总称。简言之,包装是包装物及包装操作的总称。

由以上定义可知,在物流活动中,包装这一概念包含了静态和动态两层含义。包装的静态含义是指能够合理容纳商品,保护商品在流通过程中尽可能地免受各种外在不良因素的影响,顺利实现商品价值和使用价值的物体,如用各种包装材料制成的包装容器。而包装的动态含义则是指将商品置于包装物保护之下的工艺操作过程,如对商品进行包裹、捆扎等。

在社会再生产过程中,包装是生产的终点,也是物流的起点。从生产的角度来看,包装是产品生产的最后一道工序,对产品的包装一旦完成,就意味着该产品可以从生产领域进入流通领域。从物流的角度来看,对产品的包装完成之后,该产品就具备了流通的能力,就可以经过装卸搬运、储存、运输等一系列物流活动,最终销售给消费者。

(2)包装的功能

从包装的概念可知,包装有两个最基本的功能:营销功能和物流功能。

①包装的营销功能

包装的营销功能是从消费者的角度来看待包装。这时包装是生产企业与潜在消费者相互联系的界面,是企业展示自身的平台。其以促进销售为主要目的,考虑人的情感、宗教信仰、民族习惯、消费心理等,通过形状、图案、商标、色彩等向消费者提供商品和企业的信息,吸引消费者的注意力,激发消费者的消费欲望。可以说,包装是商品“无声的推销员”,是企业“无言的广告”。同时,好的包装除突出文化性、观赏性以外,还讲究实用性和便捷性。包装也应方便顾客携带,并符合销售场所的陈设摆放要求。

②包装的物流功能

从物流功能来看,包装的主要作用就是保护、识别包装物,并在满足物流要求的基础上使包装费用越低越好。为此,必须在包装费用和满足物流要求两者之间寻求最佳效果。具体来说,包装的物流功能包括以下几种:

- 对产品的防护

包装最根本的目的就是给产品以保护和防护。在物流运作中，造成产品损坏最常见的原因有四种：震动、刺破、碰撞和挤压，有时这几种原因还会同时发生。因此，应通过合理的包装来实现对产品的保护和防护，应根据物流过程中的时间、环境、运输、搬运、仓储的手段和条件以及产品的特性和保护要求，选择合理的包装材料、包装技术、缓冲设计、包装结构、尺寸、规格等要素，使产品免遭损坏、丢失和受外界环境影响，如天气变化、潮湿、灰尘、虫害、污染等，使产品完好无损地实现物理转移。

● 物流信息传递和管理

物流信息管理是现代物流标准化的关键和核心，产品的各种信息都会在产品的各种包装上得以反映和体现。所以，在不同层次的包装上设置不同的有关内容物的名称、数量、重量、成分、制造地点等信息的标签、标记、代码，对于货物的清点确认、运输仓储信息跟踪、物流信息管理、整个物流供应链管理乃至整个物流系统的管理都是至关重要的。信息是物流网络控制的根本依据和决策依据，只有在掌握了物流系统中全面、及时、准确的信息后，才能保证物流网络的可控性，实现整个物流组织管理的有序性。

此外，物流包装上还会配以通用、标准的图例提供搬运和存储方面的要求，这些信息注明了对货物进行作业时需要特别注意的各种问题，例如防潮（食品、药品等）、易碎（玻璃、水晶制品等）、不可倾斜（冰箱、精密仪器等）等。如果货物具有潜在的危险性（如有毒、易燃、易爆的化学药品），也必须明确标注。

③包装的营销功能与物流功能的矛盾

包装既具有营销功能又具有物流功能，这两方面的功能有时会发生矛盾。例如，以营销为目的的包装设计往往只考虑市场营销方面的要求而忽视物流运作的要求，如运输装配好的摩托车，这样将造成包装密度的显著降低，而低密度的包装则意味着高运输费用和高仓储要求。

包装设计强调方便顾客、提高商品的吸引力以及保护商品的安全。一般来说，理想的营销包装设计对于物流系统并不适宜，二者有时甚至会相互矛盾。例如，大容量或特殊形状和尺寸的包装在销售货架上的众多同类产品中容易引起消费者的注意和购买，软饮料的包装瓶就是五花八门、形状各异的，但因其不能有效利用仓储和运输空间，可能会增加物流成本。

(3)包装的分类

生产和流通领域中的产品种类繁多、性质各异，这就决定了商品包装类型的多样性。因此，可以从不同角度对包装进行分类。

①按照包装在流通中的作用分类

按照包装在流通中所发挥的作用不同，可以将其划分为工业包装和商业包装。

工业包装又称运输包装，是以方便运输、储存和保护产品为目的的包装。工业包装的显著特点是：首先，包装的材料、尺寸和结构要具有一定的抵御外界不良因素侵害的能力，以确保产品在运输过程中的安全性。其次，包装物的外部必须有明确的包装标识，如“小心轻放”、“请勿倒置”等储运标识，“易燃易爆”等危险品标识。此外，还要标明产品的品名、重量、体积、规格、件数、生产厂家、起运地、到达地等，以便于储运过程中对商品的识别和正确操作，并确保商品能正确无误地运至目的地。

商业包装又称销售包装，是以促进商品的销售为主要目的的包装。作为与消费者最为接近的包装，商业包装的特点是：首先，包装单位和大小适合于顾客的购买量要求和销售现场的陈列要求。其次，外形美观，能体现商品的形象和特点，以吸引消费者，促发购买行为。再次，突出商品的商标，一方面便于消费者识别商品，另一方面也有助于树立企业形象。此外，商业包装外部还有必要的文字说明，如产品的成分、功能和使用方法等，以方便消费者购买和使用。

②按照包装的层次分类

按照包装的层次和防护要求，可以将包装划分为个包装、中包装和外包装。

个包装又称小包装，是与商品直接接触的包装。在生产过程的结束阶段，个包装往往与商品装配成一个整体，随同商品一起销售给顾客，因此属于销售包装。个包装的主要作用是直接保护、美化、宣传商品，促进销售。

中包装又称内包装，是将若干个单体商品或包装组合成一个相对较小的整体包装。中包装通常介于个包装与外包装之间，在商品销售过程中，中包装的一部分有可能随商品出售，一部分则在销售中被消耗掉。中包装的主要作用是进一步保护商品，方便商品的分拨和销售过程中的点数、计量，方便包装组合等。

外包装又称大包装，是商品的最外层包装。外包装的主要作用是保护商品，方便运输、装卸搬运和储存，因此属于运输包装。

③按照包装的使用次数分类

按照使用次数不同，可将包装划分为一次用包装、多次用包装和周转用包装。

一次用包装是仅仅使用一次、不再回收复用的包装。这种包装往往随同商品出售或在销售过程中被消耗掉。绝大多数销售包装属于一次用包装。

多次用包装是指回收后经过一定的整理或加工，仍然可以重复使用的包装。大部分商品的运输包装和一部分中包装可以多次使用。

周转用包装是指生产企业和销售企业固定地用于周转、多次重复使用的包装，如装运啤酒的塑料包装箱。

④按照包装容器分类

按照包装容器的结构不同，可将包装划分为固定式包装和可拆卸折叠式包装。固定式包装的形状、尺寸等固定不变；可拆卸折叠式包装在空置时可以通过拆卸、折叠缩小包装物本身的体积，从而便于对其进行返运和管理。

按照包装容器的抗变形程度不同，可将包装划分为硬包装、半硬包装和软包装。硬包装也称刚性包装，这种包装的材质较为坚硬但缺乏弹性，因此包装容器不易变形。软包装又称柔性包装或挠性包装，这类包装的材质具有一定的韧性和弹性，包装容器的形状也可以发生一定的改变。半硬包装是介于硬包装和软包装之间的包装。

根据产品的特性不同，可将包装划分为特种商品包装和普通商品包装。特种商品包装是指根据某些特殊商品的特殊性质或特殊的重要性有针对性地设计的包装。例如，工艺美术品、文物、军需用品等，这些物品的包装在抗压、抗震和抗冲击等方面有高于其他商品包装的要求。普通商品包装则是指除特殊商品以外的一般商品的包装。

7.1.2 商品包装标识

(1)包装标记

包装标记是根据商品本身的特征，用文字和阿拉伯数字等在包装上标明规定的记号，通常包括：

①基本标记

基本标记说明商品实体的基本情况，如品名、规格、单位、数量、重量、成分、保质期等。

②唛头

唛头标明商品起运地、到达地、收发货单位。

③牌号标记

牌号标记列在包装的显著位置，专门说明商品名称。

④等级标记

等级标记说明商品质量等级，如“一等品”。

(2)包装标志

包装标志是说明被包装商品的性质和物流作业安全提示、理货分运提示的文字和图像，具体包括：

①识别标志

如分类标志、供货号、数量、规格、收发货单位、运输号、件数等。

②指示标志

指示标志针对商品的某些特性指明运输和保管过程中的注意事项，如“小心轻放”“请勿倒置”“怕湿”“禁止翻滚”“堆码极限”等。

③警告性标志

警告性标志是标示化学危险品的图形和文字，常用特殊的色彩以引起人们的注意，并且指出商品的危险等级，如“易燃气体”“自燃物”“遇湿危险”“腐蚀性物品”“放射性物品”等。

④国际通用装卸货标志和国际海运危险品标志

这类标志主要用于进出口商品包装。

为了保证流通过程中商品和人员的安全，使商品能够顺利地从生产领域转移到消费领域，在进行包装设计时，要充分考虑商品的特性对装卸、运输、保管等活动的作业要求，在包装容器上涂刷、粘贴或拴挂各种标记和标志，并使其符合以下要求：

第一，所使用的文字、符号、图形等必须符合国家有关部门的规定，不能随意改动。

第二，各种标记和标志必须简明清晰，易于辨认，并且其在包装容器上所处的位置要适当。

第三，要选用较为明显的色彩作标记和标志，拴挂在包装容器上的标志要选择合适的规格尺寸。

7.1.3　包装材料及包装技术

(1)包装材料和容器

①纸和纸制包装容器

纸质包装材料是指各种纸和纸板，其在包装材料中的应用最为广泛。根据不同的要求，纸质包装材料可以用于商品的内包装、中包装和外包装。

● 纸质包装材料的特点

纸质包装材料质地细腻、均匀，本身重量较轻，成型性和折叠性优良，容易粘合，易于印刷和加工；无毒、无味，容易达到卫生要求；其废弃物可以回收复用和再生，既不污染环境又节约资源。但是，纸质包装材料也具有一些弱点，例如，难以封口，防潮性、气密性、透明性差等。

● 纸质包装材料的类型

纸质包装材料包括纸和纸板。纸属于软性薄片材料，难以形成固定形状的容器，因此，常用于裹包、衬垫或制成各种纸袋，而纸板则具有一定的刚性，能够制成各种固定形状的容器。

● 纸制包装容器

常用的纸制包装容器有纸袋、纸板箱、瓦楞纸箱、纸盒、纸筒、纸罐等。

②木材和木制包装容器

木材是一种传统的包装材料,应用范围也较为广泛。但由于其资源有限,因而在某些领域逐步为塑料、复合材料等所取代。

● 木质包装材料的特点

木材具有一定的弹性,能够承受冲击、震动和重压;加工较为方便,无需复杂的加工机械;可以加工成胶合板,在减轻包装本身重量的同时,扩大了木材应用的范围。然而,作为天然材料,木材容易吸收水分、变形开裂、腐败,还容易受白蚁蛀蚀。这些缺点在一定程度上限制了木材在包装中的应用。

● 木制包装容器

常用的木制包装容器有木箱(如钉板箱、捆板箱、框架箱)和木桶等。

③金属和金属包装容器

金属包装材料是将金属压制成薄片用于制作各种包装容器,其主要形式是薄板和金属箔。

● 金属包装材料的特点

金属材料具有良好的延展性,易于加工成型;不易破碎,密封性好,能有效地保护内装商品;可以再生,能够重复使用;金属包装容器外表的光泽具有一定的装潢效果,有利于发挥包装促进销售的功能。然而,金属包装材料具有成本高、易生锈、在储运过程中易变形等缺点,所以其使用受到一定的限制。

● 金属包装容器

常用的金属包装容器有金属罐、铝箔软管、金属桶等。

④玻璃和玻璃包装容器

玻璃在包装中的应用十分广泛。

● 玻璃包装材料的特点

作为包装材料,玻璃具有多项优点:质地较为坚硬,不易变形;化学稳定性好,耐风化、耐热、耐酸、无毒无异味,比较适合包装液体产品;透明性好、易于造型,有利于对产品的美化和宣传;可以回收复用,便于清洗、消毒、灭菌,且一般不易造成污染。然而,玻璃包装材料也有许多缺点,如耗能高、易破碎、自身重量比较重等。

● 玻璃包装容器

玻璃通常被制成各种形状的玻璃罐或玻璃瓶,如圆瓶、高瓶、长颈瓶、曲线瓶等。

⑤塑料和塑料包装容器

塑料是随着科技的发展、新材料的使用而出现的一种现代包装材料。由于其自身的特性,塑料容器被广泛地用于各种商品的包装。

● 塑料包装材料的特点

塑料包装材料具有以下优点:物理机械性能良好,具有一定的强度和弹性,耐折叠,抗震动;化学稳定性好,耐酸碱,耐化学试剂,耐油脂,防锈蚀;容易加工成型,实现多样化,制成的包装容器自身重量较轻;透明性较好,且表面具有一定光泽,易于印刷且具装饰性,能够起到美化商品的作用。然而,塑料包装材料的强度不如钢铁,耐热性也不如玻璃,且在外界因素的长期作用下容易老化;有的塑料有异味,废弃物难以处理,易产生环境污染。这些不足在一定程度上限制了塑料包装材料的应用。

● 塑料包装容器

常用的塑料包装容器有塑料袋、塑料编织袋、塑料软管、塑料瓶等。

⑥复合包装材料

复合包装材料是指将两种或两种以上具有不同特性的材料，通过一定的方法复合在一起，其目的是避免单一包装材料的缺点，充分发挥各种材料的优点。复合材料在现代商品包装领域有广泛的应用。目前使用较多的是薄膜复合材料，主要有纸基复合材料、塑料基复合材料和金属基复合材料等。

⑦包装辅助材料

除了主要的包装材料以外，各种辅助材料在包装过程中也发挥着重要作用。常用的包装辅助材料如下：

一是黏合剂、黏合带，主要用于包装袋和包装箱的封口，如淀粉、胶、聚氨酯、橡胶带和热敏带等。

二是捆扎材料，主要用于打捆、压缩、包扎、缠绕、保持形状等，如草绳、麻绳、纸绳和塑料绳。

(2)包装技术

不同特性的商品、物流活动的不同环节对包装的要求各不相同，因而所采用的包装技术和方法也有差别。

①基本包装技术

● 放置、固定和加固

放置是将商品放入包装容器的技术，通常要根据商品的特性、形状进行放置。合理地放置商品可以缩小包装整体的体积，节约包装材料。对于薄弱的产品要进行加固或固定，商品之间要进行合理的间隔，以避免商品在装卸和运输过程中晃动或相互碰撞而造成损失。

● 压缩

压缩主要是对松泡产品进行处理的包装技术。松泡产品要求的包装容器容积较大，不利于对运输工具和储存场地的合理利用和储运费用的节约，因此，对松泡产品进行压缩，可以大大缩小其体积，进而提高该类商品的物流效率。

● 捆扎

捆扎通常是针对外包装使用的包装技术，主要是将单个或数个经过包装的商品捆紧或扎紧，以便进行装卸、运输和储存。捆扎在一定程度上可以起到加固包装容器、保护内装商品、压缩容积、节约物流费用的作用，同时也可以防止商品的盗失。

②特殊包装技术

● 防震包装技术

防震包装技术也称缓冲包装技术，是为了防止商品在储运过程中由于外部冲击、震动的影响而受到损害的包装技术。可以通过以下三种方法对商品进行防震包装：

全面防震包装技术是通过将商品和外包装之间的空隙完全用防震材料填满，通过防震材料吸收外力，从而达到保护商品的目的。

部分防震包装技术主要是对整体性较好和有内装容器的商品使用的技术，即仅仅在产品或内包装的局部或拐角处使用防震材料(如薄膜塑料防震垫、充气塑料薄膜等)，进行衬垫。

悬浮式防震包装技术主要适用于贵重商品和易碎裂的商品。具体做法是用绳、带、弹簧等将被包装的商品悬吊在包装容器内，从而使商品在物流过程中不与包装物发生碰撞，以减少商品的损坏。

● 防潮包装技术

防潮包装技术即采用低透湿度或透湿度为零的包装材料包装商品，将商品与外界潮湿的大气相隔绝，使包装内的相对湿度符合产品要求，从而确保被包装商品的质量不因潮气的侵入而发生变化。通常采取的措施是用刚性容器密封包装、加干燥剂密封包装、不加干燥剂密封包装、多层密封包装、复合薄膜真空包装等。聚乙烯、聚丙烯、聚氯乙烯等材料均可用于防潮包装。

● 防霉包装技术

食品和某些有机化合物商品在物流过程中，表面可能生长霉菌，如遇潮湿环境，霉菌生长繁殖速度极快，容易引起商品腐烂变质。因此，在包装过程中要采取相应措施防止商品的霉变。防腐包装技术的基本原理是通过控制某一不利的环境因素，从而抑制或杀死微生物，保护包装容器内的商品质量。这种包装技术主要适用于各种食品。

在通常情况下，防潮包装在一定程度上也具有防止商品霉变的功能。除此以外，还可以采用耐低温包装、高温灭菌包装、真空包装、充气包装等对商品进行防霉处理。

● 防锈包装技术

防锈包装技术的基本原理是在包装前将各种防锈剂涂抹于商品表面，以隔离大气中的氧、水蒸气及其他有害气体，从而起到保护商品的作用。常用的防锈剂有防锈油和气化性防锈剂两大类。前者是在防锈矿油中加入防锈添加剂制成的产品，后者则是一种在常温下容易挥发的物质，其挥发出来的气体充满包装容器内的每一个角落，同时吸附在产品表面，从而抑制大气对金属制品的锈蚀作用。

● 防虫害包装技术

防虫害包装技术是通过在包装容器中放入带有一定毒性和臭味的药物，利用其在包装内挥发的气体驱除或杀灭各种害虫，以保护商品不受损害。常用的驱虫剂有萘、樟脑精等，杀虫剂有安妥、狄氏剂、六六六粉等。

7.1.4 包装标准化及合理化

实现包装的合理化和标准化也是包装设计中应该考虑的问题。

(1)包装标准化

包装的标准化是指对产品包装的类型、规格、容量、使用的包装材料、包装容器和结构造型、印刷标志以及产品的盛放、衬垫、封装方式、名词术语、检验要求等加以统一规定，并贯彻实施的政策和技术措施。

实现标准化一方面可以增强包装的通用性，减少生产和流通过程中更换机器规格尺寸和印刷标志的时间，提高效率，使产品包装整齐美观，有利于促进销售；另一方面也是包装机械化和国际贸易发展的客观要求。

(2)包装合理化

所谓包装的合理化，是指在包装过程中使用适当的材料和技术，制成与被包装商品相适应的容器，使其既满足保护商品、方便流通与消费的要求，又能达到节约包装费用、降低包装成本、提高包装的经济效益的目的。包装合理化是物流合理化的重要组成部分，其要点是：

第一，防止包装不足，即要防止因盲目降低包装成本而导致包装强度不足、包装材料的水平不足以及包装层次和容积不足，从而不能起到保护被包装商品、方便储运和销售的作用。

第二，防止包装过剩，即要防止包装强度设计过高、包装材料选择过高、包装层次过多或体积过大，从而导致对商品的防护过当，造成对资源的浪费以及包装成本的增加。

第三，从物流的整体角度出发，用较为科学的办法确定最优包装。

7.1.5　集装化技术

(1)产品集装化和集合包装的概念

产品集装化也称组合化或单元化，是一种先进的现代包装技术，是集装运输的基础。它是指将一定数量的散装物品或零星的成件物品组合在一起，在装卸、运输、保管等物流环节中作为一个整件进行技术和业务处理的包装方式。

集合包装则是指将若干相同或不同的包装单位汇集起来，组成一个更大的包装单位或装入一个更大的包装容器内的包装形式。产品的集合包装是实现集装运输的条件。

(2)集合包装容器

在集装运输中常用的集合包装容器有集装箱、托盘和集装袋。

①集装箱

集装箱也称为货箱或货柜，是一种专门用于货物运输，便于进行机械装卸的大型组合包装容器。根据国际标准化组织在 IS0830－1981《集装箱术语》中的规定，集装箱应符合以下要求：

第一，具有足够的强度，能够长期反复使用。

第二，适合以一种或多种运输方式运送，且在途中转运时箱内货物不需换装。

第三，具有便于进行快速装卸和搬运的装置，并且可以直接从一种运输工具方便地换装到另一种运输工具上。

第四，设计时应考虑便于货物的装满和卸空。

第五，具有 1 立方米和 1 立方米以上的容积。

②托盘

托盘也称为集装托盘、集装盘，是由盛载单位数量物品的负荷面和叉车口构成的水平平台装置。托盘是一种特殊的包装形式，具有和集装箱类似的作用。与集装箱相比，托盘具有自重量小、返空容易、装盘容易、节省包装材料等优点，但是其对产品的保护性不如集装箱，并且露天存放困难。

③集装袋

集装袋是一种用可折叠的涂胶布、树脂加工布以及其他软性材料制成的大容积软性包装容器，尤其适用于对散装粉粒状产品进行集装，可以使散装货物实现规格化、系列化，从而降低运输成本。

7.2　装卸搬运作业管理

7.2.1　装卸搬运概述

装卸搬运是物流系统的一个子系统，是物流系统中承上启下的重要环节，在物流系统中各环节的前后或同一环节的不同活动之间都有装卸搬运活动的发生。

(1)装卸搬运的概念

装卸是指物品在指定地点以人力或机械装入运输设备或卸下，其结果是物品的垂直位移。

搬运是指在同一场所内对物品进行水平移动的物流作业，其结果是物品的水平位移。

在物流实践中，装卸和搬运往往是密不可分的，因此，通常合称“装卸搬运”，即在同一地域范围内进行的，以改变物品存放状态和空间位置为主要目的的作业活动。在强调物品存放状态的改变时，常用“装卸”一词；在强调物品空间位置的改变时，常用“搬运”一词。

在理解装卸搬运的概念时需要注意的是，搬运的“运”和运输的“运”有一定的区别，前者是在同一地域小范围内发生的，而后者则往往在不同地域较大范围内发生。

(2)装卸搬运的特点

与生产领域和流通领域的其他环节相比，装卸搬运具有以下特点：

①装卸搬运是作业量大、对象复杂的活动

传统的装卸搬运主要依赖人工体力劳动来完成，是一种劳动密集型的作业活动，而且在许多情况下，装卸搬运往往是一种重体力劳动。物流发展到今天，完全的人工装卸搬运几乎不复存在，现代装卸搬运表现为人与机械、货物、其他劳动工具相结合，以减轻劳动强度、提高装卸作业效率。然而，随着消费者需求的个性化和多样化的发展，多品种、小批量、多批次、小数量的物流方式使得装卸搬运作业量大幅度提高，此外，运输方式的变更、仓库的中转、货物的集中或分散、物流的调整等都会使装卸搬运作业变得十分频繁。

②装卸搬运是附属性和伴生性的活动

装卸搬运是伴随生产与流通的其他环节发生的，是介于物流各环节之间起衔接作用的活动。它将物资运动的各个阶段连接成连续的“流”，使物流的概念名副其实。无论是生产领域的原材料输送、加工、组装、检测，还是流通领域的包装、运输、储存，一般都以装卸搬运作为起始和终结。装卸搬运在物流活动中起到了承上启下的连接作用，所以说，无论在生产还是流通领域，装卸搬运环节既不可缺少，又与其他环节密不可分。

③装卸搬运是支持性和保障性的活动

装卸搬运会影响其他物流活动的质量和速度，这个环节处理不好，会造成整个物流系统的瘫痪。在货物运输过程中，在完成一次运输所需的时间中，在发运地的装车时间和在目的地的卸车时间占有不小的比重。特别是在短途运输中，装卸车时间所占比重更大，有时甚至超过运输工具运行时间。所以，缩短装卸搬运时间不但对加速车船和货物周转具有重要作用，而且有利于疏站、疏港。在仓储活动中，装卸搬运效率对货物的收发速度和货物周转速度产生直接影响。同时，装卸搬运组织与技术对仓库利用率和劳动生产率也有一定影响。

④装卸搬运是服务性的活动

装卸搬运不产生有形的产品，没有提高作业对象的价值和使用价值的功能，而是提供劳动服务。因为它既不改变作业对象的物理、化学、几何、生物等方面的性质，也不改变作业对象的相互关系(指零件组装成部件或机器、机械设备拆解为零部件等)，装卸搬运过程不消耗作业对象，不排放废弃物，不占用大量流动资金。因此，装卸搬运具有提供劳务的性质。

⑤装卸搬运作业是波动性较大的活动

装卸搬运大多是多环节、多机联合作业的，要保持作业的连续性和均衡性，各环节的机械设备数量要按照各个环节的作业内容和特点做到基本均衡，如生产领域的装卸搬运必须与生产活动的节拍一致，表现为与生产过程均衡性、连续性的一致性。然而，流通领域的装卸搬运虽力求均衡作业，但随着车船的到发和货物出、入库的不均衡，作业是突击的、波动的、间歇的。因此，流通领域的装卸搬运作业应具有适应波动性的能力。

⑥装卸搬运是安全性的活动

装卸搬运是使货物产生垂直和水平方向上的位移，货物在移动过程中会受到各种外力的作用，如震动、撞击、挤压等，容易使货物包装和货物本身受损，如损坏、变形、破碎、散失、流溢等。装卸搬运，特别是装卸作业，货物要发生垂直位移，不安全因素比较多。实践表明，物流活动中发生的各种货物破失事故、设备损坏事故、人身伤亡事故等，相当一部分是在装卸过程中发生的。特别是一些危险品，在装卸过程中如违反操作规程进行野蛮装卸，很容易造成燃烧、爆炸等重大事故。

(3)装卸搬运的作用

装卸活动包括装车(船)、卸车(船)、堆垛、入库、出库以及连接上述各项动作的短程输送，是随运输、储存等物流各环节而产生的必要活动，其在物流系统中发挥着如下作用：

①衔接物流环节的各个阶段

在任何其他物流活动互相过渡时都是以装卸搬运来衔接的，装卸搬运是物流系统每一项活动(如生产、运输、配送、存储、包装)开始及结束时必然发生的活动，是其他物流活动不可缺少的组成部分。例如，汽车运输实际就包含了相随的装卸搬运活动，仓库中物品的保管活动也不可避免地包含了装卸搬运活动。正是在这个意义上，装卸搬运常常被认为是其他物流活动的附属性、伴生性的活动，而被忽视。

②支持和保障其他物流活动的顺利进行

虽然装卸搬运活动本身是一个过渡性的工作，但对其他物流活动却起到很大的作用，甚至是决定性作用。装卸搬运会影响其他物流活动的质量和速度。例如，装车不当，会引起运输过程中的损失；卸放不当，会使得货物进行下一步运作十分困难；而生产中物料搬运不当，可能导致停工。因此，许多物流活动在有效的装卸搬运支持下，才能实现高水平的运作。

③影响物流系统的效率和成本

在物流过程中，装卸活动是不断出现和反复进行的，它出现的频率高于其他各项物流活动，而且每次装卸活动都要花费很长的时间，所以其往往成为决定物流速度的关键。此外，装卸活动消耗的人力也很大，因而其又往往成为整个物流的“瓶颈”，是物流各功能之间能否形成有机联系和紧密衔接的关键。建立一个有效的物流系统，关键要看这一衔接是否有效。例如，联合运输方式就是为解决这一衔接而出现的。

装卸费用在物流成本中所占的比重较高。以我国为例，铁路运输的始发和到达的装卸作业费大致占运费的20%左右，船运占40%左右。因此，为了降低物流费用，装卸是个重要环节。

此外，进行装卸操作时往往需要接触货物，因此，它是在物流过程中造成货物破损、散失、损耗、混合等损失的主要环节。例如，袋装水泥纸袋破损和水泥散失主要发生在装卸过程中，玻璃、机械、器皿、煤炭等产品也最容易在装卸时造成损失。

由此可见，装卸活动是影响物流效率、决定物流经济效果的重要环节。

※ 链接：搬运成本占产品成本的15.5%，还敢小瞧“搬砖”的吗？

据我国统计，火车货运以500公里为分界点：运距超过500公里，运输在途时间多于起止的装卸时间；运距低于500公里，装卸时间则超过实际运输时间。美国与日本之间的远洋船运，一次往返需25天，其中运输时间13天、装卸时间12天。(占用时间)

根据我国对生产物流的统计，机械工厂每生产1吨成品，需进行252吨次的装卸搬运，其成本为加工成本的15.5%。(作业频繁)

生产伴随着物料搬运，物料搬运常常是产品重量的数倍甚至数十倍。在美国，装卸搬运费用占总成本的20%～30%；德国企业物料搬运费占营业额的1/3；日本物料搬运费占GDP的10.73%。在我国，铁路运输的始发和达到的装卸作业费大致占运费的20%左右，船运占40%左右。（物流成本比重大）

进行装卸操作时往往需要接触货物，因此，这是在物流过程中造成货物破损、散失、损耗、混合等损失的主要环节。（易造成损失）

7.2.2 装卸搬运方式

装卸搬运作业是一个完整的系统，它由劳动力（装卸搬运人员）、装卸搬运设施和设备、货物、车船库等硬件系统和工艺（作业方法及流程）、信息、管理等软件系统组成，同时还需要保障系统。因此，通常可根据作业场所、作业对象和作业特点对其进行分类。

(1)按作业场所分类

①仓库装卸搬运

仓库装卸搬运是指在厂矿或储运业的仓库、堆场、集散点等处，为配合出库、入库、维护保养等活动进行的以堆垛、上架、分拣、取货等操作为主的装卸搬运作业。

②铁路（站台）装卸搬运

铁路（站台）装卸搬运是指在铁路车站进行的装卸作业。它包括汽车在铁路货物和站台旁的装卸作业；铁路仓库和堆场的堆码、拆取、分拣、配货、中转作业；铁路车辆在货场及站台的装卸作业；服务于装卸搬运的辅助作业，如加固、清扫、揭盖篷布、移动车辆、计量等作业。铁路装卸是对火车车皮的装进及卸出，特点是一次作业就实现一车皮的装进或卸出，很少有如仓库装卸搬运时出现的整装零卸或零装整卸的情况。

③港口装卸搬运

港口装卸搬运是指在港口进行的各种装卸作业，主要是码头、船舶的装卸搬运作业。港口装卸搬运包括码头前沿的装船，也包括后方的支持性装卸搬运，有的港口装卸还采用小船在码头与大船之间"过驳"的办法，因而其装卸的流程较为复杂，往往经过几次的装卸及搬运作业才能最后实现船与陆地之间货物过渡的目的。

④车间装卸搬运

车间装卸搬运是指在车间内部工序间进行的装卸搬运活动。以原材料、半成品、产成品等的取放、分拣、包装、堆码、输送为主。

(2)按作业对象分类

①单件作业方式

单件装卸搬运指的是非集装、按件计的货物逐个进行装卸操作的作业方法。装卸搬运单件货物通常是逐件由人力作业完成的，对于一些零散货物，如搬家货物等也常采用这种作业方法。长、大、笨重货物，不宜集装的危险货物以及行包等仍然采用单件作业法。单件作业对机械、装备、装卸条件要求不高，可采取人力、半机械化及机械装卸，因而机动性较强，不受固定设施、设备的地域局限。但是，单件作业由于逐件处理，装卸速度慢，且装卸要逐件接触货体，容易出现货损及货差。

②集装作业方式

集装作业方式是指用集装化工具将小件或散装物品集成一定质量或体积的组合件，以便利用机械进行作业的装卸方式。它和单件装卸的主要异同在于，都是按件处理，但集装作业

“件”的单位大大高于单件作业每件的大小。集装作业方式包括以下方式：托盘作业法、集装箱作业法、货捆装卸、集装网或集装袋装卸、挂车装卸、滑板装卸、无托盘集装装卸、集装罐装卸等。

③散装作业方式

散装作业是指对大批量粉状、粒状货物进行无包装散装、散卸的装卸方法。装卸可连续进行，也可用间断式，但是都需机械化设施设备。在特定情况下，且批量不大时，也可采用人力装卸。散装作业方法主要有以下几种：

● 重力法作业

重力法是利用散装货物的位能进行装卸的方法，这种方法必须与其他方法配合，首先将散货提升到一定高度，具有一定位能之后，才能利用本身重力进行下一步装卸。

● 气力输送法作业

气力输送法是指散装物料在管道中，利用一定速度的空气能量，使之沿着指定的路线输送的方式。其主要设备是管道及气力输送设备，以气流运动裹携粉状、粒状物沿管道运动。管道装卸密封性好，装卸能力高，容易实现机械化、自动化。

● 倾翻法作业

倾翻法是将运载工具的载货部分倾翻，而将货物卸出的方法，主要用于铁路敞车和自卸汽车的卸载，汽车一般是依靠液压机械装置顶起货厢实现卸载的。

● 机械法作业

机械法是采用各种机械，使其工作机构直接作用于货物，如通过舀、抓、铲等作业方式达到装卸目的的方法。常用的机械有带式输送机、堆取料机、装船机、链斗装车机、单斗和多斗装载机、挖掘机及各种抓斗等。

在以上几种装卸作业法中，集装作业方式和散装作业方式都是随物流量增大而发展起来的，并与现代运输组织方式（如集装箱运输）、储存方式（如高层货架仓库）等相互联系、互为条件、互相促进、相互配合，加速了物流现代化进程。

（3）按作业特点分类

①连续作业法

连续作业法主要是指同种大批量散装或小件杂货通过连续输送机械，连续不断地进行作业，中间无停顿，货间无间隔的作业法。在装卸量较大、装卸对象固定、货物对象不易形成大包装的情况下适合采取这一方式。

②间歇作业法

间歇作业法是指在装卸搬运过程中有重程和空程两个阶段，即在两次作业中存在一个空程准备过程的作业法。这种作业法有较强的机动性，装卸地点可在较大范围内变动，主要适用于货流不固定的各种货物，尤其适合于包装货物、大件货物，散粒货物也可以采取此种方式。

7.2.3　装卸搬运的合理化

物流中装卸搬运合理化主要是指对装卸搬运方式、装卸搬运机械设备的选择和合理配置与使用，以及装卸搬运作业本身的合理化，尽可能减少装卸搬运次数，以节约物流费用，获得较好的经济效益。

（1）防止和消除无效作业

所谓无效作业，是指在装卸作业活动中超出必要的装卸、搬运量的作业（即消耗于有用货物的必要装卸劳动之外的多余装卸搬运活动)。显然,防止和消除无效作业对装卸作业的经济效益有重要作用。为了有效地防止和消除无效作业,可从以下几个方面入手:

①尽量减少装卸搬运次数

物流过程中,货损发生的主要环节是装卸环节,因为货物装卸搬运不产生价值,作业的次数越多,货物破损和发生事故的频率越大,费用越高。因此,首先要考虑尽量不装卸搬运或尽量减少装卸搬运次数。此外,装卸又会大大减缓整个物流速度,是降低物流速度的重要因素。影响装卸搬运次数的因素主要有以下几个:

● 物流设施和设备

厂房、库房等建筑物的结构类型、结构特点及建筑参数对装卸次数有直接影响。使各种尺寸与装卸机械相适应,装卸运输设备自由进出,直接在车间或库房内进行装卸,以减少二次搬运。

物流设备的类型与配套对装卸次数也会产生影响,如叉车配以托盘进行出入车间和出入库的作业可减少装卸次数。又如将电子秤安装在起重机上,在装卸作业的同时就完成了检斤作业,省去了单独的检斤作业环节,从而减少了装卸次数。

● 装卸作业组织调度工作

在物流设施、设备一定的情况下,装卸作业组织调度水平是影响装卸次数的主要因素,如联运过程中,组织货物不落地完成运输方式和运输工具的转换。对物流据点而言,主要组织一次性作业,货物不落地无间歇。

②提高被装卸物的纯度

物料的纯度是指物料中含有水分、杂质与物料本身使用无关的物质的多少。物料的纯度越高,则装卸作业的有效程度越高;反之,则无效作业就会增多,如煤炭中的矸石,矿石中的表面水分,石灰中的未烧熟石灰及过烧石灰等,在反复装卸时,实际对这些无效物质反复消耗劳动,因而形成无效装卸。

③包装要适宜

包装是物流中不可缺少的辅助作业手段。包装的轻型化、简单化、实用化会不同程度地减少作用于包装上的无效劳动。

(2)省力化

所谓省力,就是节省动力和人力。

首先,在装卸时应考虑重力因素,可以利用货物本身的重量和落差原理进行有一定落差的装卸,以减少或根本不消耗装卸的动力,这是合理化装卸的重要方式,如滑槽、滑板等工具的利用,从高处自动滑到低处,这就无需消耗动力;多采用斜坡式,减少从下往上的搬运,以减轻负重;卡车后面带尾板升降机,仓库作业台设装卸货升降装置等。

其次,在装卸时尽量消除或削弱重力的影响,也会减轻体力劳动及其他劳动消耗,如进行水平装卸搬运,让仓库的作业台与卡车车厢处于同一高度,从而使货物平移,或手推车直接进出,这就能有效消除重力影响,实现合理化。

再次,人力装卸时如果能配合简单机具,做到“持物不步行”,则可以大大减轻劳动量,做到合理化;此外,充分利用专业装卸搬运设备,实现规模装卸,达到充分发挥机械最优效率的水准,从而使单位装卸成本降低。

最后,实现装卸搬运作业方式现代化,如集装化装卸、多式联运、集装箱化运输、托盘一贯制物流等。

总之,省力化装卸搬运原则是能往下则不往上、能直行则不拐弯、能用机械则不用人力、能水平则不要上斜、能滑动则不摩擦、能连续则不间断、能集装则不分散。

(3)提高装卸搬运活性

这里所说的活性,是指“从物的静止状态转变为装卸运输状态的难易程度”。如果容易或适于下一步装卸搬运作业,则活性较高,如果难以转变为下一步的装卸搬运,则活性低,如仓库中的货物乱七八糟与整齐堆码的差别,散乱状态与放在托盘上的差别等。此外,在装卸机械灵活化方面的例子有叉车、铲车、带轨道的吊车、能转动360°的吊车和带轮子、履带的吊车等。

装卸、搬运的灵活性,根据物料所处的状态,即物料装卸、搬运的难易程度,可分为不同的级别,这就是“活性指数”。活性指数分为0～4共5个等级,具体如表7.1所示。

0级——物料杂乱地堆在地面上的状态。进行下一步装卸必须要进行包装或打捆,或者只能一件件操作处置,因而不能立即实现装卸或装卸速度很慢。

1级——物料装箱或经捆扎后的状态。在下一步装卸时可直接对整体货载进行操作,活性有所提高,但操作时需支起、穿绳、挂索,或支垫入叉,因而装卸搬运前预操作要占用时间,不能取得很快的装卸搬运速度,活性仍然不高。

2级——箱子或被捆扎后的物料,下面放有枕木或其他衬垫后,便于叉车或其他机械作业的状态,装卸机具能立刻起吊或入叉,活性有所提高。

3级——物料被放于台车上或用起重机吊钩钩住,能随时将车、货拖走,处于即刻移动的状态,这种活性更高。

4级——被装卸、搬运的物料,已经处于被启动、直接作业的状态,即刻进入运动状态,而不需做任何预先准备,活性最高。

表7.1　　装卸搬运活性指数

放置状态	需要进行的作业				活性指数
	整理	架箱	提起	拖运	
杂乱散放地上	需要	需要	需要	需要	0
装箱或简单捆扎	0	需要	需要	需要	1
集装化	0	0	需要	需要	2
处于随时起运	0	0	0	需要	3
已经被启动、可直接作业	0	0	0	0	4

从理论上讲,活性指数越高越好,但也必须考虑到实施的可能性。例如,物料在储存阶段,活性指数为4的输送带和活性指数为3的车辆在一般的仓库中很少被采用,这是因为大批量的物料不可能存放在输送带和车辆上的缘故。

(4)装卸搬运顺畅化

货物装卸搬运的顺畅化是保证作业安全、提高作业效率的重要方面。所谓顺畅化,就是作业场所无障碍,作业不间断、作业通道畅通。如叉车在仓库中作业,应留有安全作业空间,转弯、后退等动作不应受面积和空间限制;人工进行货物搬运要有合理的通道,脚下不能有障碍物,头顶留有空间,不能人撞人、人挤人;用手推车搬运货物,地面不能坑坑洼洼,不应有电线、工具等杂物影响小车行走;人工操作电葫芦吊车,地面防滑、行走通道两侧的障碍等问题均与作业顺畅与否相关。机械化、自动化作业途中停电、线路故障、作业事故的防止等都是确保装卸搬运作业顺畅和安全的因素。

提高装卸搬运作业的顺畅化应做到:第一,作业现场装卸搬运机械合理衔接;第二,不同的装卸搬运作业在相互联结使用时力求使其装卸搬运速率相等或接近;第三,充分发挥装卸搬运调度人员的作用,一旦发生装卸搬运作业障碍或停滞状态,立即采取有力的措施补救。

(5)实现装卸搬运的短距化

物料在装卸搬运当中要实现水平和垂直两个方向的位移,选择最短的路线完成这一活动就可避免超越这一最短路线以上的无效劳动。短距化,即以最短的距离完成装卸搬运作业,最明显的例子是生产流水线作业,它将各道工序连接在输送带上,通过输送带的自动运行使各道工序的作业人员以最短的动作距离实现作业,大大地节约了时间,减少了人的体力消耗,大幅度提高了作业效率。短距化在人们生活中也能找出实例,如转盘式餐桌,各种美味佳肴放在转盘上,人不必站起来就能夹到菜。缩短装卸搬运距离不仅省力、省能,还能使作业快速、高效。

(6)推广组合化装卸搬运

组合化装卸搬运又称为单元化或成组化装卸搬运,是提高装卸搬运效率的有效方法,如集装箱、托盘等单元化设备的利用等都是单元化的例证。组合化装卸具有很多优点:第一,装卸单位大、作业效率高,可大量节约装卸作业时间;第二,能提高物料装卸搬运的灵活性;第三,操作单元大小一致,易于实现标准化;第四,不用手去触及各种物料,可达到保护物料的效果。

(7)提高装卸搬运作业的机械化水平

一般来说,装卸搬运是重体力劳动,很容易超过人的承受限度。如果不考虑人的因素或不够尊重人格,则容易发生野蛮装卸、乱扔乱摔现象。搬运的东西在包装和捆包时应考虑人的正常能力和抓拿的方便性,也要注重安全性和防污染性等。随着生产力的发展,装卸搬运的机械化程度定将不断提高。此外,装卸搬运的机械化能将工人从繁重的体力劳动中解放出来,尤其对于危险品的装卸作业,机械化能保证人和货物的安全,也是装卸搬运机械化程度不断得以提高的动力。

※ 链接:日本装卸搬运的合理化要求

日本是最早开始实行物流和研究物流的国家之一。现在,日本的物流(包括物流的各个环节)非常先进,对我国具有很重要的借鉴意义。

日本物流界从工业工程的观点出发,总结出改善物流作业效率的“六无改善法”,具体内容如下:

(1)不让等——闲置时间为零,即通过正确安排作业流程和作业量使作业人员和机械能连续工作,不发生闲置现象。

(2)不让碰——与物品接触为零,即通过利用机械化、自动化物流设备进行物流装卸、搬运、分拣等作业,使作业人员在从事物流装卸、搬运、分拣等作业时尽量不直接接触物品,以减轻劳动强度。

(3)不让动——缩短移动距离和次数,即通过优化仓库内的物品放置位置和采用自动化搬运工具,减少物品和人员的移动距离和次数。

(4)不让想——操作简便,即按照专业化、简单化和标准化原则进行分解作业活动和作业流程,并应用计算机等现代化手段,使物流作业的操作简便化。

(5)不让找——整理整顿,即通过作业现场管理,使作业现场的工具和物品放置在一目了然的地方。

(6)不让写——无纸化,即通过应用条形码技术、信息技术等,使作业记录自动化。

7.3　流通加工

7.3.1　流通加工概述

(1)流通加工的概念

所谓流通加工，就是商品在从生产者向消费者流通的过程中，为了方便流通、方便运输、方便储存、方便销售、方便用户，在保证产品使用价值不发生改变的前提下，对产品进行简单的组装、剪切、套裁、贴标签、刷标志、分装、检量、打孔等加工作业。

流通加工活动放在物流过程中完成，成为物流的一个组成部分。在现代物流中，虽然流通加工不能与运输、仓储等主要功能要素相比拟，但它能起到运输、仓储等要素无法起到的作用。流通加工是一种低投入、高产出的加工方式，往往通过这种简单的加工解决了大问题。实践证明，有的流通加工通过改变装潢便使商品档次跃升而充分实现其价值，有的流通加工可使产品利用率一下子提高20%～50%。因此，流通加工是物流企业的重要利润源，它在物流中的地位是非常重要的，属于增值服务范围。

(2)流通加工与生产加工的区别

流通加工是生产加工在流通领域的延伸。与一般生产加工相比较，在加工方法、加工组织、生产管理方面无明显区别，但在加工对象、加工程度方面差别较大。其差别主要表现在：

第一，流通加工的对象是进入流通领域的具有商品属性的产品；而生产加工的对象则是原材料、零配件和半成品。

第二，大多数流通加工都是简单加工，而非复杂加工。一般来说，如果需要复杂的加工过程才能形成人们所需的商品，那么就应专设生产过程完成这种加工。所以，流通加工对生产加工而言是一种辅助和补充，而非对生产加工的取代。

第三，从价值观点来看，生产加工创造了商品的价值和使用价值；而流通加工则旨在完善商品的使用价值，并在不改变产品的物理化学性能的情况下提高其价值。

第四，生产加工的组织者是从事生产活动的人，从加工单位来看则是生产企业；而流通加工的组织者则是从事流通工作的人，从加工单位来看是流通企业。

第五，商品生产是为了交换和消费，流通加工的目的之一也是消费，在这一点上，生产加工与流通加工有相似之处，但是，在有些情况下，流通加工的进行仅仅是以方便流通为目的，纯粹是为流通创造条件。因此，这种为流通而进行的加工在目的上与直接为消费而进行的加工有着明显差异。

7.3.2　流通加工的类型和方法

(1)流通加工的类型

①以弥补生产领域加工不足为目的的流通加工

由于技术、生产规模等因素的限制，许多产品在生产领域只能被加工到一定程度，而不能完全实现终极加工，所以，进一步的加工成型就要依靠流通加工来完成。例如，对木材的集中开木下料。由于木制品本身的特点，如果木材在产地制成木制品的话，就会给运输造成较大的困难，因此，在原产地，木材仅能被加工到原木、板方材这一程度，进一步的下料、切裁等要由流通加工完成。而在流通加工点，则可以将原木锯成各种规格的锯材，将碎木、碎屑集中加工成各种规格板，还可进行打眼、凿孔等初级加工，以满足不同的使用要求。这种流通加工实际是对生产加工的进一步完善，能够弥补生产加工的不足。

②以满足需求多样化为目的而进行的流通加工

由于需求具有多样性和多变性的特点，从事大规模生产的企业很难使产品完全满足不同客户的使用要求，因此，客户往往根据自身需要自行对产品进行加工。例如，许多生产消费型用户的再生产往往是从原材料的初级处理开始的。这种初级加工如果由流通加工来完成，用户即可缩短生产过程，集中力量从事技术性较强的劳动。例如，平板玻璃的"集中套裁、开片供应"就可以按用户提供的图纸统一套裁开片，向用户供应成品，用户可以将其直接安装到采光面上。这类流通加工带有服务的性质。

③以提高物流效率、方便物流为目的而进行的流通加工

在流通过程中，一些产品自身的形态决定了难以对其进行物流操作。例如，将造纸用的木材磨制成木屑并进行压缩的流通加工。此外，鲜鱼、鲜肉等生鲜产品的装卸、储运也较为困难；大型设备、气体产品的装卸搬运也有一定难度。通过对鲜鱼、鲜肉进行冷冻，对大型设备进行解体，对气体产品进行液化等流通加工活动，可以使物流活动的各个环节容易操作。这一类流通加工可以方便物流作业，提高物流效率。

④以保护产品为目的而进行的流通加工

在物流活动的每一个环节都存在产品保护的问题。为了保证产品在装卸搬运、运输、储存等过程中不受损害，可以对产品进行稳固、改装、冷冻、保鲜、涂油等流通加工活动。

⑤以促进销售为目的而进行的流通加工

对于即将进入销售领域的产品，可以通过各种形式的流通加工使其便于销售。其具体包括:对大包装或散装的商品进行分装，使其成为符合消费者购买要求的小包装；将运输包装改换成有装潢的、美观的销售包装；对农、牧、副、渔等产品进行精加工，去除无用部分，甚至将其进行切分、洗净、封装等加工，便于消费者购买和使用；将零部件在消费地组装成用具、车辆进行销售，如自行车的装配通常就是在销售地完成的。

⑥以提高加工效率为目的的流通加工

许多生产企业的初级加工由于数量有限而导致加工效率不高，也难以采用先进的加工技术。通过集中形式的流通加工，以一家流通加工企业替代若干生产企业的初级加工工序，能够实现规模效益，采用先进的技术，从而大大提高加工效率，如钢板的剪切和下料加工。

⑦以提高原材料的利用率为目的的流通加工

利用流通领域的集中加工替代各使用部门的分散加工，可以进行集中下料，做到优材优用、小材大用、合理套裁，进而提高原材料的利用率，减少浪费损失。集中搅拌供应混凝土就属于此类情况。

(2)流通加工的方法与技术

①钢板剪板及下料的流通加工

许多钢板板材在交货时尺寸规格都比较大，有的是成卷交货，在使用钢板的企业中，大型企业由于用量大，可以购置专门的剪板和下料设备，按其使用需要进行加工。而用量较小的企业和大多数中小企业，如果自行购置剪板、下料设备则会面临长时间闲置设备、浪费人力资源、不容易采用先进技术的状况。因此，通过在固定地点设置剪板机进行下料加工或设置各种设备将较大规格的钢板裁小或裁成毛坯，可以降低销售起点，便利用户。

②水泥熟料的流通加工

在需要长途调入水泥的地区，变调入成品水泥为调入熟料这种半成品，在该地区的流通加工据点(粉碎工厂)粉碎，并根据当地资源和需要的情况掺入混合材料及外加剂，制成不同品种及标号的水泥，供应给当地用户，这是水泥流通加工的重要形式之一。

③商品混凝土流通加工

水泥的运输与使用，以往习惯上以粉状水泥供给用户，由用户在建筑工地现制现拌混凝土使用。现在将粉状水泥输送到使用地区的流通加工据点(集中搅拌混凝土工厂或称生混凝土工厂)，在那里搅拌成生混凝土，然后供给各个工地或小型构件厂使用。这是水泥流通加工的另一种重要方式。在许多发达国家，因直接采用混凝土加工形式在技术经济效果上优于直接供应工地并现场制作混凝土的方法，故被广泛采用。

④木材的流通加工

● 磨制木屑压缩运输

木材是密度小的物资，在运输时占有相当大的容积，往往使车船满装但不能满载，同时，装车、捆扎也比较困难。为此，在林木生产地就地将原木磨成木屑，然后采取压缩方法，使之成为密度较大、容易装运的形状，然后运至靠近消费地的造纸厂。

● 集中开木下料

在流通加工点将原木锯裁成各种规格，同时将碎木、碎屑集中加工成各种规格板，甚至还可以进行打眼、凿孔等初级加工。过去用户直接使用原木不但加工复杂、加工场地大、加工设备多，而且资源浪费大，木材平均利用率、出材率低。实行集中下料，按用户要求供应规格料，可以提高原木利用率、出材率，取得了相当好的经济效果。

⑤煤炭及其他燃料的流通加工

● 除矸加工

除矸加工是以提高煤炭纯度为目的的加工形式。矸石有一定发热量，煤炭混入一些矸石是允许的，也是较经济的。但在运力十分紧张的地区，要求充分利用运力，多运“纯物质”，少运矸石，在这种情况下，可以采用除矸的流通加工排除矸石。

● 为管道输送煤浆进行的加工

煤炭的运输方法主要采用容器载运方法，运输中损失浪费较大，又容易发生火灾。采用管道运输，是近代兴起的一种先进技术，目前，某些发达国家已开始投入运行。有些企业内部也采用这一方法进行燃料输送。在流通的起始环节将煤炭磨成细粉，再用水调和成浆状，使之具备了流动性。可以像其他液体一样进行管道输送。这种方式输送连续、稳定而且快速，是一种经济的运输方法。

● 配煤加工

在使用地区设置集中加工点，将各种煤及其他一些发热物质，按不同配方进行掺配加工，生产出各种不同发热量的燃料，称作配煤加工。这种加工方式可以按需要发热量进行生产和供应燃料，防止热能浪费或者发热量过小的情况出现。工业用煤经过配煤加工，还可以起到便于计量控制、稳定生产过程的作用，在经济及技术上都有价值。

● 天然气、石油气的液化加工

由于气体输送、保存都比较困难，天然气及石油气往往只能就地使用，如果有过剩的往往就地燃烧掉，造成浪费和污染。天然气、石油气的输送可以采用管道，但因投资大、输送距离有限，也受到制约。在产出地将天然气或石油气压缩到临界压力之上，使之由气体变成液体，可以用容器装运,使用时机动性也较强。这是目前采用较多的形式。

⑥平板玻璃的流通加工

平板玻璃的"集中套裁,开片供应"是重要的流通加工方式。这种方式是在城镇中设立若干个玻璃套裁中心,按用户提供的图纸,统一开片,供应用户成品。在此基础上,可以逐渐形成从工厂到套裁中心的稳定的、高效率、大规模的平板玻璃"干线输送",以及从套裁中心到用户的小批量、多户头的"二次输送"的现代物流模式。

⑦机械产品及零配件的流通加工

自行车及机电设备储运困难较大,主要是不易进行包装,如进行防护包装,包装成本过高,并且运输装载困难,装载效率低,流通损失严重。但装配较简单,装配技术要求不高,主要功能已在生产中形成,装配后不需进行复杂检测及调试。所以,为解决储运问题,降低储运费用,以半成品(部件)高容量包装出厂,在消费地拆箱组装。组装一般由流通部门进行,组装之后随即进行销售。这种流通加工方式近年来已在我国广泛采用。

⑧生鲜食品的流通加工

食品流通加工的类型繁多,既有为了保鲜而进行的流通加工,如保鲜包装,也有为了提高物流效率而进行的对蔬菜和水果的加工,如去除多余的根叶等,鸡蛋去壳后加工成蛋液装入容器,鱼类和肉类食品去皮、去骨等。此外,半成品加工、快餐食品加工也成为食品流通加工的组成部分。

● 冷冻加工

这是为解决鲜肉、鲜鱼在流通中保鲜及装卸搬运的问题,采取低温冻结方式的加工。这种方式也用于某些流体商品、药品等。

● 分选加工

农副产品离散情况较大,为获得一定规格的产品,采取人工或机械分选的方式加工。这种方式广泛用于果类、瓜类、棉毛原料等。

● 精致加工

这是对农、牧、副、渔产品,在产地或销售地设置加工点,去除产品无用部分,进行切分、洗净、分装等加工。这种加工不但大大方便了购买者,而且可对加工的淘汰物进行综合利用。例如,鱼类的精制加工所剔除的内脏可以制成某些药物或制作饲料,鱼鳞可以制高级黏合剂,头尾可以制鱼粉等;蔬菜的加工剩余物可以制饲料、肥料等。

● 分装加工

为便于销售,将大包装改小包装、散装改小包装、运输包装改销售包装,以满足消费者对不同包装规格的需求。

7.3.3 流通加工的合理化

(1)不合理流通加工的表现形式

虽然流通加工能够起到方便流通和消费的作用,但如果流通加工活动组织得不合理,则仍然会给商品流通带来负面效应。不合理的流通加工主要有以下几种情况:

①流通加工地点设置不合理

流通加工地点的合理布局是使流通加工具有有效性的重要前提。一般来说,以衔接单品种、大批量生产与多样化需求为目的的流通加工,其地点应设置在需求地,以发挥大批量的干线运输与多品种末端配送的物流优势。如果设置在生产地,则可能会出现多品种、小批量产品由产地向需求地长距离运输的不合理情况，以及在生产地增加了一个流通环节的同时又增加了近距离运输、装卸、储存等一系列的物流活动。而以方便物流为目的的流通加工，其位置应设在产出地。如果设置在消费地，不仅不能解决物流问题，而且又增加了一个中转环节，影响商品流通的效率。

此外，在生产地、消费地设置流通加工环节的选择正确的前提下，如果在小地域范围内选址不当，仍然会出现交通不便、加工地与生产企业或用户之间距离较远、周围环境条件不好等不合理情况。

②流通加工方式不恰当

流通加工并非是对生产加工的替代，而是对生产加工的辅助和完善。因此，流通加工与生产加工之间存在着合理分工的问题。通常，工艺复杂、技术装备要求高的加工活动应由生产环节来完成，对于那些可以由生产过程延续或轻易解决的问题，如果设置流通加工环节，则会导致时间和资源的浪费，产生不合理性。所以，流通加工的对象、流通加工的工艺和技术、流通加工的程度等都应以此为原则。

③流通加工未充分发挥作用，形成多余环节

流通加工的主要目的是方便物流与消费，因此，如果流通加工活动对这两个方面都没有太大的促进作用，则反而会增加一个多余的作业环节，影响物流效益和效率。例如，流通加工过于简单，对生产或消费作用不大，或者流通加工具有盲目性，不能真正解决品种、规格、包装等问题。

④流通加工成本过高，未实现预期效益

较高的投入产出比是流通加工的重要优势之一。如果流通加工成本过高，则不但不能实现以较低投入实现更高价值的目的，还可能增加流通费用，影响流通加工企业（部门）的经济效益。

(2)实现流通加工合理化的措施

要实现流通加工的合理化，需注意解决以下几个问题：

①流通加工要与配送合理结合

将流通加工地点设置在配送场所，一方面可以按照配送需要进行加工，另一方面可以使加工作业与配送业务流程中的分货、拣货、配货等环节合理衔接，成为其中的一个环节，经流通加工后的商品可以直接进行配送作业。这样就无需单独设置一个独立的加工环节。流通加工与周转流通之间的这种巧妙结合，在实现合理化的同时也有助于配送服务水平的提高。

②流通加工要与合理运输相结合

有效利用支线运输转干线运输或干线运输转支线运输这一本来就必须停顿的环节进行流通加工。在运输的这种中转停顿点上，按照干线或支线运输合理化的要求对商品进行适当的加工，可以大大提高运输转载水平。

③流通加工要适应客户需要

要使经过流通加工后的产品能够满足客户或消费者各方面的具体要求，这样，既为客户创造更大的转移价值，同时也使流通加工发挥对商品销售的促进作用。

④流通加工要实现绿色化

物流中的加工虽然简单，但在作业过程中也存在不利于环保的因素。例如，对资源的浪费或过度消耗，流通加工时产生废气、废水和废物等。所以，从社会整体效益的角度来看，流通加工也应遵循绿色原则，少耗费，高环保，在降低货损的同时减少对环境的污染。具体而言，在流通加工过程中，要注意节约能源、设备和人力；对流通加工过程中可能产生的废气、废水和其他废物要合理排放；尽量将分散加工转向专业集中的流通加工，以规模作业方式提高资源利用率；采用清洁生产方式，减少环境污染，集中处理流通加工中产生的边角废料，减少废弃物污染等。

复习思考题

一、案例分析题

1. 根据流通加工的定义，下列属于流通加工的是(　　)。

A. 某工厂采购布匹、纽扣等材料，加工成时装并在市场上销售

B. 某运输公司在冷藏车皮中保存水果，使之在运到目的地时更新鲜

C. 杂货店将购入的西红柿按质量分成每斤 1 元和每斤 2 元两个档次销售

D. 将马铃薯通过洗涤、破碎、筛理等工艺加工成淀粉

2. 下面不符合绿色包装原则的是(　　)。

A. 简化包装，节约材料，既降低了成本，又减轻了环境污染

B. 包装重复使用或回收再生

C. 开发可分解、降解的包装材料

D. 使用塑料产品包装，降低成本，减少包装内容物分量

3. 处于传送带上的货物装卸搬运活性指数是(　　)。

A. 1　　　　B. 2

C. 3　　　　D. 4

二、应用分析题

1. 生活中流通加工的例子有哪些？

2. 生活中存在着哪些过度包装的例子？这样的包装有什么坏处？

读一读

快递包装绿色化，需要全社会共同努力

前不久，一位日本消费者在网上吐槽称，他在亚马逊网站购买了两个置物篮，没想到送来快递的时候竟然被分装成了两个大纸箱。“事实上，两个篮子套在一起配送，就可以省一个纸箱。”该消费者说。亚马逊却没这么做，不知是企业有“一件一包装”的规定，还是无意为之。就旁观者来说，总觉得太显浪费。

事实上，要被吐槽的何止亚马逊，眼光转向国内，在包装上浪费极大的电商及快递企业不在少数。可以用一个包装却分成多份的有之，一个 U 盘用鞋盒那么大包装盒的有之，商品本身有结实的包装盒却还要多加一个的有之，用胶带把箱子缠成“木乃伊”的也有之……各种“花式”包装让人怀疑装快递的是不是都有“强迫症”。

过度包装之下，自然带来环境污染和资源浪费问题。根据中国邮政的统计，2017 年中国的快递包裹达到了 400 亿个，比 2016 年增加了 28%。预计 2018 年中国的快递包裹数量还将增加近 20%，达到 490 亿个。如果按业内每个包装箱 0.2 千克的通常标准保守计算，2017 年

我国的快递包裹至少产生超过800万吨的垃圾。

相比网购和快递业的迅猛发展，我国快递垃圾处理行业还很滞后。在尚未建立起全面回收系统的情况下，过度包装、包装的循环利用率低下、快递垃圾泛滥、资源损耗和环境污染等问题越发凸显。这样的问题也成为今年全国"两会"代表委员关注的焦点话题之一。全国人大代表、北京市政协副主席陈军，全国政协委员、江苏省淮安市副市长王红红，全国人大代表、苏宁控股集团董事长张近东等，均带来有关治理过度包装、推动包装绿色化的议案、提案。他们的建议虽各有侧重，但"殊途同归"——比如要通过制定完善的法律法规标准，利用政策和市场调控手段，治理商品及快递过度包装，并在全社会倡导绿色生活方式，加快包装技术升级，推广共享快递盒、可降解包装袋等绿色包装。

关于"绿色包装"这一点，作为从事电商经营并直接与包装打交道的企业家，苏宁易购集团董事长张近东的观点颇有代表性，也颇有参考价值。他建议，应尽快制定快递业绿色包装国家标准，明确快递业绿色包装使用率和回收率标准；构建快递业包装废弃物回收体系，明确安全性、环保性、可靠性、可追溯性等要求及技术标准；鼓励企业自主探索各类创新型绿色化解决方案，对使用绿色包装并能推动绿色包装普及的企业给予政策及财政支持；鼓励包装制品循环使用，对循环使用包装制品的商家及快递企业给予激励；建立快递包装分类及回收激励机制，鼓励商家、消费者及快递企业对快递包装分类回收。

实际上，已经有企业在积极探索创新型绿色化解决方案，并取得了一定成效。在落地新能源物流车、循环包装袋之后，京东在去年底又推出循环包装盒"绿盒子"计划。据了解，这种绿盒子是名为"青流箱"的循环快递箱，回收后经过清洗和消毒，可以再次使用(正常情况下可以循环使用20次以上，破损后还可以多次"回炉重造")，是京东新投入的一种独创性的物流包装。

当然，实现包装绿色化，光靠几家企业是不行的。要知道，这个"绿色"不仅涉及包装材料供应商、电商平台和商家、消费者、快递企业等多个主体，还涉及政府监管部门，所以需要社会各相关者的共同努力。只要大家都心怀绿色理念，不仅绿色包装时代一定会来临，整个社会实现绿色发展也指日可待。

(资料来源：胡立彪．快递包装绿色化，需要全社会共同努力[N]．中国质量报，2018—03—22.)

参考文献：

[1]王侃. 现代物流学[M]. 北京：中国商务出版社，2005.
[2]李创. 物流学概论[M]. 北京：北京大学出版社，2012.
[3]张书源. 物流学概论[M]. 上海：复旦大学出版社，2011.
[4]夏春玉. 物流与供应链管理[M]. 沈阳：东北财经大学出版社，2007.
[5]齐二石. 物流与供应链管理[M]. 北京：电子工业出版社，2007.
[6]刘北林. 流通加工技术[M]. 北京：中国物资出版社，2004.
[7]任翔. 物流学基础[M]. 杭州：浙江大学出版社，2013.
[8]崔介何. 物流学[M]. 北京：北京大学出版社，2010.
[9]袁群. 物流学原理与方法[M]. 上海：上海交通大学出版社，2010.
[10]张理. 现代物流学概论[M]. 北京：中国水利水电出版社，2009.

第8章　物流信息技术

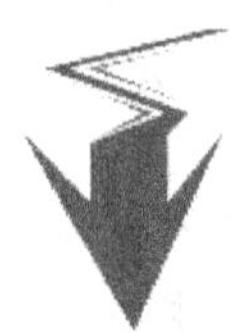

【学习目标】

- 了解信息、物流信息、物流信息系统的概念;
- 熟悉物流信息技术的相关内容;
- 学会分析信息技术在物流行业中的应用。

【引导案例】

心怡科技:让物流"智"动起来

一位工作人员用谷歌眼镜规划出最佳拣货路径,另一位则用智能手表对产品进行扫描,一台台酷炫的智能机器人穿梭其间……日前,在心怡科技物流天津营运中心,记者看到了一件件高科技装备,它们颠覆了许多人对物流行业的认知。

作为阿里巴巴旗下天猫超市唯一的仓储管理服务提供商,心怡科技2012年3月就开始与天猫商超合作,已经历了多次"双11",其紧张的过程和出色业绩令公司全体员工记忆犹新。"最初因为不知道具体会有多少单,全公司上下像应战一样全力应对。凭借科技支持与团队力量,今年的订单量一直在攀升,'双11'前的一个月时,订单量已超过了去年'双11',之后又陆续增长。"心怡科技物流有限公司董事长邢玮说。

高效率来源于心怡科技自主研发的WMS仓库作业管理软件系统的支撑。心怡科技信息中心总监李志军说,原先影响物流效率的主要原因是仓储管理系统功能不健全。熟练操作人员数量有限,以及操作设备落后和作业方式原始,造成了其与线上交易的井喷式速度完全不适应。"有了这套系统,处理订单时则会'分区分割、择优组合、切单合单',将类似的商品订单自动优化成一张合并装箱单,不会做无用功。"

心怡科技内部有一支由40多名信息技术人才组成的团队。这支科技团队自主研发出智能仓储管理系统、高精度电子标签拣货系统等12项获得国家软件著作权的技术,远远领先于行业水平。目前,心怡科技完成了从小微企业到大型企业的飞跃。2013年,公司通过高新技术企业复审,与阿里巴巴、中石油等众多客户实行战略合作。

"目前,心怡科技已形成以电子商务平台为核心,同步衔接传统供应链,为国内外知名品牌企业提供全方面供应链系统方案,以及供应链系统管理服务的一条龙服务体系。"邢玮说,作为目前中国最大的电商仓储物流企业,心怡科技已建立了部分海外分支机构,未来将加快开拓跨境电商,整合全球市场。

(资料来源:刘瑾,邓海平. 让物流“智”动起来[N]. 经济日报,2014－11－26.)

思考:

(1)心怡科技使用了哪些物流信息技术?

(2)在智能信息时代,物流企业将面对哪些改变?

8.1　物流信息概述

8.1.1　物流信息

(1)物流信息的概念

物流信息是反映物流各种活动内容的知识、资料、图像、数据及文件的总称。物流信息是物流活动中各个环节所生成的信息,是贯穿于生产与消费的整个物流活动的信息流,与物流过程中的运输、存储、装卸以及包装等职能有机结合,是整合物流活动得以顺利进行所不可缺少的要素之一。

(2)物流信息的特征

①信息量大

物流信息随着物流活动和商品交易活动的展开而大量产生。多品种少批量生产和多频率小数量配送产生了大量与库存和运输活动相关的信息。零售商使用销售时点系统读取商品种类、价格以及数量等销售信息,并对这些信息进行加工整理,通过电子数据交换技术和相关企业进行信息传递,同时利用电子自动订货系统进行库存管理,这一系列活动都将产生大量的信息。

②更新速度快

多品种少批量生产、多频率小数量配送以及使用销售时点系统使得各种活动频繁发生,从而迫使物流信息不断进行更新,而且更新的速度越来越快,从而对物流信息收集、处理和反馈的速度也提出了更高的要求,否则会直接影响企业的经营和效益。

③信息来源多样化

物流信息不仅包括企业内部的物流信息(如供应物流信息、生产物流信息、销售物流信息以及库存信息等),还包括企业之间的物流信息以及与物流活动相关的基础设施信息。在以供应链为主体的市场竞争环境下,需要每个参与企业之间相互协调合作来获得供应链的竞争优势,物流信息正是实现信息及时交换和共享的决定因素之一。此外,大量收集、传输和处理物流系统外的相关信息,能为高效率完成物流活动提供保证,这些因素使得物流信息的来源多样化。

④信息标准化

标准化是行业发展和社会分工的前提和基础,如何提高整个供应链的运作效率和竞争力,关键就在于解决传统企业管理中的信息不一致的问题,建立快速、及时、透明的信息传递与共享机制。物流信息共享的基础是物流信息标准化以及制定不同物流系统间信息交流和处理的标准,实现不同地区间、供应链系统间以及企业间的物流信息交流,达到物流系统集成和物流资源整合的目的。

8.1.2 信息技术

(1)信息技术的概念

信息技术(information technology,IT)是指收集、传递、处理、再生和利用信息的技术。从历史上看,每一次科学技术的重大进步都会为人类社会带来意义深远的巨变。从现实中看,现代高科技的结晶——信息技术也同样会为人类社会带来重要影响。

(2)信息技术的特征

信息技术的特征包括以下两个方面:

①技术性

技术性是信息技术所具有的技术的一般特征,具体表现为方法的科学性、工具设备的先进性、技能的熟练性、经验的丰富性、作用过程的快捷性以及功能的高效性等。

②信息性

信息性是信息技术具有区别于其他技术的特征,具体表现为信息技术的服务主体是信息,核心功能是提高信息处理与利用的效率和效益。

除此之外,信息的特性决定信息技术还具有普遍性、客观性、相对性、动态性、共享性以及可变换性等特性。

(3)信息技术的内容

信息技术能够延长或扩展信息功能,信息技术其实是一个集合,主要由信息采集、信息处理以及信息传输技术构成。信息技术主要包括以下几方面内容:

①感测与识别技术

感测技术的作用是扩展人类获取信息的感觉器官功能,包括信息识别、信息提取以及信息检测等技术。传感技术几乎可以扩展人类所有感觉器官的传感功能,而传感技术、测量技术与通信技术相结合而产生的遥感技术,使人类感知信息的能力得到进一步加强。

识别技术是通过被识别物体与识别装置之间的交互自动获取被识别物体的相关信息,并提供给计算机系统供进一步处理,其作用是协助人类进行信息的收集和应用,信息识别包括文字识别、语音识别和图形识别等。

②信息传递技术

信息传递技术是通过传输媒介实现信息转移的一种技术,其主要功能是实现信息快速、可靠、安全的转移。在目前的技术条件下,信息传输主要是通过电信网、计算机网、广播电视网等方式来实现的。从发展的角度看,电信网、计算机网和广播电视网逐渐呈现三网融合的趋势。

③信息处理与再生技术

信息处理包括对信息进行编码、压缩以及加密等处理,而在对信息进行处理的基础上,形成一些新的具有更深层次的决策信息被称为信息的“再生”。信息的处理与再生都有赖于计算机技术的不断发展。

④信息施用技术

信息施用是信息过程的最后环节,其内容包括控制技术和显示技术等。

传感技术、网络通信技术、计算机技术和控制技术是信息技术的四大基本技术。传感技术的任务是延长人类感觉器官收集信息的功能;计算机技术是延长人类思维器官处理信息和进行决策的功能;通信网络技术的任务是延长人类神经系统传递信息的功能,其中现代计算机技术和网络通信技术是现代信息技术的两大支柱。信息技术最显著的特点是数字化和自动化。

8.2　物流信息技术

在信息化飞速发展的社会经济大环境下，信息技术以其科技优势和广阔的发展前景，对物流行业的影响也在不断地深化之中。在信息技术的支持与改造下，新兴物流企业飞速发展，同时传统物流企业的竞争力也得以增强，企业获得新生。因此，现代信息技术是一股不可抗拒的力量，可以加速物流企业经营方式和管理方式的变革，从客观上讲，在信息社会中，任何一个物流企业都无法避开这种变革。

物流信息技术是指运用于物流各环节的现代信息技术，是物流现代化的重要标志。物流信息技术也是物流技术中发展最快的领域，从数据采集的条形码系统，到办公自动化系统中的微型计算机、互联网、各种终端设备等硬件以及计算机软件都在日新月异地发展。同时，随着物流信息技术的不断发展，在物流管理领域中也产生了一系列新的物流理念和物流经营的方式，推进了物流的变革。

8.2.1　条形码技术

条形码技术是20世纪在计算机应用和实践中产生并发展起来的一种广泛应用于商业、邮政、图书管理、仓储、工业生产过程控制、交通等领域的自动识别技术。条形码技术集条码理论、光电技术、计算机技术、网络通信技术、条形码印刷技术于一体，其核心内容是利用光电扫描设备识读条形码符号，从而实现机器的自动识别，并快速准确地将信息录入到计算机中进行数据处理，以达到自动化管理的目的。

(1)条形码的定义

条形码(bar code，BC)是将线条、空白及其对应字符按照一定编码规则组合起来的符号，用来表示隐含数字信息、字母信息、标志信息和符号信息等。常用的条形码是由反射率相差较大的黑条和空白组成的平行线图案，主要用于表示商品的名称、产地、价格以及种类等信息，在商品流通、图书管理、邮政管理以及银行系统等许多领域都有广泛应用。

图8.1　条形码的构成

如图8.1所示，条形码由静区、起始符、数据符和终止符构成。

静区也称为空白区，分为左空白区和右空白区。左空白区是让扫描设备做好扫描准备，右空白区是保证扫描设备正确识别条形码的结束标记。当两个条形码之间距离较近时，静区有助于对两者进行区分。静区的宽度一般不小于6mm。

起始/终止符位于条形码开始和结束的若干条与空，标志条形码的开始和结束，同时提供条形码码制识别信息和阅读方向的信息。

数据符是位于条形码中间的若干条和空的结构,包含条形码所表达的特定信息。

(2)条形码的优点

条形码是一种经济实用的自动识别技术,具有以下优点:

第一,输入速度快。与键盘输入相比,条形码输入的速度是键盘输入的5倍,并能实现"即时数据输入"功能。

第二,可靠性高。键盘输入数据出错率为三百分之一,利用光学字符识别技术出错率为万分之一,而采用条形码技术使误码率低于百万分之一。

第三,采集信息量大。利用传统的一维条形码一次可采集几十位字符的信息,二维条形码可携带数千个字符的信息,并具有一定的自动纠错能力。

第四,灵活实用。条形码标识不仅能够作为一种识别手段单独使用,而且能够与相关识别设备组成一个能实现自动化识别的系统,并能够与其他控制设备连接起来实现自动化管理。

另外,条形码标签易于制作,对设备和材料没有特殊要求,识别设备操作容易,无需特殊培训,设备价格较低。

由于具备上述优点,因而从生产到销售的流通转移过程中,条形码技术都起到了准确识别物品信息和快速跟踪物品运动等重要作用。当前,这一技术在企业运营管理过程中的数据采集、快速响应和运输方面广泛应用,已极大地促进了物流业的发展。

(3)条形码的分类

①UPC码

UPC码(universal product code)是最早大规模应用的条形码,其特性是一种长度固定、连续性的条形码,由于其应用范围广泛,故又被称为万用条形码。UPC码只用来表示数字,故其字码集为数字0~9。UPC码共有A、B、C、D、E五种版本,主要用于美国和加拿大地区,各版本的UPC码格式与应用对象如表8.1所示。

表8.1　　UPC码格式

UPC码版本	应用对象	格　式
UPC-A	通用商品	SXXXXX XXXXXC
UPC-B	医药卫生	SXXXXX XXXXXC
UPC-C	产业部门	XSXXXXX XXXXXCX
UPC-D	仓库管理	SXXXXX XXXXXCXX
UPC-E	商品短码	XXXXXX

注:S表示系统码,X表示资料码,C表示检查码。

②EAN码

EAN码是国际物品编码协会制定的一种商品通用条形码,全世界通用。EAN码符号有标准版(EAN-13)和缩短版(EAN-8)两种。标准版表示13位数字,又称为EAN13码;缩短版表示8位数字,又称为EAN8码。两种条码的最后一位为校验位,由前面的12位或7位数字计算得出,如图8.2所示。

图 8.2　EAN 码

③39 码

39 码是 1975 年易腾迈(Intermec)公司推出的一维条形码,具有编码规则简单、误码率低、表示字符个数多等特点,在各个领域有着极为广泛的应用。39 码有两种单元宽度:宽单元和窄单元。39 码的每一个条形码字符由 9 个单元组成(5 个条单元和 4 个空单元),其中有 3 个宽单元,其余是窄单元,如图 8.3 所示。

图 8.3　39 码

④库德巴码

库德巴码(code bar)是一种条、空均表示信息的非连续型、非定长、具有自校验功能的双向条码。它由条码字符及对应的供人识别字符组成,常用于仓库、血库和航空快递包裹中,如图 8.4 所示。

图 8.4　库德巴码

⑤EAN-128 码

目前我国推行的 128 码是 EAN-128 码,EAN-128 码是根据 UCC/EAN-128 码定义标准将资料转变成条形码符号,具有完整性、紧密性、联结性及高可靠度的特性。EAN-128 码允许表示可变长度的数据,并能将若干信息编码在一个条形码符号中,如图 8.5 所示。

图 8.5　EAN-128 码

⑥二维码

二维码是运用某种特定的几何图形,按一定规律由平面分布的黑白相间的图形来记录数据的符号信息，其能够在横向和纵向两个方位同时表达信息，因此能在很小的面积内表达大量的信息。二维码可分为堆叠式二维码和矩阵式二维码，如图 8.6 所示。

堆叠式二维码

矩阵式二维码

图 8.6　二维码

二维条形码具有编码密度高、信息容量大、编码范围广、容错能力强、可靠性高以及成本低廉等特点，受到越来越广泛的关注，目前已经应用于国防、公共安全、交通运输、医疗保健、工商业、金融业以及政府职能部门等多个领域。

8.2.2　射频识别技术

射频识别技术是在第二次世界大战中飞机的敌我目标识别中最早开始应用的，但由于技术和成本原因，没能广泛应用。随着大规模集成电路、网络通信和信息安全等技术的发展，射频识别技术进入商业化应用阶段。射频识别技术具有高速移动物体识别、多目标识别以及非接触识别等特点，显示出巨大的发展潜力与应用空间。

(1)射频识别技术的概念

无线射频识别技术(radio frequency identification，RFID)是一种非接触的自动识别技术，其基本原理是利用射频信号和空间耦合(电感或电磁耦合)或雷达反射的传输特性，实现对被识别物体的自动识别。由于 RFID 具有通过非接触读取数据完成系统基础数据的自动采集工作的特点，因此已成为物流活动中快速而准确地采集所需原始数据的有效工具。这一技术的优点是不局限于视线，识别距离比光学系统远，且射频识别卡具有可读写能力，能携带大量数据，难以伪造。

目前通常利用便携式终端通过非接触式的方式从射频识别卡上采集数据，然后可以直接通过射频通信或其他有效的通信方式将数据传送到计算机中进行分析处理，以实现对物流全过程的精确控制。特别是在当前射频识别卡的总体成本不断下降，越来越接近接触式 IC 卡成本甚至更低的趋势下，该技术在物流领域中的大规模应用条件已经成熟。

(2)RFID 的优点

①非接触阅读

RFID 标签可透过非金属材料阅读。RFID 阅读机能够透过泥浆、污垢、油漆涂料、油污、木材、水泥、塑料、水以及蒸汽阅读标签，并且无需与标签直接接触，在肮脏、潮湿环境下是最理想的选择。

②数据存储容量大

RFID 标签的数据存储容量大且数据可更新，适合于储存大量数据或者是物品上所储存的数据需要经常改变的情况下使用。一维条形码容量是 50B，二维条形码最大容量为 2 000～3 000B，RFID 最大容量单位为 MB。随着记忆载体的不断发展，数据容量也在不断地扩大。未来物品所需携带的信息量会越来越大，对卷标容量扩展的需求也相应增加。

③读写速度快

RFID 技术可识别高速运动的物体并同时识别多个标签，操作快捷方便。工厂流水线上利用 RFID 技术跟踪零部件或产品，长距离射频技术可用于自动收费或识别车辆身份信息等交通运输环节，其识别距离可达几十米。

④体积小易封装

由于体积小巧，射频电子标签能够隐藏在大多数材料或产品内，同时使被标记的货品更加美观。电子标签外形越来越多样化，例如卡形、环形、纽扣形以及笔形等，由于其外形超薄并且大小不一，使之能封装在纸张和塑胶制品上，使用方便且范围广泛。

⑤使用寿命长

射频电子标签没有机械磨损，因此其使用寿命可长达 10 年以上，读写次数可达 10 万次。RFID 技术可以将所有物品通过无线通信连接到网络上，在可以预见的时间内，RFID 标签将得到高速发展。目前，RFID 标签和条形码分别适用于不同环境：条形码适合售价较低的商品，而 RFID 适合于价格较高或多目标同时识别的环境。如果 RFID 标签的价格能进一步被降低，它将成为零售业中条形码的终结者。

⑥动态实时通信

RFID 标签在其所附着物体出现在解读器的有效识别范围内时，便可对其位置进行动态追踪和监控。

⑦安全性能高

RFID 承载的电子式信息，其数据内容可经由密码保护，使其数据不易被伪造或更改，具有较高的安全性。

RFID 所具备的远距离读取、高储存量等特性不仅可以帮助企业大幅提高货物以及信息管理的效率，还可以让销售企业和制造企业相互联系，更加及时准确地接收反馈信息和控制需求信息，优化整个供应链。

(3)RFID 技术在物流领域的应用

①高速公路自动收费及交通管理

RFID 技术最成功的应用包括高速公路自动收费系统。目前中国的高速公路发展非常快，与此同时问题也随之产生：一是交通拥堵造成收费站口多部车辆停车排队，产生交通“瓶颈”问题；二是少数不合法的收费员贪污高速路费，使国家损失该部分财政收入。RFID 技术应用于高速公路自动收费系统上，不仅能够充分体现其非接触识别的优势，让车辆高速通过收费站的同时自动完成收费工作，同时可以解决收费员贪污路费以及交通拥堵的问题。

②停车场智能化管理

停车场智能管理系统采用射频读卡技术，当用户持特定感应卡进出停车场时，管理系统通过读卡器采集信息来分辨停车场的用户。停车场收费、月租卡发售及临时卡授权均由电脑完成，系统可自动调用每一辆车的进场数据及出场数据，并自动计算所需收费金额，实现真正的智能化管理。停车场智能管理系统采用视窗操作以及中文菜单显示，使用者能轻松掌握系统操作。驾驶员无需停车，系统自动完成识别车辆、放行/禁止车辆以及记录信息等管理功能，该系统能节约车辆进出场时间、提高停车场工作效率并杜绝管理费用的流失，详见图 8.7。

8.2.3　电子数据交换

电子数据交换 EDI 是 20 世纪 80 年代发展起来的一种电子化贸易工具，是计算机技术、

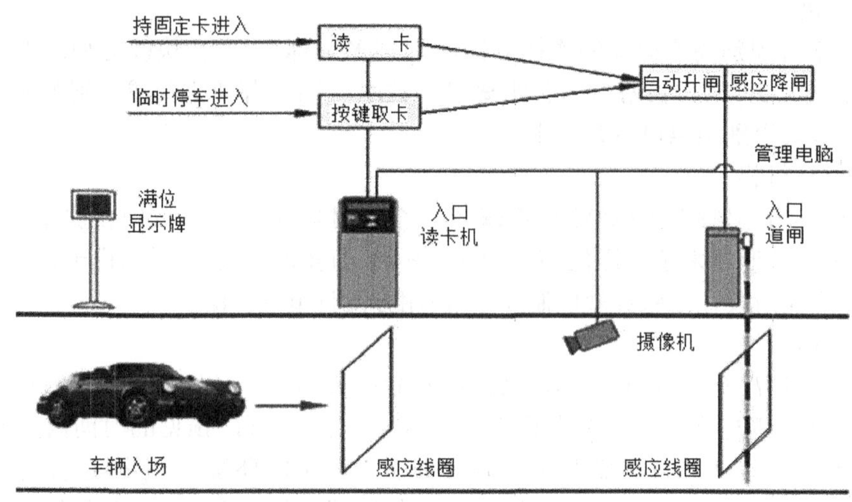

图 8.7 停车场智能管理系统

通信技术以及现代管理技术相结合的产物，是一种在公司之间传输订单、发票等作业文件的电子化手段。

(1)EDI 的概念

电子数据交换(electronic data interchange，EDI)是按照协议的标准结构格式，将标准的经济信息通过网络进行传输，在贸易伙伴的计算机系统之间进行交换和自动处理。

EDI 的基础是信息，这些信息可以由人工输入计算机，但更好的方法是通过相应设备自动获取数据，这样速度更快，准确性也更高。目前，在物流系统中所采用的数据自动获取设备主要有条形码扫描仪、射频识别装置等。EDI 通过更快的信息传输，即减少信息录入的冗杂工作来改善生产率，通过减少数据录入的次数和个体数来提高精确性，为企业带来提高内部生产率、改善渠道关系、提高外部生产率、提高国际竞争力和降低作业成本等方面的直接效益。

(2)EDI 的特点

EDI 包括格式化的数据与报文标准、通信网络和计算机应用三方面内容，这三方面内容相互依存构成 EDI 的基本框架。EDI 具有以下特点：

①单证格式化

EDI 传输的是企业间格式化的数据，例如订购单、报价单、发票、货运单、装箱单、报关单等，这些文件都具有固定的格式与行业通用性，而信件和公函等非格式化的文件不属于 EDI 的传输范围。

②报文标准化

EDI 传输的报文必须符合国际标准或行业标准，这是计算机能自动处理的前提条件。目前最为广泛使用的 EDI 标准是：UN/EDI FACT(United Nations Rulers for Electronic Data Interchange for Administration，Commerce and Transport，行政管理、商贸和交通运输行业的联合国标准 EDI 规则)和 ANSIX. 12(美国国家标准局特命标准化委员会第 12 工作组制定)。

③处理自动化

EDI 信息传递的路径是从企业计算机到数据通信网络，再到商业伙伴的计算机，信息的最终用户是计算机应用系统，它自动处理传递来的信息。因此这种数据交换是计算机直接到计算机，不需人工干预。

④软件结构化

EDI功能软件由五个模块组成:用户界面模块、EDP(内部电子数据处理)接口模块、报文生成与处理模块、标准报文格式转换模块和通信模块,五个模块功能分明,结构清晰。

⑤运作规范化

EDI报文是目前商业化应用中高效规范的电子凭证之一,物流行业已经认同EDI单证报文的法律效力。

(3)EDI系统的结构

在EDI系统的工作过程中,系统交换的报文都是结构化的数据,整个过程都由EDI系统完成。EDI系统结构由五个基本模块组成,详见图8.8。

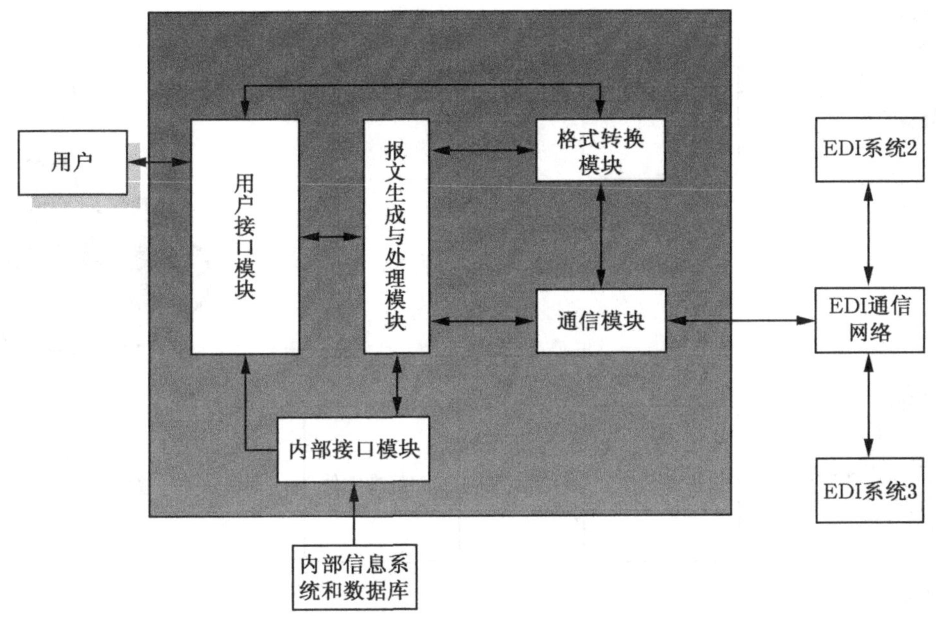

图8.8 EDI系统结构

①用户接口模块

业务管理人员可以通过用户接口模块进行输入、查询、统计、中断以及打印等功能,及时了解市场变化并依此调整策略。

②内部接口模块

EDI系统与本企业内部其他信息系统及数据库的接口即为内部接口,例如一份来自系统外部的EDI报文经过EDI系统处理后,大部分相关内容需要经过内部接口模块传送到其他信息系统,或者查询其他信息系统才能给对方EDI报文予以确切答复。

③报文生成及处理模块

该模块接收来自用户接口模块和内部接口模块的命令和信息,按照EDI标准生成订单和发票等各种EDI报文和单证,经格式转换模块处理之后,由通信模块经EDI网络发给其他EDI用户。除此之外,该模块还自动处理由其他EDI系统发来的报文。

④格式转换模块

所有EDI单证都必须转换成标准交换格式,其转换过程包括语法上的压缩、嵌套、代码替换以及必要的 EDI 语法控制字符。在格式转换过程中需要进行语法检查，对于有语法出错的 EDI 报文应该拒收并通知对方重发。

⑤通信模块

该模块是 EDI 系统与其系统通信网络的接口，包括执行呼叫、自动重发、合法性和完整性检查、出错报警、自动应答、通信记录以及报文拼装和拆卸等功能。

(4)EDI 的工作过程

在 EDI 的工作过程中，EDI 参与者所交换的信息客体称为邮包。在交换过程中，如果接收者从发送者所得到的全部信息包括在所交换的邮包中，则认为语义完整，并称该邮包为完整语义单元(CSU)，CSU 的生产者和消费者统称为 EDI 的终端用户，详见图 8.9。

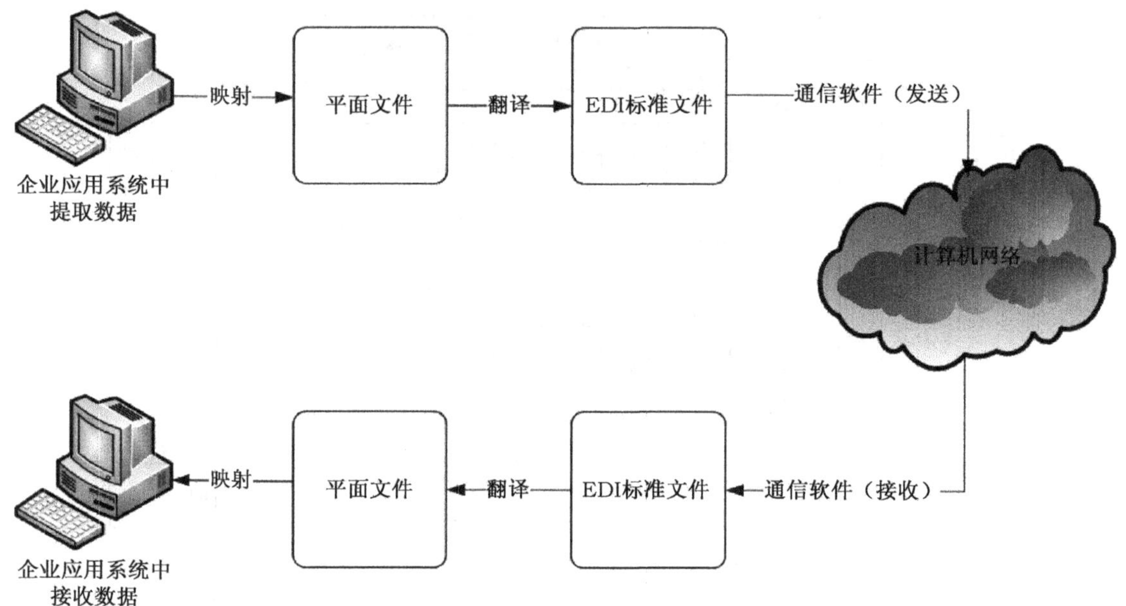

图 8.9　EDI 工作流程

①映射(mapping)——生成 EDI 平面文件(flat file)

EDI 平面文件是通过应用系统将用户的应用文件(如单证和票据)或者数据库中的数据，映射成的一种标准的中间文件，这一过程称为映射。

②翻译(translation)——生成 EDI 标准格式文件

翻译的功能是将平面文件通过翻译软件生成 EDI 标准格式文件。EDI 标准格式文件即 EDI 电子单证，也称为电子票据，是 EDI 用户之间进行贸易和业务往来的依据。

③通信(communication)

通信是通过计算机通信软件完成。用户通过通信网络，接入 EDI 信箱系统，将 EDI 电子单证投递到对方信箱中。EDI 信箱系统自动完成投递和转接，并按照通信协议要求，为电子单证加上信封、信头、信尾、投送地址、安全要求以及其他辅助信息。

④文件的接收和处理

文件的接收和处理过程是发送过程的逆过程。首先接收用户通过通信网络接入 EDI 信箱系统，打开自己的信箱，将来函接收到自己的计算机中，经格式校验、翻译以及映射还原成应用文件，最后对应用文件进行编辑、处理和回复。

8.2.4　地理信息系统

(1)GIS 的概念

地理信息系统(geographical information system,GIS)作为获取、处理、管理和分析地理空间数据的重要技术,近年来得到了广泛关注和迅猛发展。GIS 以地理空间数据为基础,采用地理模型分析方法,适时地提供多种空间和动态的地理信息,是一种为地理研究和决策服务的计算机技术系统。

(2)GIS 的结构

GIS 由五个主要的元素构成:硬件、软件、数据、人员和方法。

①硬件

硬件是指 GIS 所操作的计算机。从中央计算机服务器到桌面计算机,从单机到网络环境,GIS 软件可以在各种类型的硬件上运行。

②软件

GIS 软件提供所需的存储、分析和显示地理信息的功能和工具。主要的软件部件有:输入和处理地理信息的工具;数据库管理系统(DBMS);支持地理查询、分析和视觉化的工具;容易使用这些工具的图形化界面。

③数据

GIS 系统中最重要的组成部分是数据。地理数据和相关的表格数据企业可以自己采集或从商业数据提供者处购买。GIS 将把空间数据和其他数据源的数据集成在一起,并使用被大多数公司用来组织和保存数据的数据库管理系统来管理空间数据。

④人员

GIS 技术人员的职责是管理系统并根据实际问题制定工作计划。GIS 的用户范围包括设计和维护系统的技术专家以及使用该系统的各个领域人员。

⑤方法

不同 GIS 设计公司所开发出来的 GIS 主要区别在于其系统独特的操作规范,成功的 GIS 系统具有良好的设计和自己的事务规律。

(3)GIS 的功能

①数据采集与编辑功能

该功能包括图形数据采集与编辑和属性数据编辑与分析。目前,许多地理数据已经转化为 GIS 兼容的数据格式,这些数据可以从数据提供商那里获得并直接装入 GIS 中,无需用户自行操作。

②数据的存储和管理功能

地理信息数据库管理系统主要功能是对数据存储和管理,包括数据库定义、数据库的建立与维护、数据库操作以及通信功能等。

对于小型 GIS 系统,将地理信息存储成简单的文件就足够。当遇到数据量大并且数据用户数量多的情况时,最好使用数据库管理系统来帮助存储、组织和管理数据。

③制图功能

根据 GIS 的数据结构及绘图仪的类型,用户可获得矢量地图或栅格地图。地理信息系统不仅可以为用户输出全要素地图,还可以根据用户需要分层输出各种专题地图,例如行政区划图、土壤利用图、道路交通图以及等高图等。

④空间查询与空间分析功能

该功能包括拓扑空间查询、缓冲区分析、叠置分析、空间集合分析、地学分析、数字高程模型的建立以及地形分析等。

⑤二次开发和编程功能

用户可以在自己的编程环境中调用 GIS 的命令和函数，或者是 GIS 系统将自身的某些功能开发成专门的控件供用户使用。

(4)GIS 的应用

①GIS 在物流领域的应用

GIS 应用于物流分析，主要是指利用 GIS 强大的地理数据功能来完善物流分析技术。如在物流规划方面，GIS 可为物流系统规划提供全面、准确的基础数据，分析预测货物流量、流向及其变化规律，减少物流规划中的盲目性。在物流决策方面，国外公司已经开发出利用 GIS 辅助开展物流分析的工具软件，通过各种软件的配合，GIS 可以建立车辆路线模型、网络物流模型、分配集合模型、设施定位模型等，更好地为物流决策服务。

②GIS 在道路规划运输中的应用

传统的道路信息数据大多采用手工的方式进行统计与整理。由于道路信息的属性繁多，若按多种属性统计道路数据，则计算量大。GIS 技术应用于道路规划运输，可以实现道路规划和运输的设计和管理的自动化，形成道路规划与运输计划、道路的区域管理、领导决策等多层次以及多目标的区域地理信息系统。其功能包括以下五个方面：

第一，利用航测、遥感和 GIS 技术对区域的地形、地貌、河流、城镇、公路、铁路等进行全面调查，绘制区域的交通路线的空间分布图。

第二，根据研究区域范围内各地的经济指标、发展速度指标，人口分布状况与构成，现有道路的状况以及运营状况等信息，找出道路与各地经济发展和人口之间的关系、运输与经济和人口的关系以及存在的问题，为规划者和运输决策者提供道路规划和运输规划的依据。

第三，对道路和运输动态变化的分析，包括对道路变迁、车辆变迁、运输变迁、经济以及人口变迁的分析和快速决策。应用遥感、摄影测量和计算机数字处理相结合的技术手段，对多数据源、多时态信息进行复合和分解，为规划运输决策者提供道路和运输变迁的原因和规律。

第四，提出区域道路规划纲要。首先对现有道路作出科学的评价，再根据各地的经济发展、人口状况、军事需要、两点之间地形以及地貌地质条件，作出各个时期道路等级最合理的动态规划分析结果。

第五，根据区域运输体系和现有道路状况，对区域道路和运输进行科学管理。在建立区域运输和道路的数据库的基础上，建立区域运输与道路的预测模型，提出区域的运输与道路养护等方面的发展方针和要解决的问题，并进行区域道路交通事故发生的预测预报，为管理者的决策提供依据。

8.2.5 全球卫星定位系统

(1)GPS 定义

全球卫星定位系统(global positioning system，GPS)是 20 世纪 70 年代初美军在“子午仪卫星导航定位”技术基础上发展起来的具有全球性、全能性、全天性优势的导航定位、定时、测速系统。它是利用空中卫星对地面目标进行精确导航与定位，以达到全天候、高准确度跟踪地面目标移动轨迹的目的。

我国已成功研制开发出具有自主知识产权的全球卫星导航系统——北斗卫星导航系统，并已在测绘、电信、水利、公路交通、铁路运输、渔业生产、勘探、森林防火和国家安全等诸多领域中投入实际应用，逐步发挥重要作用。

近年来，GPS在物流领域中已得到了较广泛的应用，主要用于运输工具（汽车、火车、轮船、飞机）的定位及跟踪调度方面。通过对相关运输工具的适时跟踪信息实现共享，使运输委托方、运输承运方、接货方对物流过程中货物的位置及运行情况等信息都能了如指掌，以利于三方共同协调搞好业务衔接，从而获得最佳的物流流程方案，取得最大的经济效益。例如，海尔对GPS技术的应用已经成为海尔物流管理信息系统的重要组成部分，通过监控调度中心，可以远程监控所有在GSM覆盖范围内的物流车辆，对物流车辆进行定位、动态跟踪、实时监控，实现运单跟踪、车辆智能调度，确保货物安全、准时运达目的地，提高了海尔物流管理的现代化水平。

（2）GPS系统组成

GPS定位技术是利用高空中的GPS卫星，向地面发射L波段的载频无线电测距信号，由地面上用户接收机实时连续接收，并计算出接收机天线所在的位置。GPS系统主要由三部分组成，包括空间星座部分、地面监控部分和用户设备部分。

①空间星座部分

GPS的空间星座部分包含24颗卫星，其基本均匀分布在6个轨道平面内，轨道平面相对赤道平面的倾角为55°，各轨道平面之间的交角为60°，每个轨道平面内的卫星相差90°，任意一个轨道平面上的卫星比西边相邻轨道平面上的相应卫星超前30°。

②地面监控部分

地面监控部分由分布在全球的一个主控站、5个监测站和3个地面控制站组成。监测站用GPS接收系统测量每颗卫星的伪距和距离差，采集气象数据，并将观测数据传送给主控点，是主控站直接控制下的数据自动采集中心；主控站接收各监测站的GPS卫星观测数据、卫星工作状态数据、各监测站和地面控制站自身的工作状态数据；地面控制站主要任务是在主控站的控制下，将主控站推算和编制的卫星星历、钟差、导航电文和其他控制指令等，注入相应卫星的存储系统，并监测注入信息的正确性。

③用户接收系统

用户接收系统包括GPS接收机和GPS数据处理软件。GPS卫星接收机分为天线单元和接收单元。天线单元主要作用是当GPS卫星从地平线上升起时，捕获、跟踪卫星，接收并放大GPS信号；接收单元的主要作用是记录GPS信号并对信号进行解调和滤波处理，还原出GPS卫星发送的导航电文，实时获得导航定位数据。GPS数据处理软件的主要功能是对GPS接收机获取的卫星测量记录数据进行加工处理，并对处理结果进行平差计算、坐标转换及分析综合处理。

这三部分各自具有独立的功能和作用，对于整个全球定位系统来说，它们都是不可缺少的。

（3）GPS在物流行业的应用

①货物跟踪管理

货物装车出发时，运输车辆上装载的GPS接收机开始接收到GPS卫星定位数据，自动计算出自身所处的地理位置的坐标，由GPS传输设备将计算出来的位置坐标数据经移动通信系统（GSM）发送到GSM公用数字移动通信网，公用数字移动通信网把数据传送到基地指挥中心，基地指挥中心将收到的坐标数据及其他数据还原后，与GIS系统的电子地图相匹配，可以在电子地图上直观地显示出车辆的实时坐标并掌握车辆的动态信息（如车辆位置、状态、行驶速度等）。

②离线报警/出入界报警

车辆实现24小时在线看管，一旦车辆超出预定的路线、区域或者驶入禁止区域，系统即刻自动向监控中心报警。

③车辆轨迹记录

GPS系统可以将车辆运行的轨迹自动记录下来，并且能够重复回放，自动记录车辆行驶的总里程。

8.2.6 自动化立体仓库

(1)自动化立体仓库的概念

自动化仓库(Automatic Warehouse，AW)是由计算机进行管理控制，无需人工作业而实现收发作业的仓库。

立体仓库(Stereoscopic Warehouse，SW)是采用高层货架配合货箱或者托盘来存储货物，利用巷道式堆垛机以及其他机械进行作业的仓库。

自动化立体仓库(Automatic Storage & Retrieval System，AS/RS)是指采用几层、十几层乃至几十层高的货架储存单元货物，用相应的物料搬运设备进行货物入库和出库作业的仓库，是自动化仓库和立体仓库的有机结合。

自动化立体仓库由高层货架、巷道式堆垛机、自动分拣系统、入/出库自动输送系统、自动控制系统、计算机仓库管理系统以及其他相关设备组成。

(2)自动化立体仓库的优点

自动化立体仓库的优点主要有以下六个方面：

①存储量大

自动化立体仓库能充分利用仓库的垂直空间，其单位面积存储量远远大于普通的单层仓库。目前，世界上最高的立体仓库可达40多米，容量多达30万个货位。

②提高效率，降低成本

仓库作业全部实现机械化和自动化，一方面能节省人力并减少劳动力费用的支出，另一方面能提高仓库作业效率。

③保证货物安全

采用计算机对仓储进行管理，不仅能做到货物“先进先出”，而且能够防止货物自然老化、变质和生锈，还能够避免货物的丢失。

④货品管理方便

仓库货位集中便于控制与管理，使用计算机不但能够实现作业的自动控制，而且能够进行信息处理。

⑤适应性强

自动化立体仓库能够更好地适应黑暗、低温以及有毒等特殊环境的要求。例如，胶片厂可以将胶片卷轴存放在自动化立体仓库里，在完全黑暗的条件下，通过计算机控制实现胶片卷轴的自动入/出库。

⑥降低破损率

自动化立体仓库采用托盘或货箱存储货物，能有效降低货物的破损率。

(3)自动化立体仓库的缺点

自动化立体仓库的缺点主要有以下六个方面：

①投资较大

由于自动化立体仓库的结构较复杂，配套设备也较多，所以需要的基础建设和设备的投资也较大。

②工期较长

由于自动化立体仓库的货架安装精度要求高，施工比较困难，因而建设工期相对较长。

③存储弹性小

自动化立体仓库存储弹性小，难以应付高峰时期的需求。

④货物保存有限制

自动化立体仓库对其存储的货物品种有一定限制，需要单独设立存储系统用于存放长、大、笨重的货物以及要求特殊保管条件的货物。

⑤技术依赖性强

自动化立体仓库的高架吊车和自动控制系统等均为技术含量极高的设备，维护要求高，因而必须依赖供应商，以便在系统出现故障时能够得到及时的技术援助。

⑥工艺要求高

建立自动化立体仓库的工艺设计要求高，在投产使用时要严格按照工艺进行作业。

※ 技术应用案例：

广西首座全自动智能化立体仓库近日在北生药业科技园建成并投入使用，这表明广西的仓储业已向现代化大步迈进。据介绍，这座立体仓库投资近千万元，占地面积 1 758 平方米，分为作业区和仓储区，仓储区由六排层货架组成，每排货架长 92.4 米，高 9.71 米，共有 3 312 个货位，每个货位最大承载量为 530 公斤，总承载量为 1 755 吨。该立体库采用了目前国内最先进的仓储技术，突破了传统仓库的平面化模式，充分利用垂直空间，占地面积小，存储量大；温度、湿度、光线、通风等全部由电脑监控，能够自动调节到最佳状态；货物入库和出库全部由电脑控制的叉车和堆垛机完成，无需人工搬运，存取快速方便；具有自动识别系统，能准确地识别库存货物的入库时间、合格品、不合格品和退货，出货时自动做到先进先出，保证库存货物不会过期存放，也不会发错货物；取货物绝对牢靠，完全避免了人工搬运货物经常出现的失手摔坏货物现象；其中电脑系统能实现出入库账目处理，并能与客户的电脑联网，实现信息和资源共享。

8.3　物联网应用技术

8.3.1　物联网概述

(1)物联网的概念

物联网(Internet of things，IOT)是一种利用射频识别、红外感应器、全球定位系统以及激光扫描器等信息传感设备，根据约定协议，通过各种局域网、接入网和互联网将物与物（thing to thing，T2T）、人与物（human to thing，H2T）、人与人（human to human，H2H）连接起来进行信息交换与通信，以实现智能化识别、定位、跟踪、监控和管理的信息网络。

（2）物联网的特征

①全面感知

物联网利用 RFID、传感器以及二维条形码等随时随地获取物体的信息。

②可靠传递

物联网通过各种电信网络与互联网的融合，将物体信息及时准确地传递出去。

③智能处理

物联网利用云计算、模糊识别等各种智能计算技术，对海量的数据和信息进行分析和处理，对物体实施智能化的控制。

（3）物联网的架构

物联网的架构一般分为三层，分别为感知层、网络层和应用层。感知层主要负责数据采集以及短距离通信和协同信息处理；网络层主要提供各种网络支持技术；应用层包括物联网所有的应用领域以及物联网能够提供的服务支持。详细架构见图 8.10。

图 8.10 物联网的架构

8.3.2 物联网的关键技术

（1）感知与识别技术

感知与识别技术主要实现对物体的感知与识别。感知与识别都属于自动识别技术，即运用识别装置，通过被识别物品和识别装置之间的接近活动，自动地获取被识别物品的相关信息，并向后台计算机处理系统提供物品信息来完成后续处理的一种技术。

（2）传感技术

传感器是一种能够探测和感受外界各种物理量（如光、热、湿度等）、化学量（如烟雾、气体等）、生物量以及未定义的自然参量等的物理装置。传感技术是将传感器应用于物联网中构成无线自治网络，这种传感器网络技术综合了传感器技术、纳米嵌入技术、分布式信息处理技术以及无线通信技术等，使各种能够嵌入到任何物体的集成化微型传感器协作进行待测数据的实时监测和采集，并将这些信息以无线的方式发送给观测者。

(3)网络通信技术

无线网络技术丰富多样，根据传输距离不同可分为个域网、局域网和城域网。由近距离无线技术组成的无线个域网是物联网最为活跃的部分，无线个域网(wireless personal area network，WPAN)是为实现活动半径小、业务类型丰富、面向特定群体、无线无缝的连接而提出的新兴无线通信网络技术，其能够有效地解决"最后几米电缆"的问题，将无线联网进行到底。常用短距离通信技术主要有 WI-FI、蓝牙、RFID、NFC 和 UWB 等，而常用的远距离通信技术主要有 GSM、GPRS、WIMAX、2G/3G/4G 移动通信以及卫星通信等。

(4)信息处理技术

物联网不仅需要收集物品信息，而且需要利用这些信息对物品进行管理。物联网的信息处理与服务技术主要包括数据存储、数据融合与数据挖掘、智能决策、云计算、安全及隐私保护等。

8.3.3 物联网在物流中的应用

(1)物联网技术在仓储中的应用

①系统编码体系

仓储中的实体一般可分为货物类、设备类、设施类、人员类和环境类。仓储在进行管理时需要在实体对象上粘贴具有一定编码的 RFID 标签，从而实现仓储智能管理。仓储信息编码方式可参照 EPC 分字段的编码方式，信息访问以内部服务器为主，并保留访问外网的数据端口。

②射频识别系统

仓储信息自动化采集系统能够在货物移动和静止时快速准确地获取货品信息。该系统主要有两类：普及范围最广的 RFID 系统和传感系统。

③系统网络结构

物联网仓储系统的网络结构属于混合型网络，包括现场总线网络、局域互联网以及无线传输网等，其中现场总线网络和局域互联网的应用最多。

④服务及软件

仓储系统服务是为仓储信息的收集、传输和处理设定控制和计算规则，其中仓库软件系统处于仓储系统的最高层次。仓储软件系统按照功能可以分为业务应用、数据库和中间件三个部分，其功能模块包括业务管理、数据管理、协作管理、安全管理、设备管理、基本信息、财务管理以及电子地图等。

⑤系统硬件

仓储系统所涉及的物联网硬件设备主要包括计算机、手机、PDA、RFID 货物标签、RFID 托盘标签、RFID 工作人员标签、RFID 货位标签、叉车载读卡器、天线、电子语音设备、温度传感标签、湿度传感标签、光传感标签、红外传感器和对应读卡器、门式固定读卡器、摄像头、电子显示屏、地标、扩音器以及通风与供暖设备等。

(2)物联网技术在运输中的应用

①物联网技术在运输中的作用

第一，提高运输质量。物联网借助无线数据通信技术，实现单个商品的识别与跟踪。基于这些特性，将物联网应用到物流各个环节，保证商品的生产、运输、仓储、销售以及消费全过程的安全快捷，发展前景广阔。

第二，保证运输安全。对于运输商而言，产品电子标签能够自动获取数据，进行货物分类并降低取货/送货成本。电子标签中编码具有唯一性而且仿造难度高，能够用来鉴别货物真伪。由于电子标签读取范围广，可以实现自动通关和对运输路线的追踪，从而保证产品在运输途中的安全。

第三，节约成本。运输商通过电子标签可以提高新信息的增值服务，从而提高收益率，维护其资产安全。除此之外，利用 RFID 技术能对高速移动物体识别的特点，对运输工具进行快速有效的定位与信息统计，方便对车辆进行管理和控制。物联网具体应用方向包括公共交通票证、不停车收费、车辆管理以及铁路机车和车辆及其相关设施管理等。

②物联网技术在运输方式中的应用

第一，公路运输中物联网技术应用。在公路运输管理中，运用物联网技术实现实时定位跟踪查询、车速监测、事故处理、历史数据查询打印、数据统计、系统设置以及联网等功能；在高速公路监控系统中，运用 GIS 技术，通过外场设备对现场交通状态进行实时采集，制定出控制策略和控制方案。

第二，铁路运输系统物联网技术应用。利用 RFID 技术实现对集装箱的跟踪管理，具体内容包括验货、装箱、移箱和装车等操作，并对整个过程进行实时监控；铁路大型养路车在线监控系统设计则融合了 GPS 卫星导航全球定位技术、GIS 地理信息技术以及 GPRS 移动通信技术。

第三，航空运输中物联网技术应用。RFID 技术在航空货运管理上的应用能够为用户提高从货物代理收货到机场货站、安检以及地面服务交接等环节效率，并降低差错率，同时监控货物的实际位置；而 GPS 等技术则在飞机空地指挥系统中得到了广泛应用。

第四，水路运输物联网技术应用。利用 GIS 技术建立网路型基础信息管理系统，实现港口、航道以及水域的信息共享。除此之外，将 GIS、GPS 与 GSM 有机结合在一起，实现对船舶的动态监控，利用 GIS 技术建立矢量电子地图和水下地形图，通过 GPS 接收的卫星信号，为船舶入港的正确行驶提供必要信息。

复习思考题

一、单项选择题

1. 生成 EDI 平面文件是指 EDI 通信过程的（　　）。

A. 映射　　B. 翻译

C. 通信　　D. EDI 文件的接收和处理

2. 国际通用的符号体系是一种长度固定、无含义的条码，所表达的信息全部为数字，主要应用于商品标识的码制是（　　）。

A. 39 码　　B. 25 码

C. 93 码　　D. EAN 码

3.（　　）是多种学科交叉的产物，它以地理空间数据为基础，采用地理模型分析方法，适时地提供多种空间的和动态的地理信息，是一种为地理研究和地理决策服务的计算机技术系统。

A. GPS　　B. GIS

C. GUS　　　　D. GNS

二、案例分析题

某超市有限公司是全国规模最大的国有超市连锁集团之一，该超市在 A 市范围内共有 100 多家门店，以 A 城市为中心开展配送业务，该超市建立了基于条码技术的现代化物流实时跟踪系统，实现了配送中心和门店之间的无纸化操作。具体的流程是这样的：

各门店的订货需求在每天工作结束前通过 Modem 方式传递给总部，总部计算机对所有的订货需求进行汇总后生成总的订货单并传送给配送中心，配送中心基于这些汇总数据和明细数据向供应商订货。

当供应商的货物到达时，先由收货员通过手持终端扫描商品条码，手持终端将扫描数据通过无线通信网络传送给主机，主机便会承担所有的搜索、查询和显示工作，收货员可以从手持终端的屏幕上了解到有关该商品的所有信息和订货资料，在完成质检和数量清点后，通过手持终端向主机发送确认命令。

在配送过程中，配送人员首先扫描代表各个顾客的标志条码，主机将针对该顾客作出的配送安排显示于手持终端屏幕上；然后，操作员逐项扫描商品条码，根据该商品条码，主机系统作出统筹安排，将该商品在仓库中的存放货位通知操作员，操作员根据系统安排的配送数量提取商品，完成配送。配送人员在完成所有的工作后，向主机提交打印请求，主机通过网络打印机，打印各个门店的配送单。

根据以上材料，结合所学知识来回答以下问题：

(1)什么是条码？条码技术有哪些特点？

(2)条码技术在超市的收货、发货过程中发挥着怎样的作用？

读一读

与传统物流联手，是未来智慧物流的必经之路？

提到新零售，除了无人便利店以外，第一个映入我们脑海的可能就是智慧物流了。比起处于试验性的无人便利店，这也是最先来临的新零售技术——我们明显能感觉到，即使是在电商节期间，收到货物的速度也不太慢。

可就在这一两天的速度提升里，电商在自建物流中凝结了大量尖端技术和高昂的成本。今天就来简单介绍一下，各家电商智慧物流背后有哪些主要技术，除了提升用户体验以外，他们还能从中获得什么？

智慧物流背后都有哪些技术？

当我们从电商购买一样东西时，流程大概是这样的：下单—分拣—配送。我们感到送货变快了的第一个重要原因，就是配送的路程变短了，物品被储存在离我们更近的地方。

这就关系到了智慧物流中的第一项重要技术：立体仓库。

我们对传统仓库的印象，往往是城郊一大片空旷的厂房，里面堆着一个个大箱子。可实际上，电商自建物流应用的仓库通常是这个样子：极高的立体货架和自动化的传送履带，看起来好像是用乐高搭出来的一样。

这样的仓库能做些什么？首先肯定是能最大化地利用空间，储存更多货物。更重要的，利用软硬件系统，可以实现无人作业。

以苏宁的苏宁云仓为例，苏宁云仓的建筑面积达到 20 万平方米，部署了 Miniload 高密度自动箱式堆垛机、AS/RS自动托盘堆垛系统、SCS旋转货架等存储设备。体积不同的商品可以以整箱、整托盘甚至零散的形式高密度储存，加上高速分拣线，整个仓库可以储存2 000万件商品，在分拣和传送时可以各行其道、自动排序，让以往混乱的分拣过程变成自动流水化作业。

自动化作业的背后不仅仅是工业上的改变，也很好地利用上了数据和算法。亚马逊的物流体系就对这一招谙熟于心。比如为了加速分拣员的效率，亚马逊会实时记录员工的行走路线，为其规划出最短路径，如果有谁的销量明显低于平均水平，系统就会作出提示。

同时亚马逊还引进了名为Cubi Scan的仪器，对新入库货物的尺寸和重量进行测量，配合销售情况、保存期限等数据计算出最合适的储存位置。这些数据还会实时上传到云端，给全球的亚马逊货仓共享。这样的云仓储模式可以第一时间帮助所有的货仓提升商品周转效率，还能建立起属于亚马逊自己的全球商品调配网络，通过算法可以预测不同地区商品需求的变动，及时反馈需求，预先异地调拨。甚至在货仓、轮船上都有视频监控和定位系统，既能记录交通情况，也能保证商品的安全。

再有，就是京东和菜鸟常常宣传的机器人了。京东有我们很熟悉的无人机、无人车送货，菜鸟则推出了智能AGV拣货机器人。机器人代替人作业的好处很常见：降低成本，满足最后一公里的配送需要，应对一些特殊天气和地理条件，如山涧、河流等，还可以在分拣、包装等工作中代替人力。

除了让快递更快，智慧物流还能做到这些

关于智慧物流，我们提到最多的就是提高效率、代替人力，这样看来智慧物流似乎是帮助电商降低物流成本的重要方式之一。

可真的是这样吗？剥离了人力成本，自然能为企业减少一大笔开销，可智慧物流从建立几十万平方米的货仓，到购买、研发软硬件系统，再到每个机器人和云计算资源的使用，最起码在当下，很难分辨究竟哪一种方式成本更低。虽然有亚马逊用7.75亿美元买下智能仓储机器人公司KIVA，减少了亚马逊每年20%的运营成本，可在中国，地价更高、人力费用更低，相比一台售价30万元人民币的KIVA机器人来说，雇用一位更灵活的员工可能每年只需要10万元。长久看来，智慧物流肯定会减少企业资源的消耗，可现如今，高昂的物流成本已经给了企业压力。

因此，电商企业参与智慧物流，或许一开始就不仅仅是为了自己的电商业务，除了电商之外，智慧物流还有以下三个输出点：

第一，赋能新零售。就像一开始说的，智慧物流是新零售的重要组成部分，不仅仅是用技术手段让用户享受更好的服务，而在于把这种收集物流数据、利用物流数据的手段普及整个零售行业。像仓库分拣、全球调度这样的技术，对于当前全球化的零售产业，比仅仅应用在电商中能发挥更大的作用。

第二，加持传统物流。其实很多人对于“物流”一词有着明显的误解，认为物流等同于快递，实际上物流通常指的是中铁快运等服务商提供的大宗货品运输，快递则是我们熟悉的“四通一达”。

中国的快递产业在国际上处于相当高的位置，可物流产业却表现平平。就在几年前，把一车货物从北京送到广州的价格还高于从北京送到美国的成本。智慧物流对于仓储空间、新能源车等物流基础设施的建设，无形中平衡了过路费、油费这些传统物流成本。与传统物流联手，一定是未来智慧物流的必经之路。

第三，连接供应链。智慧物流的重点，除了减少人力之外，还在于数据的收集。实际上也只有在这个环节，可以实现对生产、销售、配送、售后等全链条数据的控制。智慧物流通过大数据把全球供应链的链条连接起来，以往常常出现断层的供应链如今可以形成网状，提升整个产业的效率。

（资料来源：我堂堂一个熊猫．与传统物流联手，是未来智慧物流的必经之路？[EB/OL]．搜狐网，2017—10—30.）

参考文献：

[1]吴承建，傅培华，王姗姗．物流学概论[M]．杭州：浙江大学出版社，2009.
[2]谢金龙，李陶然，王俊凤．物流信息技术与应用[M]．北京：北京大学出版社，2014.
[3]丰斓，赵弘志．物流信息管理[M]．北京：机械工业出版社，2012.
[4]朱长征．物流信息技术[M]．北京：清华大学出版社，2014.
[5]黄莉，王雅蕾，安小风．物流信息与物联网技术[M]．北京：清华大学出版社，2013.
[6]刘云浩．物联网导论[M]．北京：科学出版社，2013.

第 9 章　物流成本管理

【学习目标】

- 了解物流成本的概念及特点；
- 深入了解物流成本的构成及分类；
- 熟悉物流成本管理的内容；
- 掌握降低物流成本的途径。

【引导案例】

三年前，H 经理在某地开了家饺子馆，如今生意还算火爆。不少周围小区的住户常来光顾小店，有些老顾客一口气能吃半斤饺子。H 经理说："别看现在生意还不错，开业这一段时间，让我头疼的就是每天怎么进货，很多利润被物流吃掉了。"

刚开始卖出 10 个饺子，定价为 5 元钱，直接成本为饺子馅、饺子皮、调料和燃料，每个饺子成本大约 2 角钱。虽然存在价差空间，可是 H 经理的小店总是赚不了钱，原因在于每天都有大量剩余原料，这些采购的原料不能隔天使用，算上人工、水电、房租等经营成本，饺子的成本都接近 4 角钱了。

H 经理很有感慨，如果一天卖出 1 000 只饺子，同时多余 500 个饺子的原料，相当于亏损了 100 元左右，每个饺子的物流成本最高时有 1 角钱，加上当时粮食涨价，因而利润越来越薄。

要降低物流成本，关键在于控制数量，准确供货。其实做饺子的数量挺难掌握。做少了吧，有的时候人家来买没有，也等不及现做，眼看着要到手的钱就飞走了；做多了吧，就要剩下。

从理论上说，一般有两种供应方式：每天定量供应，一般早上 10 点开始，晚上 9 点结束，这样可能会损失客流量；另外一种，是根据历史作大概预测。时间序列是个重要因素，对于面粉等保质期较长的产品，一般做周预测，周末进行订货、补货，每天的饺子馅采取每日预测方法，然后根据 BOM 展开采购，并一日采购两次，下午可以根据上午的消耗进行补货，晚上需要采购第二天的需求量。根据以往的经验作预测，面粉每天的用量比较大，因为不管包什么馅儿都得用面粉，所以这部分的需求量相对比较固定。

后来 H 经理又开了两家连锁店，原料供货就更需统筹安排了。饺子馅的原料要根据前一天用量进行每日预测，然后根据原料清单进行采购。一日采购两次，下午会根据上午的消耗进行补货，晚上采购第二天的需求量。

麻雀虽小，五脏俱全。一个饺子馆的物流管理同样容不得差错。H 经理咨询了一些物流专家，这是波动的需求和有限的生产能力之间的冲突。在大企业那里，他们通常会提高生产柔性去适应瞬息万变的市场需求。

可是对于经营规模有限的小店来说，要做到这点太难。因此，有些人建议想办法调整顾客的需求，以配合有限的生产能力，即平衡物流。比如用餐高峰期大概在每天 12:00—13:00 和 19:00—20:00 这两个时段，H 经理就选择在 11:00—11:45 和 18:00—18:45 推出九折优惠计划，吸引了部分对价格比较敏感的顾客，有效分散了需求。

如果碰到需求波动比较大的情况，也就是说某一种饺子的需求量非常大的时候，比如客户要的白菜馅儿没有了，H 经理就要求店员推销牛肉馅儿或者羊肉馅儿，同时改进店面环境，安上空调，提供杂志报纸，使顾客在店里的等待时间平均从 5 分钟延长到 10 分钟。

三年的水饺生意下来，每个饺子最初大约分摊 1 角钱的物流成本，去年降至 5 分钱，而今年成本就更低了。由于做饺子的时间长了，需求的种类和数量相对固定下来，每个饺子的物流成本得到有效控制，大约在 2 分钱左右，主要就是采购人工、运输车辆的支出。

思考：

(1)物流成本对中小企业有怎样的影响？

(2)H 经理是如何控制物流成本的？

9.1　物流成本概述

随着生产的日益社会化，物流作为一种广泛存在的经济活动，普遍存在于各个企业内部。从原材料采购开始，到加工成零部件，再把零部件组装成产成品，最后产成品出厂投入消费领域，自始至终都离不开物流活动。

企业物流过程是创造时间价值、使用价值的过程。保证企业物流活动有秩序、高效率、低耗用的进行，需要耗费一定的人力和物力，投入一定的劳动。在商品经济中，一方面，物流劳动同其他生产劳动一样，也创造价值，物流成本在一定程度上即在社会需要的限度内会增加商品的价值，扩大生产耗费数量，成为一定种类及数量产品的社会必要劳动时间的一项内容，其总额必须在产品销售收入中得到补偿；另一方面，它不完全等同于其他生产劳动，它并不增加产品的使用价值，相反，产品总量往往在物流过程中因损失、丢失而减少。同时，为进行物流活动，还要投入大量的人力、物力和财力。因此，企业物流成本是“使商品变贵而不增加商品使用价值的费用”。科学地管理物流成本，成为现代企业提高经济效益的重要途径。

9.1.1　物流成本的概念

物流成本是指伴随企业的物流活动而发生的各种费用，是物流活动中耗费的物化劳动和活劳动的货币变现，是物品在实物运动过程中，如运输、仓储、装卸搬运、包装、流通加工、配送、物流信息处理等各个环节支出的人力、物力的总和。根据中华人民共和国国家标准《物流术语》(GB/T 18354-2006)的定义，物流成本是指物流活动中所消耗的物化劳动和活劳动的货币表现。

物流成本有广义和狭义之分。广义的物流成本是指生产、流通、消费全过程的物品实体与价值变化而发生的全部费用。它具体包括了从生产企业内部原材料的采购、供应开始，经过生产制造中的半成品、产成品的仓储、搬运、装卸、包装、运输以及在消费领域发生的验收、分类、仓储、保管、配送、废品回收等发生的所有成本。

狭义的物流成本仅指物品在包装、运输、仓储、装卸搬运、流通加工等物流活动中所产生的费用，一般在企业财务会计账簿中以包装费、运输费、仓储费、装卸搬运费、加工费等形式体现出来。在商品经济中，物流活动是创造时间价值和空间价值的过程，物流成本是保证物流活动高质、高效、有序进行所必须消耗的人力、物力、财力的总和。狭义的物流成本是物流过程的显性成本。

广义的物流成本除包括狭义的显性物流成本外，还包括隐性的客户服务成本。这是由于客户服务是连接和统一所有物流管理活动的重要方面，物流活动就是为了追求客户满意，是提高企业整个客户服务水平的关键因素和重要保障。现实中有企业常因物流服务水平低下不能令客户满意，逐渐失去现有客户与潜在客户，因而产生的企业声誉损失就构成了客户服务成本。

9.1.2 物流成本的特点

从当今企业的物流实践中反映出来的物流成本的特征如下：

(1)物流成本的隐藏性

物流活动是企业生产经营管理活动的组成部分，大多数的物流成本都隐藏在其他费用之中，很难掌握其全貌。西泽修教授提出的物流成本“冰山说”认为，物流成本就像冰山一样，看到的只是其很小的部分，更大的部分隐藏在海面之下。企业的物流活动除了委托外部物流企业完成的部分以外，还有企业自己从事的业务部分，如利用企业自有运输工具运货，设置自有仓库以及由本企业职工进行包装和装卸作业等，此外还有配备物流管理人员和进行大量的物流信息处理业务，这些业务都是有成本的，如果从目前企业的财务会计报表来看，其所反映出来的物流成本确实只是冰山的一角。企业大多数物流成本根据现有成本核算制度并没有被反映出来，而是混在其他费用科目之中。

(2)物流成本削减的乘法效应

物流成本削减的乘法效应，是指物流成本的增减不仅带来直接的收益增减，还带来间接的收益增减。例如，如果销售额为 100 万元，物流成本为 10 万元，那么物流成本削减 1 万元，不仅直接产生了 1 万元的利益，而且因为物流成本占销售额的 10%，所以间接增加了 10 万元的利润。可见，物流成本的下降会产生极大的效益。

(3)企业间物流成本无法进行比较

对物流成本的计算与控制，各企业通常是分散进行的，也就是说，各企业根据自己不同的理解和认识来把握物流成本，这样就带来了一个管理上的问题，即企业间无法就物流成本进行比较分析，也无法得出产业平均物流成本值。例如，不同的企业外部委托物流的程度是不一致的，由于缺乏相互比较的基础，无法真正衡量各企业相对的物流绩效。

(4)物流成本之间存在效益背反

各类物流成本之间具有效益背反关系，某些物流成本的下降往往以其他物流成本的上升为代价。

综合以上物流成本的特点可以看出，对于企业来讲，要实施现代化的物流管理，首要的是全面、正确地把握包括企业内外发生的各项物流成本在内的企业整体物流成本，也就是说，要削减物流成本必须以企业整体物流成本为对象。另外，物流成本管理应注意不能因为降低物流成本而影响对用户的物流服务质量，特别是流通业中多频度、定时进货的要求越来越广泛，这就要求物流企业能够应对流通发展的这种新趋向。例如，为了符合顾客的要求，及时、迅速地配送发货，企业需要进行物流中心等设施的投资，显然，如果仅仅为了减少物流成本而放弃这种投资，就会影响企业对顾客的物流服务水平。

9.1.3　物流成本的构成与分类

物流成本涉及范围广，构成内容复杂。因此，为了进行物流成本的计算，首先应确定计算口径，并对物流成本的构成进行分析。按照不同的物流费用集合以及考察问题切入点的不同，物流成本的分类和构成也有所不同。

(1)按所处的领域分类

物流成本从其所处的领域看，可分为制造企业物流成本和物流企业物流成本。领域不同，其物流成本的构成也不同。

①制造企业物流成本

企业内物流成本是指一个企业在组织物流过程中所发生的必要的物化劳动和活劳动的耗费，以及虽不具有劳动耗费但与物流活动密切相关的必要支出。

企业内流通费用主要是指企业在生产过程前后的流通领域中发生的有关费用，包括企业物资在运输、销售和存储各经营环节中所发生的各种费用。企业负担的经营费用有以下几种：

● 采购物流费

采购物流费是指从原材料的采购到送达购入者为止的物流活动所发生的费用。

● 进货运杂费

进货运杂费是指购进商品或物资在整个运输过程中发生的运费、车船的燃料费以及与运输费有关的杂费，如调车费、放空费、养路费、车船清扫费、车站码头租用费等。

● 装卸费

装卸费是指商品物资的装卸搬运费。

● 整理费

整理费是指商品、物资在挑选和整理过程中发生的费用。

● 包装费

包装费是指商品、物资的包装用品费，包装物品折损费、修补费等。

● 储存费

储存费是指商品在储存过程中所支付的费用，包括倒库、晾晒、冷藏、保暖、消防、护仓、照明和保管用品等费用。

● 商品损耗

商品损耗是指商品在运输、储存和销售过程中发生的定额内损耗。

● 销售物流费

销售物流费是指销售之后，出库送达到顾客为止的物流活动所发生的费用。

● 废弃物物流费

废弃物物流费是指所有的废弃材料、容器和其他固体废弃物的收集、回收、运输到指定地点的物流活动所发生的费用。

● 广告费

广告费是指为企业商品购销业务所支付的广告宣传费。

● 经营人员工资

经营人员工资是指工资以及规定在经营费用中列支的其他工资和各种补贴。

● 委托物流费

委托物流费是指当企业委托其他企业为其办理物流业务时，应支付的包装费、运费、储存费、出入库费、手续费等。

除了以上所列的经营费用外，还有管理费用，是指企业管理部门为管理和组织商品经营活动而发生的各种费用，包括由企业统一负担的管理人员的工资及员工福利、劳动保险费、业务招待费、员工教育费、咨询费、诉讼费、低值易耗品摊销费、折旧费、水电费、维修费、房产税、土地使用税、车船使用税等。另外，还有一些财务费用，是指企业为筹集资金而发生的各种费用，如企业在经营期间发生的利息净支出、外汇调剂手续费、支付金融机构的手续费汇兑损益等。此外，除了物资和商品在采、供、销过程中所发生的流通费用外，还包括企业内部废弃物物流部分的固体废弃物的收集、运送、回收复用和处理费用。

②物流企业物流成本

物流企业物流成本的构成是指国家有关经济法规及制度对物资流通费用的开支所规定的界限。凡是与物流过程有密切联系的人力、物力、财力的正常消耗，都属于物流成本。因此，物流成本的内容与企业内物流的内容相似，也包括经营费用、管理费用和财务费用。各物流企业共同的、传统意义上的费用有以下几种：

第一，支付给企业员工(经营人员和管理人员等)的劳动报酬，如工资、福利等。

第二，物资在运输、储存、销售过程中的自然损耗，物流设备和交通工具的固定资产折旧。

第三，公益费，如水电费、燃料费等。

第四，为筹集资金而发生的各项费用，如利息、金融机构手续费等。

第五，其他，如差旅费、业务招待费、技术开发费、维修费、租赁费、劳动保险费、诉讼费、无形资产摊销、房产税、车船使用税、坏账准备金等。

除了上述共同的成本费用，在物流作业一体化的过程中，物资在运输、仓储、存货、搬运、包装和回收各个环节都有自己特殊的物流成本。这些成本的计划、核算和控制，对整体的物流活动都有重大的意义。

(2)按物流成本支付的形态分类

按物流成本支付形态划分，企业物流总成本由内部物流成本和委托物流成本构成，如表9.1所示。企业内部物流成本是指企业在供应、销售、退货等阶段，因运输、包装、搬运、整理等发生的由企业自行支付的物流成本。内部物流成本按支付形态分为材料费、人工费、维护费、一般经费和特别经费。委托物流成本是指委托外部企业从事物流活动的所有开支。

表9.1　企业物流成本支付形态的构成

成本支付形态		内容说明
内部物流成本	材料费	资材费、工具费、器具费等
	人工费	工资、福利、奖金、津贴、补贴、住房公积金等
	维护费	土地、建筑物及各类物流设施设备的折旧费、维护维修费、租赁费、保险费、税金、燃料与动力消耗费等
	一般经费	办公费、差旅费、会议费、通信费、水电费、煤气费等
	特别经费	存货资金占用费、物品消耗费、存货保险费和税费
委托物流成本		企业向外部物流机构所支付的各项费用

(3)按物流成本性态分类

成本性态也称为成本习性，指的是成本与业务量之间的依存关系。物流成本按性态特征，可划分为变动成本和固定成本。

①变动成本

变动成本是指其发生总额随业务量(如购进量、购进次数、配送量、配送次数)的增减变化而近似呈正比例增减变化的成本，如采购成本、订货费用、运输费用等。应注意的是，此处指的是成本总额而非单位成本。

②固定成本

固定成本指在一定时期和一定的业务量范围内，其成本总额保持稳定，与业务量的变化无关的成本，如固定资产折旧费、管理人员的工资、租金等。需要注意的是，固定成本的总额只在一定时期和一定业务量范围内才是固定的，如果业务量超过了相关范围，固定成本也会发生变动。同时，对于固定成本分摊到每一单位业务量上的数额，只要业务量没有超出固定成本能负担的相关业务量范围，则它的单位业务量固定成本会随着业务量的增加而降低。

此外，还有一类被称为混合成本，它既不与产量的变化呈正比例变化，也不是保持不变，而是随产量的增减变动而适当变动，受变动成本影响较大的称为半变动成本，受固定成本的特征影响较大的称为半固定成本，习惯上统称为混合成本。在物流系统的运营过程中，混合成本所占的比重比较大，可按一定的方法将混合成本分解成变动成本与固定成本两部分。在研究成本与业务量之间的依存关系时，该分类方法对于挖掘企业内部潜力，加强成本控制和管理的科学性，提升企业经济效益具有重要的意义。

※ 小知识：

某生产企业的产品运输工作外包给某专业物流公司来完成。根据合同规定，专业物流公司对该生产企业运输费用的收取规定如下：运输费用按月结算，每月收取基本运输费用 1 000 元，并在此基础上，按产品件数收取 100 元/件的运输费用。该生产企业当月运输了 1 万件产品，共发生运输费用 1 001 000 元。

对于上面的运输费用 1 001 000 元，很难根据成本习性直接将其认定为固定成本还是变动成本。因为这 1 001 000 元中，1 000 元具有固定成本的性质，100 万元具有变动成本的性质。我们把这种兼有固定成本和变动成本性质的成本称为混合成本。企业发生的物流混合成本，要将其中的变动成本和固定成本分解出来，然后分别加入物流变动成本和物流固定成本中去，使物流的总成本最终由变动物流成本和固定物流成本两类构成。

9.2　物流成本管理

9.2.1　物流成本管理的概念

物流成本管理是指有关物流成本方面的一切管理工作的总称，即对物流成本所进行的计划、组织、指挥、监督和调控。从现实来看，我国企业物流总成本管理的概念比较淡薄，往往只关心直接的仓储和运输成本，而不考虑存货持有成本的其他部分和物流行政管理成本。物流成本管理在现代物流管理中占有重要的位置，降低物流成本与提高物流服务水平构成企业物流管理最基本的课题。

要注意，物流成本管理不是简单的管理物流成本，是通过成本去管理物流活动，管理的对象不是成本而是物流。因此，物流成本管理属于管理成本范畴，是物流管理的手段与方法。

9.2.2 物流成本管理的意义

从宏观角度看，如果全行业的物流效率普遍提高，物流费用平均水平降低到一个新的水平，那么，该行业在国际上的竞争力将会得到增强。对于一个地区的行业来说，可以提高其在全国市场的竞争力；全行业物流成本的普遍下降，将会对产品的价格产生影响，导致物价相对下降，这有利于保持消费物价的稳定，相对提高国民的购买力水平。物流成本的下降，对于全社会而言，意味着创造同等数量的财富在物流领域所消耗的物化劳动和活劳动得到节约，以尽可能少的资源投入，创造出尽可能多的物质财富，减少资源消耗。

从微观角度看，物流成本在产品成本中占有较大比重，在其他条件不变的情况下，降低物流成本意味着扩大了企业的利润空间，有利于提高利润水平。物流成本的降低，增强了企业在产品价格方面的竞争优势，从而提高产品的市场竞争力、扩大销售，并以此为企业带来更多的利润。

9.2.3 物流成本管理的原则

物流成本管理的原则是指对物流相关的费用进行计划、协调和控制等管理活动应遵循的基本要求。

(1)管理与控制有用原则

管理与控制有用原则是指物流成本计算要为物流成本管理服务，不是简单的为计算而计算。它要求会计计算的物流成本数据能够为企业进行科学的管理决策和业绩考评提供帮助。因此，企业物流成本计算要与成本管理融为一体，应结合企业经营特点和管理机制有针对性、有选择地确定成本计算模式，并通过这种成本计算模式提供对管理有用的财务信息。

(2)经济可行原则

经济可行原则是指企业所选择的物流成本计算模式要坚持低成本、高效益原则，即为获取有关管理方面的信息，应充分考虑经济上的合理性。如果花费了大量人力、物力、财力，事无巨细地追求趋向于详尽或精确的成本计算，所得到的成本信息可能是得不偿失的。

(3)相容性原则

物流成本管理与物流服务是一种此消彼长的关系。不计后果地追求降低物流成本，提高经济效益，可能损害客户的利益，最终导致企业自身的毁灭；而无限度地追求提高物流服务水平，又会导致在物流成本迅速上升的同时，引发物流服务的效率下降。因此，物流成本管理就是要使处于竞争状态的企业在物流成本管理一定的情况下，实现物流服务水平的提高；或在降低物流成本的同时，实现较高的物流服务水平。

(4)协调性原则

物流的各个部门活动常常处于一种相互矛盾的体系之中，由于物流效益背反是客观存在的，所以协调性原则要求为追求企业的最佳利益，妥善协调各部门之间的关系，从而实现成本最小化、效益最大化的管理目标。

9.2.4 物流成本管理的内容

物流成本管理的最终目的是从物流系统的角度出发,在保证客户服务质量的前提下,强化总体物流管理,控制物流成本支出,降低物流成本总额。物流成本管理的具体内容包括物流成本核算、物流成本预测、物流成本决策、物流成本计划、物流成本控制和物流成本分析。

(1)物流成本核算

物流成本核算是根据企业确定的成本计算对象,采用相应的成本计算方法,按照规定的成本项目,通过一系列物流费用的汇集与分配,从而计算出各物流环节成本计算对象的实际总成本和单位成本。

①物流成本核算的作用

物流成本核算的作用体现在以下两个方面:

第一,通过对物流成本的核算,可以提供全面、系统的物流成本信息,使得企业能够准确把握物流成本大小和它在生产成本中所占的比重,进而及时发现企业物流活动中存在的问题,有利于企业采取措施加以解决。

第二,利用物流成本会计核算所提供的资料,可以为企业编制物流预算和成本控制提供必需的资料。正确地核算物流成本,可以提供物流成本的准确信息,提高物流管理的效率,降低物流成本。因此,加强物流成本的会计核算和管理,将为提高企业物流成本管理水平打下坚实的基础。

②物流成本核算的对象

物流成本核算对象是指企业物流管理部门或成本管理部门为核算物流成本而确定的、以一定时间和空间范围为条件而存在的成本计算实体。物流成本核算对象的选择是物流成本核算的前提。物流成本核算对象不同,物流成本核算的结果也就不同。形成成本核算对象的三要素解释如下:

● 成本费用承担的实体

成本费用承担的实体是指成本费用发生并应合理承担各项成本费用的特定经营成果的表现形式。成本费用承担实体主要是各种类型的物流活动或物流作业。

● 成本计算期

成本计算期是指汇集生产经营费用、计算生产费用、计算生产经营成本的时间范围。物流成本的计算期从理论上讲是指某一物流活动从开始到完成的周期。但是,在企业物流活动连续进行的情况下,难以对某一项物流活动确定经营期和单独计算成本。

● 成本计算空间

成本计算空间是指成本费用发生并能组织企业成本计算的地点或区域(部门、单位、生产或劳务作业环节等)。例如,工业企业的成本计算空间可按全厂、车间、分厂、某个生产环节进行划分。

③物流成本核算的方法

● 会计方法

会计方法就是通过凭证、账户、报表对物流费用予以连续、系统、全面地记录、计算和报告的方法。会计方法包括两种形式:一是双轨制,二是单轨制。所谓双轨制,就是把物流成本核算与其他成本核算截然分开,单独建立物流成本核算的凭证、账户、报表体系。在双轨制核算方法下,物流成本信息在传统成本核算和物流成本核算中可以得到双重反映。所谓单轨制,就是把物流成本核算与企业现行的其他成本核算如产品成本核算、责任成本核算、变动成本核算等结合进行，建立一套能提供多种成本信息的共同的凭证、账户、报表体系。

● 统计方法

统计方法不要求设置完整的凭证、账户和报表体系，而主要是通过对企业现行成本核算资料的分析，从中抽出与物流活动有关的成本数据，再加上一部分现行成本核算没有包括在内，但要归入物流成本的费用，如物流信息、向外企业支付的物流费等，然后再按物流管理的要求对上述费用重新归类、分配、汇总，加工成物流管理所需要的成本信息。

● 会计与统计相结合的方法

会计与统计方法相结合，就是将物流费用的一部分内容通过统计方法来核算，另一部分内容通过会计方法来核算。运用这种方法，也需要设置一些物流成本账户，但不像会计方法那么全面、系统，而且这些物流成本账户不纳入现行成本核算的账户体系，对现行成本核算体系来说，它是一种账外核算，具有辅助账户记录的性质。

(2)物流成本预测

物流成本预测是根据有关成本数据和企业具体的发展情况，运用一定的技术方法，对未来的成本水平及其变动趋势作出科学的估计。成本预测是成本决策、成本计划和成本控制的基础工作，可以提高物流成本管理的科学性和预见性。

在物流成本管理的许多环节都存在成本预测问题，如仓储环节的库存预测、流通环节的加工预测、运输环节的货物周转量预测等。

(3)物流成本决策

成本决策是在成本预测的基础上，结合其他有关材料，运用一定的科学方法，从若干个方案中选择一个满意的方案的过程。从物流整个流程来说，有配送中心新建、改建、扩建的决策，装卸搬运设备、设施的决策，流通加工合理下料的决策等。进行成本决策，制定目标成本是编制成本计划的前提，也是实现成本的事前控制，提高经济效益的重要途径。

物流成本决策的步骤如下：

①搜集有助于决策的相关资料

搜集与进行该项物流成本决策有关的所有成本资料及其他资料，是物流成本决策是否可靠的基础。一般来讲，全面、真实、具体是这种搜集工作的基本要求。若做不到这些，决策便很难保证正确可信。

②拟定可行性方案

物流成本决策的可行性方案就是指保证成本目标实现，具备实施条件的措施。进行决策，必须拟定多个可行方案，才能从比较中择优。换而言之，一个成功的决策应该有一定数量(当然应各自具备一定的质量)的可行性方案为保证。

拟定可行性方案时，一般应把握两个基本原则：一是保持方案的全面完整性，二是满足方案之间的互斥性。当然，在实际工作中，这些原则可以根据具体情况，灵活掌握应用。

③作出选优决策

对各种可行性方案，应在比较分析之后根据一定的标准，采用合理的方法进行筛选，作出成本最优化决策。

对可行性方案的选优决策主要应把握两点：一是确定合理的优劣评价标准，包括成本标准和效益标准；二是选取适宜的抉择方法，包括定量方法和定性方法。

(4)物流成本计划

物流成本计划是根据成本决策所确定的方案、计划期的生产任务、降低成本的要求以及有关资料，通过一定的程序，运用一定的方法，以货币形式规定计划期物流各环节耗费水平和成本水平，并提出保证成本计划顺利实现所采取的措施。通过成本计划管理，可以在降低物流各环节方面给企业提出明确的目标，推动企业加强成本管理责任制，增强企业的成本意识，控制物流环节费用，挖掘降低成本的潜力，保证企业降低物流成本目标的实现。

(5)物流成本控制

物流成本控制是根据计划目标，对成本发生和形成过程以及影响成本的各种因素和条件施加主动的影响，以保证实现物流成本计划的一种行为。从企业生产经营过程来看，成本控制包括成本的事前控制、事中控制和事后控制。成本事前控制是整个成本控制活动中最重要的环节，它直接影响以后各作业流程成本的高低。事前控制活动主要有物流配送中心的建设控制，物流设施、设备的配备控制，包括设备耗费的控制、人工耗费的控制、劳动工具耗费和其他费用支出的控制等方面。成本的事后控制是通过定期对过去某一段时间成本控制的总结、反馈来控制成本。通过成本控制，可以及时发现存在的问题，采取纠正措施，保证成本目标的实现。

(6)物流成本分析

物流成本分析是在成本核算及其他有关资料的基础上，运用一定的方法，揭示物流成本水平的变动，进一步查明影响物流成本变动的各种因素。通过物流成本分析，可以提出积极的建议，采取有效的措施，合理地控制物流成本。

上述各项成本管理活动的内容是互相配合、相互依存的一个有机整体。

9.2.5　物流成本管理的方法

物流成本管理的方法主要包括比较分析法、责任管理法、排除法、综合评价法以及作业成本法等。企业根据物流管理的实际需要，选择利用合适的方法，可有效地降低物流成本。

(1)比较分析法

比较分析法是将实际达到的数据与特定的各种标准相比较，从数量上确定差异，并进行差异分析或趋势分析的一种分析方法。差异分析是通过比较产生的差异来揭示问题，作出评价，分析产生差异的原因及其对差异的影响程度，为今后改进企业物流成本管理指明方向的一种分析方法。趋势分析是将实际达到的结果，与不同时期企业物流成本同类指标的历史数据进行比较，从而确定物流成本变化趋势的一种分析方法。由于差异分析和趋势分析都是建立在比较的基础上，所以统称为比较分析法。

常用的比较分析法包括以下三种：

①计划与实际比较

把企业当年实际开支的物流费用与原来编制的物流预算进行比较，如果超支了，分析一下超支的原因，在什么地方超支，这样便能掌握企业物流管理中的问题和薄弱环节。

②纵向比较

把企业历年的各项物流费用与当年的物流费用加以比较，如果增加了，分析一下为什么增加，在哪个地方增加了，增加的原因是什么，假若增加的是无效物流费用，则立即改正。

③横向比较

把企业的供应物流、生产物流、销售物流、退货物流和废弃物物流(有时包括流通加工和配送)等各部分物流费用分别计算出来，然后进行横向比较，看哪部分发生的物流费用最多。如果是供应物流费用最多或者异常多，则再详细查明原因，堵住漏洞，改进管理方法，以便降低物流成本。

(2)责任管理法

责任管理法就是明确物流成本管理的责任主体的方法。在企业中,划分出若干个责任中心,由各责任中心对自己所能控制的物流成本负起责任。

例如,在生产企业里,物流的责任究竟在哪个部门?是物流部门还是销售部门?客观地讲,物流本身的责任在物流部门,但责任的源头却是销售部门或生产部门。以销售物流为例,一般情况下,由销售部门制定销售物流计划,包括订货后几天之内送货。接受订货的最小批量是多少等均由企业的销售部门提出方案,订出原则。假若该企业过于强调销售的重要性,则可能决定当天订货,次日送达。这样,订货批量大时,物流部门的送货成本少,订货批量小时,送货成本增大,甚至过分频繁、过少数量送货造成的物流费用增加,大大超过了扩大销售产生的价值,这种浪费和损失应由销售部门负责。分清类似的责任有利于控制物流总成本,防止销售部门随意改变配送计划,堵住无意义、不产生任何附加价值的物流活动。

(3)排除法

在物流成本管理中有一种方法称为活动标准管理(Activity Based Management,ABM)。其中一种做法就是把与物流相关的活动划分为两类:一类是有附加价值的活动,如出入库、包装、装卸等与货主直接相关的活动;另一类是无附加价值的活动,如开会、改变工序、维修机械设备等与货主没有直接关系的活动。

其实,在商品流通过程中,如果能采用直达送货,则不必设立仓库或配送中心,可以实现零库存,等于避免了物流中的无附加价值活动。如果将上述无附加价值的活动加以排除或尽量减少,就能节约物流费用,达到物流管理的目的。

(4)综合评价法

综合评价法即通过物流成本的综合效益研究分析,发现问题,解决问题,从而加强物流管理的方法。比如,采用集装箱运输,可以简化包装,节约包装费;可以防雨、防晒,保证运输途中物品质量;可以起到仓库的作用,防盗、防火。但是,如果由于简化包装而降低了包装强度,货物在仓库保管时则不能往高处堆码,浪费库房空间,降低仓库保管能力。由于简化包装,还可能影响货物的装卸搬运效率等。那么,利用集装箱运输是好还是坏呢?就要用物流成本计算这一统一的尺度来进行综合评价。分别计算出上述各环节物流活动的费用,经过全面分析后得出结论,这就是物流成本管理的综合评价法。

(5)作业成本法

作业成本法(Activity-Based Costing,简称 ABC),也称为活动成本法。它是以成本动因理论为基础,通过对作业(Activity)进行动态追踪、反映,计量作业和成本对象的成本,评价作业业绩和资源利用情况的方法。物流作业成本法(Logistics Activity-Based Costing)是以特定物流活动成本为核算对象,通过成本动因来确认和计算作业量,进而以作业量为基础分配间接费用的物流成本管理方法。

作业成本分析不同于传统的成本分配、成本分析,它目前在许多国家都很流行,对物流系统而言,该方法既重要又实用。作业成本法可以为物流企业不断改善经营管理提供准确、及时的有关活动、活动量、活动对象(产品或用户)的信息,企业可以使用作业成本法所提供的信息,来改善企业物流成本管理过程。

①作业成本法的基本概念

● 作业

在作业成本法中，所谓作业，就是指企业为提供一定量的产品或劳务所发生的、以资源为重要特征的各项业务活动的统称。

作业是汇集资源消耗的第一对象，是资源耗费与产品成本之间的连接中介。作业成本法将作业作为成本计算的基本对象，并将作业成本分配给最终产出（如产品、服务或客户），形成产品成本。

● 成本动因

成本动因是指导致企业成本发生的各种因素，也是成本驱动因素。它是引起成本发生和变动的原因，或者说是决定成本发生额与作业消耗量之间的内在数量关系的根本因素。例如，直接人工小时、机器小时、产品数量、准备次数、材料移动次数、返工数量、订购次数、收取订单数量、检验次数等。

成本动因按其对作业成本的形成及其在成本分配中的作业可分为资源动因和作业动因。

资源动因也称为作业成本计算的第一阶段动因，主要用于在各作业中心内部成本库之间分配资源。按照作业会计的原则，作业量的多少决定着资源的耗用量，资源耗用量的高低与最终的产品量没有直接关系。资源消耗量与作业量的这种关系成为资源动因。资源动因反映资源被各种作业消耗的原因和方式，反映某项作业或某组作业对资源的消耗情况，是将资源成本分配到作业中去的基础。例如，搬运设备所消耗的燃料，与搬运设备的工作时间、搬运次数或搬运量有关，那么设备的工作时间、搬运次数或搬运量即为该项作业成本的资源动因。

作业动因也称为作业成本计算的第二阶段动因，它主要用于将各成本库中的成本在各产品之间进行分配。它是各项作业被最终产品消耗的原因和方式，反映的是产品消耗作业的情况，是将作业中心的成本分配到产品、劳务或顾客中的标准，是资源消耗转化为最终产出成本的中介。

● 作业中心与作业成本库

作业中心是成本归集和分配的基本单位，它由一项作业或一组性质相似的作业所组成。一个作业中心就是生产流程的一个组成部分。根据管理上的要求，企业可以设置若干个不同的作业中心，其设立方式与成本责任单位相似。但作业中心与成本责任单位的不同之处在于，作业中心的设立是以同质作业为原则，是相同的成本动因引起的作业的集合。

由于作业消耗资源，因而伴随作业的发生，作业中心也就成为一个资源成本库，也称为作业成本库。

②作业成本法的基本原理

作业成本法的理论基础是所谓的成本因素理论，即企业间接制造成本的发生是企业产品生产所必需的各种作业所“驱动”的结果，其发生额的多少与产品产量无关，而只与“驱动”其发生的作业数量相关，成本驱动因素是分配成本的标准。例如，各种产品的生产批次驱动生产计划的制定及产品检验、材料管理和设备调试等成本的发生；接收货物的订单驱动收货部门的成本发生；采购供应和客户的订单驱动与原材料库存、在制品和库存成本有关的成本发生。

作业成本法的基本原理是：根据“作业耗用资源，产品耗用作业；生产导致作业的产生，作业导致成本的发生”的指导思想，以作业为成本计算对象，首先依据资源动因将资源的成本追踪到作业，形成作业成本，再依据作业动因将作业的成本追踪到产品，最终形成产品的成本。

③作业成本法的意义

作业成本法不仅是一种成本计算方法，而且是成本计算与成本分析控制的有机结合。作业成本法的重要意义在于：

第一，从成本计算的角度来看，它是以作业（并非产品）为成本计算对象，通过对作业成本的计算，追踪产品成本的形成和积累过程，由此大大提高了计算过程的明晰化程度和成本计算结果的精确度；从成本分析控制的角度来看，作业成本法通过对作业成本的确认、计量，为尽可能消除不增值作业提供了有用信息，从而促使这类作业减少到最低限度，达到降低成本的目的。同时，由于作业成本法提供的成本信息相对来说更为准确，有利于管理者正确决策，进行成本管理和评价经营业绩。

第二，作业成本法以作业成本为计算对象，实现了成本核算的灵活性，拓展了成本核算的范围，改进了成本分配方法，从而能为企业外部使用者提供更为准确的成本信息。传统的成本计算方法在选择成本计算对象时，自始至终局限在资源耗费和产品耗费的联系和转换上，始终没有摆脱生产组织和工艺过程对成本计算的约束，没有按照费用发生于成本计算对象之间最为直接、最为实质的联系因素进行归集和分配。作业成本法克服了上述缺陷，突出选择作业来反映成本费用动因，使得现代企业成本计算更为合理和准确。

第三，作业成本法为成本管理和分析控制提供了良好的出发点，优化了业绩评价尺度，从而更好地满足企业内部管理的需要。传统的成本计算方法强调产成品的核算，因而只能进行被动的事后成本控制。而作业成本法找到了产品与成本费用发生的连接点，即作业，使其所提供的成本信息深入到作业层次，因而可以在生产工艺设计、生产过程中根据产品生产的需要，控制作业的数量。通过减少不增值作业来减少成本费用发生的动因，切断成本费用发生的源头，使成本费用发生得到有效控制，达到事前、事中成本控制的目的。此外，从责任会计角度来讲，计算作业成本实际上就是计算责任成本。对作业成本的核算，既可以达到责任会计控制成本的目的，又能实现财务会计核算、监督成本的职能。

④作业成本法的特点

作业成本法与传统成本会计方法相比有如下特点：

第一，作业成本法提供的会计信息并不追求传统会计下的“精确”计算，只要求数据能够准确到保证制定计划的正确性即可。

第二，作业成本有利于企业进行产品成本控制。在产品设计阶段，可以通过分析产品成本动因对新产品的影响，达到降低产品成本的目的；而在产品生产阶段，则可以通过成本系统反馈的信息，降低新产品成本，并减少无价值的作业活动。

第三，作业成本可用于分析企业生产能力的利用情况。以成本动因计算的作业量，能更准确地反映企业实际消耗的作业量水平。如果将作业成本系统建立在标准成本计算法上，将会提高间接成本差异分析的有效性。

第四，作业成本法可用于制定产品生产种类的决策。产品的开发、减产和停产等决策与企业未来经营活动密切相关，因而企业的未来差量收入和差量成本将成为对决策有用的关键信息。作业成本为预测这些未来成本数据提供了基础。

⑤作业成本分析法的步骤

应用作业成本法核算企业物流成本并进行管理可分为如下四个步骤：

第一步：界定企业物流系统中涉及的各个作业，作业的类型和数量会因企业的不同而不同。例如，在一个顾客服务部门，作业包括处理顾客订单、解决产品问题及提供顾客报告三项。

第二步：确认企业物流系统中涉及的资源。资源是成本的源泉，一个企业的资源包括直接人工、直接材料、生产维持成本（如采购人员的工资成本）、间接制造费用及生产过程以外的成本（如广告费用）。资源的界定是在作业界定的基础上进行的，每项作业涉及相关的资源，与作业无关的资源应从物流核算中剔除。

第三步：确认资源动因，将资源分配到作业。作业决定着资源的耗用量，这种关系称作资源动因。资源动因联系着资源和作业，它把总分类账上的资源成本分配到作业。

第四步：确认成本动因，将作业成本分配到产品或服务中。作业动因反映了成本对象对作业消耗的逻辑关系，例如，问题最多的产品会产生最多顾客服务的电话数量，故按照电话数量的多少（此处的作业动因）把解决顾客问题的作业成本分配到相应的产品中去。

※ 案例：

某企业的某生产部门生产两种产品，即产品甲和产品乙，现采用作业成本法对其生产费用组织核算。

(1)该企业根据管理与核算上的需要，对作业动因进行确认与合并。确认合并后，共有 6 项，即材料移动、订单数量、准备次数、维修小时、质检数量及直接工时；将全部作业分解与合并为 6 个作业中心，即材料采购作业中心、材料处理作业中心、设备维修作业中心、质量检验作业中心、生产准备作业中心以及动力与折旧作业中心，并按各作业中心分别建立作业成本库。

(2)对于直接生产费用即直接材料费、直接人工费用，不需计入各作业成本库，可直接按产品进行归集，计入产品成本。产品甲与产品乙当期（月）产量及各项直接生产费用、共同耗用的制造费用如表 9.2 所示。

表 9.2　　产品产量及费用表

项　目	产品甲	产品乙
月产量(件)	400 000	200 000
直接材料费用(元)	380 000	420 000
直接人工费用(元)	106 000	168 000
直接人工工时(小时)	400 000	600 000
共同耗用的制造费用(元)	1 864 000	

(3)该生产部门的全部制造费用（即间接费用），按作业动因归集到各作业成本库，如表 9.3 所示。

表 9.3　　制造费用按资源动因归集

作业中心 (作业成本库)	资源动因	资源动因数量统计结果	作业成本费用归集情况(元)
材料处理	材料搬运	2 500 次	414 000
材料采购	订单数量	7 500 张	320 000
生产准备	准备次数	800 次	160 000
设备维修	维修小时	20 000 小时	310 000
质量检验	检验次数	4 000 次	240 000
动力与折旧	直接工时	200 000 小时	420 000
制造费用总额			1 864 000

(4)在费用归集和成本动因分析的基础上,将各作业成本库中的成本按相应作业动因,分配到各产品中去。产品甲与产品乙的作业动因数量统计情况如表 9.4 所示。根据表 9.4 所进行的作业动因数量统计分析结果,可将制造费用在产品甲与产品乙之间进行分配。作业动因比率的计算见表 9.5,根据计算出的作业动因比率,分配作业成本,分配过程与结果见表 9.6。

表 9.4　　甲、乙产品作业动因数量统计

作业中心	作业动因	作业动因数量统计结果		
		合　计	产品甲	产品乙
材料处理	材料搬运	2 500 次	2 000	500
材料采购	订单数量	7 500 张	5 000	2 500
生产准备	准备次数	800 次	550	250
设备维修	维修小时	20 000 小时	12 500	7 500
质量检验	检验次数	4 000 次	3 000	1 000
动力与折旧	直接工时	200 000 小时	12 0000	80 000

表 9.5　　作业动因比率计算表

作业中心	作业动因	作业动因数量统计结果	作业成本总额(元)	作业动因比率
材料处理	材料搬运	2 500 次	414 000	165.6
材料采购	订单数量	7 500 张	320 000	42.67
生产准备	准备次数	800 次	160 000	200
设备维修	维修小时	20 000 小时	310 000	15.5
质量检验	检验次数	4 000 次	240 000	60
动力与折旧	直接工时	200 000 小时	420 000	2.1

表 9.6　　作业成本的分配过程及结果

作业成本库	作业动因比率	产品甲		产品乙		作业合计成本
		动因数量	分配额	动因数量	分配额	
材料处理	165.6	2 000	331 200	500	82 800	414 000
材料采购	42.67	5 000	213 333	2 500	106 667	320 000
生产准备	200	550	110 000	250	50 000	160 000
设备维修	15.5	12 500	193 750	7 500	116 250	310 000
质量检验	60	3 000	180 000	1 000	60 000	240 000
动力与折旧	2.1	120 000	252 000	80 000	168 000	420 000
总　计			1 280 283		583 717	1 864 000

(5)计算产品成本。将按产品甲与产品乙所归集的直接材料费用、直接人工费用和所分配来的制造费用进行汇总,分别计算产品甲与产品乙的总成本与单位成本,如表 9.7 所示。

表 9.7　产品成本汇总表

成本项目	产品甲(400 000 件)		产品乙(200 000 件)	
	总成本	单位成本	总成本	单位成本
直接材料费用	380 000	0.95	420 000	2.1
直接人工费用	106 000	0.27	168 000	0.84
制造费用	1 280 283	3.2	583 717	2.92
合　计	1 766 283	4.42	1 171 717	5.86

(资料来源:百度文库。)

9.3　降低物流成本的途径

9.3.1　影响物流成本的因素

(1)管理因素

一个企业管理水平的高低,会直接影响物流成本的大小。企业管理到位,有利于节约办公费、业务招待费、水电费、差旅费和不必要的经费支出,从而降低物流成本总水平。另外,企业如果利用贷款开展物流活动,必然要支付一定的利息,利息支出的大小也会影响到物流成本的高低。

(2)竞争性因素

快速优质的客户服务是决定竞争成败的关键,而高效的物流系统是提高客户服务水平的重要途径。如果企业能够及时可靠地提供物流服务,则可以有效地提高客户服务水平,而客户的服务水平又直接决定物流成本的高低,因此,物流成本在很大程度上是由于日趋激烈的竞争而不断发生变化的,企业必须对竞争作出反应。影响物流成本的竞争性因素主要有订货周期、运输和库存管理。

(3)产品因素

产品的特性、形状的不同也会影响企业的物流成本,产品因素主要有产品价值、产品密度、产品废品率、易损性等。

①产品价值

产品价值的高低会直接影响物流成本的大小。随着产品价值的增加,每一物流活动的成本都会增加,运费在一定程度上反映货物移动的风险。一般来讲,产品的价值越大,对其所需使用的运输工具要求越高,仓储和库存成本也随着产品的价值的增加而增加。高价值意味着存货中的高成本以及包装成本的增加。

②产品密度

产品密度越大,相同运输单位所装的货物越多,运输成本就越低。同理,仓库中一定空间领域存放的货物越多,库存成本就会降低。

③产品废品率

影响物流成本的一个重要方面还在于产品的质量,即产品废品率的高低。生产高质量的产品可以杜绝因次品、废品等回收、退货而发生的各种物流成本。

④易损性

产品破损率较高的物品即易损性物品，对物流成本的影响是显而易见的，易损性的产品对物流各环节如运输、包装、仓储等都提出了更高的要求。

(4)空间因素

空间因素是指物流系统中，企业制造商或仓库相对于供货点的位置关系。若企业距离目标市场近，必然会降低运输和包装等成本；如果离目标市场太远，则会增加运输及包装等成本。如果在供货点的位置建立或租用仓库，虽然降低了运输和包装成本，又会增加库存成本；进货的区域不同，又决定了运输距离的远近和运输成本的高低。

9.3.2 降低物流成本的途径

降低物流成本是企业的“第三利润源泉”，也是企业可挖掘利润的一片新的绿地，物流成本的降低成为企业获取利润的重要方面，从长远的角度来看，降低物流成本可以通过以下几个途径加以实现。

(1)通过采用物流标准化降低物流成本

物流标准化是以物流作为一个大系统，制定系统内部设施、机械设备、专用工具等各个分系统的技术标准。

制定系统内各个分领域如包装、装卸、运输等方面的工作标准，以系统为出发点，研究各分系统与分领域中技术标准与工作标准的配合性，统一整个物流系统的标准。

物流标准化使货物在运输过程中的基本设备统一规范，如现有托盘标准与各种运输装备、装卸设备标准之间有效进行衔接，大大提高了托盘在整个物流过程中的通用性，也在一定程度上促进了货物运输、储存、搬运等过程的机械化和自动化水平的提高，有利于提高物流配送系统的运作效率，从而降低物流成本。

(2)通过物流合理化降低物流成本

物流合理化就是使一切物流活动和物流设施趋于合理，以尽可能低的成本获得尽可能好的物流服务。

根据物流成本的效益背反理论，物流的各个活动的成本往往此消彼长，若不综合考虑，必然会造成物流成本的增加，造成物流费用的极大浪费。

对于一个企业而言，物流合理化，是降低物流成本的关键因素，直接关系到企业的效益，也是物流管理追求的总目标。物流的合理化要根据实际的流程来设计、规划，不能单纯地强调某环节的合理、有效、节省成本，而是要系统考虑。

(3)通过实现供应链管理，提高对顾客物流服务的管理来降低成本

实行供应链管理不仅要求本企业的物流体制具有效率化，也需要企业协调与其他企业以及客户、运输业者之间的关系，实现整个供应链活动的效率化。

正因为如此，追求成本的效率化，不仅企业中物流部门或生产部门要加强成本控制，同时采购部门等各职能部门也要加强成本控制。

提高对顾客的物流服务可以确保企业利益，同时也是企业降低物流成本的有效方法之一。

(4)通过效率化的配送降低物流成本

根据用户的订货要求，要建立尽量短时间、正确的进货体制，但是，由于配送而产生的成本费用要尽可能降低，特别是多频度、小单位配送要求的发展，更要求企业采取效率化的配送，这就必须重视配车计划管理，提高装载率，加强车辆运行管理。

通过构筑有效的配送计划信息系统就可以使生产商配车计划的制定与生产计划联系起来进行，同时通过信息系统也能使批发商将配车计划或进货计划相匹配，从而提高配送效率，降低运输和进货成本。

(5)通过削减退货来降低物流成本

退货成本也是企业物流成本中一项重要的组成部分，往往占有相当大的比例，这是因为随着退货会产生一系列的物流费用，如退货商品损伤或滞销而产生的经济费用以及处理退货商品所需的人员费用和各种事务性费用。特别是在有退货的情况下，一般由商品提供者承担退货所发生的各种费用，而退货方因为不承担商品退货而产生的损失，所以容易很随便地退回商品，并且由于这类商品大多数数量较少，因而配送费用有增加的趋势。同时，这类退回商品规模较小，也很分散，商品入库、账单处理等业务也很复杂。由此，削减退货成本是物流成本控制活动中需要特别关注的问题。

(6)通过构筑现代信息系统降低物流成本

要实现企业与其他交易企业之间效率化的交易关系，必须借助于现代信息系统的构筑，尤其是利用互联网等高新技术来完成物流全过程的协调、控制和管理，实现从网络前端到最终端客户的所有中间过程服务。一方面，使各种物流作业或业务处理正确、迅速地进行；另一方面，能由此建立起战略化的物流经营系统。通过现代物流信息技术可以将企业订购的意向、数量、价格等信息在网络上进行传输，从而使生产、流通全过程的企业或部门分享由此带来的利益，充分对应可能发生的各种需求，进而调整不同企业间的经营行为和计划，使得企业间的协调和合作有可能在短时间内迅速完成，这可以从整体上控制物流成本发生的可能性。

同时，物流管理信息系统的迅速发展，使混杂在其他业务中的物流活动的成本能精确地计算出来，而不会把成本转嫁到其他企业或部门。

(7)通过加强物流质量管理降低物流成本

加强物流质量管理，也是降低物流成本的有效途径。这是因为只有不断提高物流质量，才能减少并最终消除各种差错事故，降低各种不必要的费用支出，降低物流过程的消耗，从而保持良好的信誉，吸引更多的客户，形成规模化的集约经营，提高物流效率，从根本上降低物流成本。

物流质量的内容主要有：

①物流服务质量

物流服务质量指物流企业对客户提供服务，使客户满意的程度。如第三方物流企业采用 GPS 定位系统，能使客户对货物的运送情况进行随时跟踪。

由于信息和物流设施的不断改善，企业对客户的服务质量必然会不断得到提高。

②物流工作质量

物流工作质量是指物流服务各环节、各岗位具体的工作质量。这是相对于企业内部而言的，是在一定标准下的物流质量的内部控制。

具体的控制是物流工作质量指标，包括运输工作质量指标、仓库工作质量指标、包装工作质量指标、配送工作质量指标、流通工作质量指标及信息工作质量指标等。

③商品质量

商品质量指商品运送过程中对原有质量(数量、形状、性能)的保证，尽量避免商品的破损。

物流质量管理与一般商品质量管理的主要区别是：一方面要满足生产者的要求，使其产品能及时准确地运送给用户；另一方面要满足用户的要求，即按用户要求将其所需的商品送达，并使两者在经济效益上求得一致。

(8)从流通全过程的视点来加强物流成本的管理

对于一个企业来讲,控制物流成本即追求本企业的物流效率化,不单单是本企业的事情,还应该考虑从产品制成到最终用户整个流通过程的物流成本效率化,亦即物流设施的投资或扩建与否要视整个流通渠道的发展和要求而定。

例如,有些厂商是直接面对批发商经营的,因此,很多物流中心都与批发商物流中心相吻合,从事大批量的商品输送。然而,随着零售业界便民店、折扣店的迅速发展,客户要求厂商必须适应零售业这种新型的业态形式,展开直接面向零售店铺的物流活动。因此,在这种情况下,原来的投资就有可能沉淀,同时又要求建立新型的符合现代物流发展要求的物流中心或自动化的设备。显然,从企业角度来看,虽然这些投资增加了物流成本,但从整个流通过程来看,却大大提高了物流绩效。

(9)通过提高物流速度降低物流成本

提高物流速度,可以减少资金占用,缩短物流周期,降低存储费用,从而节省物流成本。提高物流速度可以通过加快采购物流、生产物流、销售物流的速度,来缩短整个物流周期,提高资金的利用率。

复习思考题

一、单项选择题

1. 衡量一个国家物流管理水平高低的指标是(　　)。

A. 社会物流总成本　　B. 物流成本占 GDP 的比重

C. 物流效率的高低　　D. 企业物流成本

2. 现在越来越多的企业推行(　　),这是一种进行物流成本核算的有效方法。

A. 作业成本法　　B. 经验法

C. 数量法　　D. 规划论法

3. 成本 ABC 中,将资源分配到作业或作业中心的依据是(　　)。

A. 资源动因　　B. 作业动因

C. 成本动因　　D. 作业的资源总需求

二、案例分析题

布鲁克林酿酒厂在美国分销布鲁克林拉格和布朗淡色啤酒,并且已经经营了十几年。虽然在美国还没有成为国家名牌,但在日本市场却已创建了一个每年 200 亿美元的市场。

Taiyo 资源有限公司是 Taiyo 石油公司的一家国际附属企业。在这个公司的 Keiji Miyamoto 访问布鲁克林酿酒厂之前,该酿酒厂还没有立即将其啤酒出口到日本的计划。Miyamoto 认为,日本消费者会喜欢这种啤酒,并说服布鲁克林酿酒厂与 Hiroyo 贸易公司见面,讨论在日本的营销业务。Hiroyo 贸易公司建议布鲁克林酿酒厂将啤酒航运到日本,并通过广告宣传其进口啤酒具有独一无二的新鲜度。这是一个营销战略,也是一种物流作业,因高成本使得目前还没有其他酿酒厂通过航运将啤酒出口到日本。

布鲁克林酿酒厂于 1987 年 11 月装运了它的第一箱布鲁克林拉格到达日本,并在最初的几个月里使用了各种不同的航空承运人来进行运输。最后,日本金刚砂航空公司(Emery

Worldwide-Japan，以下简称为金刚砂公司）被选为布鲁克林酿酒厂唯一的航空承运人。金刚砂公司之所以被选中，是因为它向布鲁克林酿酒厂提供了增值服务。金刚砂公司在其肯尼迪国际机场的终点站交付啤酒，并在飞往东京的商务航班上安排运输。金刚砂公司通过其日本报关行办理清关手续。这些服务有助于保证产品完全符合新鲜的要求。

此啤酒之所以能达到新鲜要求，是因为这样的物流作业可以在啤酒酿造后的一周内将啤酒从酿酒厂直接运达顾客手中，而海外装运啤酒的平均订货周期为 40 天。新鲜的啤酒能够超过一般价值定价，高于海运装运的啤酒价格的 5 倍。虽然布鲁克林拉格在美国是一种平均价位的啤酒，但在日本，它是一种溢价产品，获得了极高的利润。

布鲁克林酿酒厂改变了自己在美国一贯的包装，通过装运小桶装啤酒而不是瓶装啤酒来降低运输成本。虽然小桶重量与瓶装啤酒相等，但减少了玻璃瓶破碎而使啤酒损毁的机会。此外，小桶啤酒对保护性包装的要求也比较低，这将进一步降低装运成本。

出格的高价并没有成为啤酒在日本销售的障碍。1988 年，在布鲁克林进入日本市场的第一年，布鲁克林酿酒厂取得了 50 万美元的销售额。1989 年销售额增加到 100 万美元，而 1990 年则为 130 万美元，其出口销售额总量占布鲁克林酿酒厂总销售额的 10%。

根据上述案例，从对物流成本进行管理的角度分析布鲁克林酿酒厂成功的原因。

读一读

中国物流费用占 GDP15%，数千亿元成本去哪了

物流成本一直是社会总成本的重要组成部分，近几年，在物流费用持续增长的同时，与 GDP 的比率连续四年下降。1 月 18 日，中国物流与采购联合会会长何黎明在《中国物流业 2016 年发展回顾与 2017 年展望》（以下简称《回顾与展望》）中称，2016 年物流总费用约 11 万亿元，同比增长 3%左右，与 GDP 的比率有望降至 15%以内，这是该数值连续四年下降，但这一比率仍然高于世界平均水平。发达国家这一比率在 8%～9%，其中美国物流成本约为当年 GDP 的 8%，日本物流成本约为当年 GDP 的 11%。业内专家表示，1 个百分比的下降意味着节省了数千亿元的成本。近几年物流企业价格战正酣，行业成本居高不下，数千亿元的成本究竟去了哪里呢？

数千亿元成本去哪了

数据显示，2016 年我国社会物流总费用与 GDP 的比率比 2015 年下降了 1 个百分点。中国物流与采购联合会网络事业部主任晏庆华表示，1 个百分比的下降就是节省了数千亿元的成本。

《北京商报》记者在采访中发现，在物流成本中，运输费用是物流企业的主要成本，占比超过一半，但是这些费用并没有进入物流企业的账户上。

全峰快递品牌总监戴长征表示，快递公司的主要成本是运输成本，超过成本的一半，包括购车费、油费和过路过桥费。其中油费占运输成本的 60%以上，过路过桥费也高达 20%。另外，仓库和分拣中心的费用主要来自土地的租金，随着土地租金的增加，仓储的成本也在增加，但增加的不多。

2015 年的数据显示，社会物流费用中运输费用 5.8 万亿元，同比增长 3.1%；保管费用 3.7 万亿元，同比增长 1.6%；管理费用 1.4 万亿元，同比增长 5%。从结构看，运输费用占社会物流总费用的比重为 51%；保管费用占社会物流总费用的比重为 35.5%；管理费用占社会物流总费用的比重为13.5%。“十二五”时期社会物流总费用为49万亿元，是“十一五”时期的1.8倍，年均增长6.5%，增速比“十一五”时期回落9.7个百分点，比“十五”时期回落6.7个百分点。

中国物流与采购联合会专家委员会主任戴定一表示：“物流成本中相当一部分被路桥费和油费占据了，石油部门和税务拿走了其中的大部分，物流企业并没有从高额的物流成本中获益太多。”

模式之变推高运输收入

物流行业是一个分散的行业，存在着大量的散户车主。物流行业的任何风吹草动，物流司机都能第一时间感受到。

一位从事运输的司机王成房表示，目前，运输成本增加，其中人工成本增长最快。“从2009年到2013年，北京搬家公司工人的工资在2 000～3 000元/月，现在4 000～5 000元/月工人都不愿意干，是物价上涨的原因所致。”值得注意的是，王成房表示，油品价格随时起落，但货运价格稳定，当油费上涨时，货运压力增加。另外，在北京，80%～90%跑货物运输的都要挂靠公司，一辆车每年的挂靠费也在上涨。管理机构对环保的要求也压到了司机身上。

费用还能从哪降

正如戴定一所言，物流费用支出高，企业能够把控的只有车辆和人力成本等，所以物流企业目前能够做的降低费用的办法只有在装备上下功夫。

戴长征表示，目前他们降低成本的做法就是采用新车型降低油耗，通过内部管理，提高管理水平。“我们在干线运输环节，增加17.5米货车的数量，一辆货车能够运输两辆9.6米货车的货物，能够降低30%的运输成本。”

戴定一认为，物流的价值不会总是在物流作业上，应该在价值的创新上。物流业将来要不断地价值创新，提高价格，让客户感受到物有所值。现在很多专业化的第三方物流保持着与客户紧密的关系，是一种供应链关系，这些物流企业不需要赚很多钱，已经摆脱靠作业去挣钱的阶段。当前，随着个性化和差异化的市场出现，很难再统一价格，越来越多的金融和销售服务、采购服务出现，物流企业与客户的关系越来越紧密，“合同物流往往比较活跃，利润高，市场份额不高，竞争不激烈”。

产业升级令物流依赖减缓

何黎明在《回顾与展望》中称，在2016年在第一季度增长放缓的情况下，随着经济增长企稳，第二季度以来，社会物流需求稳中有升。社会物流总费用与GDP的比率有望降至15%以内，物流运行质量和效益稳步提升。预计全年社会物流总额可达230万亿元，同比增长6%左右；社会物流总费用约11万亿元，同比增长3%左右，增速与上年基本持平。中国物流景气指数低开高走，全年均值55.2%，较上年提高0.2个百分点；9月以后维持在60%上下，进入高位景气区间，表现出较强的回升势头。

国家发改委公布的《2015年全国物流运行情况通报》显示，2015年社会物流总费用占GDP的比率为16%。2014年该数据为16.6%，比上年下降0.3个百分点。

“对物流依赖较强的制造业等重工业在产业中的占比下降，服务业占比逐渐提高，导致了物流费用与GDP比率的下降。”戴定一表示。

《北京商报》记者了解到，根据物流市场的不同特点，物流行业发展分为起步阶段、积累阶段、集中阶段和联合阶段，我国的物流行业正处在集中阶段，在该阶段竞争激烈，企业间的竞争以价格战为主。

快递专家赵小敏则认为，虽然物流费用与社会GDP比率下降，但物流费用增加不多，从通货膨胀角度讲说明没有增加，甚至有所下降，这也是比率下降的重要原因。其中主要是随着物流结构调整，品牌集约化发展，物流费用下降。在远洋运输方面，中国远洋与中海运的合并令效率增加，加之航运业的不景气，因此，物流整体发展不太理想。"我国物流费用与GDP比率水平的偏高，说明我国经济发展对物流有着强烈的需求，也是由于我国的一些分配制度导致，但我国目前物流的效率和创新发展很快。"戴定一表示。

（资料来源：北京商报，2017—01—19.）

参考文献

[1]胡延松，赵玉国．现代物流概论[M]．武汉：武汉理工大学出版社，2007.
[2]张国健，李艳萍．物流成本管理[M]．北京：经济管理出版社，2011.
[3]赵钢，周凌云．物流成本分析与控制[M]．北京：北京交通大学出版社，2011.
[4]赵刚．物流成本分析与控制[M]．成都：四川人民出版社，2009.
[5]齐二石，刘亮．物流与供应链管理[M]．北京：电子工业出版社，2007.
[6]何开伦．物流成本管理[M]．武汉：武汉理工大学出版社，2007.
[7]谢雪梅．物流成本管理[M]．长春：吉林大学出版社，2009.
[8]李严锋，张丽娟．现代物流管理[M]．大连：东北财经大学出版社，2009.
[9]贾晓航，张建国．现代物流管理[M]．成都：西南财经大学出版社，2006.
[10]李永利．物流成本管理[M]．西安：西北工业大学出版社，2011.
[11]孙学琴，何民爱．物流中心运作管理[M]．北京：机械工业出版社，2007.

第 10 章 物流与供应链管理的未来发展

【学习目标】

- 了解第四方物流、绿色物流、逆向物流、冷链物流的概念；
- 掌握第三方物流的概念；
- 理解第三方物流的利益来源；
- 掌握第三方物流和第四方物流的区别。

【引导案例】

冠生园集团是国内唯一一家拥有“冠生园”“大白兔”两个驰名商标的老字号食品集团。近几年其集团生产大白兔奶糖、蜂制品系列、和酒、冷冻微波食品、面制品、互易鲜等新产品，市场需求逐步增加，集团生产的食品总计达到了 2 000 多个品种，其中糖果销售近 4 亿元。市场需求增大了，但运输配送却跟不上。集团拥有的货运车辆近 100 辆，要承担上海市 3 000 多家大小超市和门店的配送，还有北京、太原、深圳等地的运输任务。由于长期计划经济体制造成运输配送效率低下，出现淡季运力空放，旺季忙不过来的现象，加上车辆的维修更新，每年维持车队运行的成本费用要上百万元。为此集团专门召开会议，研究如何改革运输体制，降低企业成本。

冠生园集团作为在上海市拥有 3 000 多家网点并经营市外运输的大型生产企业，物流管理工作是十分重要的一项。他们通过使用第三方物流，克服了自己搞运输配送带来的弊端，加快了产品流通速度，增强了企业的效益，使冠生园集团产品更多更快地进入了千家万户。

2002 年初，冠生园集团下属合资企业达能饼干公司率先作出探索，将公司产品配送运输全部交给第三方物流。物流外包试下来，不仅配送准时准点，而且费用要比自己搞节省许多。达能公司把节约下来的资金投入到开发新品与改进包装上，使企业又上了一个新台阶。为此，集团销售部门专门组织各企业到达能公司去学习，决定在集团系统推广他们的做法。经过选择比较，集团委托上海虹鑫物流有限公司作为第三方物流机构。

虹鑫物流与冠生园签约后，通过集约化配送，极大地提高了效率。每天一早，他们在电脑上输入冠生园相关的配送数据，制订出货最佳搭配装车作业图，安排准时、合理的车流路线，绝不让车辆走回头路。货物不管多少，就是两三箱也送。此外，按照签约要求，遇到货物损坏，按规定赔偿。一次，整整一车糖果在运往河北的途中翻入河中，司机掏出 5 万元，将掉入河中损耗的糖果全部“买下”做赔。

据统计，冠生园集团自去年 8 月起委托第三方物流以来，产品的流通速度加快，原来铁路运输发往北京的货途中需 7 天，现在虹鑫物流运输只需 2～3 天，而且实行的是门对门的配送服务。由于第三方物流配送及时周到、保质保量，使商品的流通速度加快，集团的销售额有了较大增长。此外，更重要的是能使企业领导从非生产性的后道工序——包装、运输中解脱出来，集中精力抓好生产这个产业，更好地开发新品、提高质量、改进包装。

第三方物流机构能为企业节约物流成本，提高物流效率，这已被越来越多的企业特别是中小企业所认识。据悉，美国波士顿东北大学供应链管理系统调查，去年《财富 500 强》中的企业有六成半都使用了第三方物流服务。在欧洲，很多仓储和运输业务也都是由第三方物流来完成。

作为老字号企业的冠生园集团，产品规格品种多，市场辐射面大，靠自己配送运输成本高、浪费大，为此，他们实行物流外包战略，签约虹鑫公司，搞门对门物流配送，结果 5 个月就节约了 40 万元的费用，产品流通速度加快，销售额和利润有了较大增长。

按照供应链理论，当今企业之间的竞争实际上是供应链之间的竞争，谁的成本低、流通速度快，谁就能更快赢得市场。因此，物流外包，充分利用外部资源，也是当今增强企业核心竞争力的一个有效举措。

思考：

根据以上案例，分析第三方物流的意义。

10.1　第三方物流

随着全球化竞争的加剧、信息技术的飞速发展，物流科学成为最有影响力的新学科之一。随着对物流的认识在理论上不断加深，企业物流管理在实践上也开始从低级阶段向高级阶段发展。其中比较明显的变化是物流功能的整合、采用第三方物流、建立物流信息系统、物流组织能力的提升等。采用第三方物流服务或把物流外包给第三方物流企业成了企业物流实践的一个重要方面。

10.1.1　第三方物流的基本概念

“第三方物流”一词是从国外引进的，其英文表达为 third party logistics（TPL，或 3PL，或 3rd PL），是 20 世纪 80 年代中后期才在欧美发达国家出现的概念，源自业务外包。将业务外包引入物流管理领域，就产生了第三方物流的概念。作为一种新型的物流形态，第三方物流使物流从一般制造业和商业等活动中脱离出来，形成能开辟新的利润源泉的新兴商务活动，受到了产业界和理论界的广泛关注。经过十多年的迅速发展，第三方物流已具有多种多样的形式，“第三方物流”这一术语也更广泛地被使用，但至今还没有一个明确的、权威的、被普遍接受和认可的定义。

要学习第三方物流的概念，我们先对第一方物流和第二方物流的相关内容作一个了解。

（1）第一方物流的概念

第一方物流(the first party logistics,1PL)是指由物资提供者自己承担向物资需求者送货,以实现物资的空间转移的过程。传统上,多数制造企业自己都配备了规模较大的运输工具(如车辆、船等)和储存自己产品所需的仓库等物流设施,来实现自己产品的空间位移。特别是在产品输送量较大的情况下,企业都比较愿意由自己来承担物流的任务。

但是,随着市场竞争的日趋激烈,企业越来越注重从物流过程中追求"第三利润",由此企业感到,由制造商自己从事物流确实存在一系列问题。例如,以下一些问题显得越来越突出:

首先,由于产品的市场需求在时间上是不平衡的,企业配置物流设施的能力是根据需求旺季确定还是根据需求淡季确定,这往往成为企业头疼的事;无论怎样配置,都可能造成物流能力的浪费或不足。

其次,制造企业的核心竞争力在于它所制造的产品,而从事物流业却并非其核心能力的业务,因此,从事物流业务的成本比一般专业的物流企业高。

再次,企业自己从事物流很难构造一个有效的物流网络,因此几乎难以达到及时供货的要求,特别是在供需双方的地理位置相距较远的情况下,企业无法自行实现有效的物流。

最后,随着第三方物流的兴起,并提供日趋完善的物流服务,使得第一方物流原有的一些优势黯然失色。

(2)第二方物流的概念

第二方物流(the second party logistics,2PL)是指由物资的需求者自己解决所需物资的物流问题,以实现物资的空间位移。传统上的一些较大规模的商业部门都备有自己的运输工具和储存商品的仓库,以解决从供应站到商场的物流问题。但是,传统的由第二方承担的物流同样存在着以下一些问题:

首先,自备运输工具和仓库已经使物资需求者(主要是商业部门)的经营成本提高,在微利的商品经营时代,这种成本的支出是商业企业难以承受的。

其次,由于商品市场需求在时间上的不平衡,商业企业难以合理配置物流设施能力,无论怎样配置,都可能造成物流能力的浪费或不足。

再次,商业企业的核心竞争能力在于商品的销售能力,而从事物流并非其核心竞争能力的业务,因此,从事物流业务的成本一般比专业的物流企业高。

再者,商业企业自己从事物流很难构造一个有效的物流网络,因此几乎难以达到及时供货的要求。

最后,随着第三方物流的兴起,并能提供日趋完善的物流服务,使得第二方物流原有的一些优势也逐渐失去。

(3)第三方物流的概念

在中华人民共和国国家标准《物流术语》(GB/T 18354-2006)中对第三方物流给出的定义是:独立于供需双方为客户提供专项或全面的物流系统设计或系统运营的物流服务模式。这主要是指在物流渠道中,由中间商以合同的形式在一定期限内向供需企业提供所需要的全部或部分物流服务。第三方物流企业在货物的实际供应链中并不是一个独立的参与者,而是代表发货人或收货人,通过提供一整套物流活动来服务于供应链。第三方物流企业本身不拥有货物,而是为其外部客户的物流作业提供管理、控制和专业化服务的企业。

从现代物流的整体状况和发展趋势来看,第三方物流提供的服务正在从简单的仓储、运输等单项活动转为更广泛、更全面的物流服务,如物流活动的组织、协调和管理、设计、建立最优物流方案、物流全程的信息搜集、管理等，这种服务的特点更趋个性化、系列化、管理化，需要物流提供商和工商企业双方高级管理层的紧密协调。

因此，在实际应用中第三方物流包含了如下几层含义：

第一，第三方物流是合同导向的。第三方物流有别于传统的一单对一单的物流服务，如运输公司提供运输服务、仓储公司提供仓储服务，第三方物流是根据合同条款规定的要求，而不是临时需求，提供多功能的物流服务。由于存在确定的合同关系，物流服务变得更加稳定、更加正规。

第二，第三方物流是一种联盟关系。物流服务提供商作为甲乙双方之间的第三方，并不是一个独立的参与者，而是代表甲方或乙方来执行物流职能，它们之间充分共享信息，协作解决一些具体问题，通过合同确定共担风险、共享收益的关系。因此，这种关系也可以说是一种物流联盟关系。

第三，第三方物流是个性化的物流服务。工商企业之所以将物流业务外包是为了集中精力增强核心竞争力，这就要求第三方所提供的服务必须能够确保客户达到这一目的，因而第三方物流服务应该根据客户特定的业务流程和需求来设计定制，同时这种服务也应该更加广泛，更加注重客户业务的系统性。

10.1.2　第三方物流的特征

(1)第三方物流是独立于供方与需方的物流运作形式

第三方物流实际上是相对于第一方和第二方物流而言的。

第一方物流是由卖方、生产者或供应方组织的物流，这些组织的核心业务是生产和供应商品，为了自身生产和销售业务需要而进行自身物流网络及设施设备的投资、经营与管理。

第二方物流是由买方、销售者组织的物流，这些组织的核心业务是采购并销售商品，为了销售业务需要而投资建设物流网络、物流设施和设备，并进行具体的物流业务运作组织和管理。

第三方物流则是专业的物流组织进行的物流，其中的“第三方”是指提供物流交易双方的部分或全部物流功能的服务提供者，即物流企业，是独立于第一方、第二方之外的组织，具有比这二者更明显的资源优势，是承担物流业务、组织物流运作的主体。

(2)第三方物流是一种社会化、专业化的物流

学术界往往将物流划分为社会物流和企业物流。发生在企业外部的物流活动总称为社会物流，它是超越一家一户的、以一个社会为范畴、以面向社会为目的的物流，这种社会性很强的物流往往是由专业的物流组织来承担的。企业物流则是发生在企业内部的物流活动的总称，是具体的、微观的物流活动的典型领域，又可细分为企业生产物流、企业供应物流、企业销售物流、企业回收物流以及企业废弃物物流。第三方物流是企业生产和销售之外的专业化物流组织提供的物流，第三方物流服务不是某一企业内部专享的服务，第三方物流供应商是面向社会众多企业来提供专业服务，因此具有社会化的性质，可以说是物流专业化的一种形式。

(3)第三方物流是综合系列化的服务

国外一般将第三方物流看作类似于外包或契约物流的业务形式。对第三方物流有多种表述，如“外协所有或部分公司的物流功能，相对于基本服务，契约物流服务以提供复杂、多功能物流服务长期互益的关系为特征”；“是在物流渠道中由中间商提供的服务，是中间商以合同的形式在一定期限内提供企业所需的全部或部分物流服务”；等等。不管如何表述，需明确传统

的物流作业对外委托的形态与第三方物流的区别。企业传统的外包主要是将物流作业活动如货物运输、存储等交由外部的物流公司去做，相应地产生了仓储、运输公司等专门从事某一物流功能的企业。它们通过利用自有的物流设施来被动地接受企业的临时委托，以费用加利润的方式定价，收取服务费。而像库存管理、物流系统设计之类的物流管理活动仍保留在本企业。第三方物流则根据合同条款规定的要求，而不是临时需要，提供多功能甚至全方位的物流服务。一般来说，第三方物流公司能提供物流方案设计、仓库管理、运输管理、订单处理、产品回收、装卸搬运、物流信息系统、产品安装装配、运送、报关、运输谈判等近30种物流服务。依照国际惯例，服务提供者在合同期内按提供的物流成本加上需求方毛利润的20%收费。可见，第三方物流是以合同为导向的系列化服务。

(4)第三方物流是客户的战略同盟者，而非一般的买卖对象

第三方物流企业不是货代公司，也不是单纯的速递公司，在物流领域扮演的是客户的战略同盟者的角色。在服务内容上，它为客户提供的不仅仅是一次性的运输或配送服务，而是一种具有长期契约性质的综合物流服务。与传统运输企业相比，第三方物流远远超越了与客户一般意义上的买卖关系，而是紧密地结合成一体，形成了一种战略合作伙伴关系。

利益一体化是第三方物流企业的利润基础。第三方物流企业与客户的利益是一致的，最终达到“双赢”。并不是一方多赚钱，另一方就少赚钱的“零和博弈”。

第三方物流是客户的战略投资人，也是风险承担者。第三方物流公司追求的不是短期的经济效益，更确切地说，它是以一种投资人的身份为客户服务的，这是它身为战略同盟者的一个典型特点。所以，第三方物流服务本身就是一种长期投资。

10.1.3 第三方物流的利益来源

第三方物流的推动力，已成为物流研究人员非常感兴趣的领域。为此，一些研究人员认为有必要对第三方物流使用者可能获益的方方面面进行研究。第三方物流服务供应商必须以有吸引力的服务来满足客户，而且服务必须符合客户对于第三方物流的期望。这些期望就是要使客户在作业利益、经济利益、管理利益和战略利益等方面都能获益。

(1)作业利益

第三方物流能为客户提供的第一类利益是“作业改进”的利益，这类利益包括两种因作业改进而产生的利益。

第一种，通过第三方物流服务，客户可以获得自己组织物流活动所不能提供的服务或物流服务所需要的生产要素，这就是产生外协物流服务并获得发展的重要原因。在企业自行组织物流活动的情况下，或者限于组织物流活动所需要的特别的专业知识，或者限于技术条件，企业内部的物流系统可能并不能满足完成物流活动的需要，而要求企业自行解决所有的问题显然是不经济的。更何况技术，尤其是信息技术，虽然正以极快的步伐飞速发展，但终究不是每一个企业而且也没有必要要求每一个企业都掌握，这也就是要第三方物流为顾客提供的利益。

第二种，改善前述企业内部管理的运作表现。这种作业改进的表现形式可能是增加作业的灵活性，提高质量、速度和服务的一致性及效率。

(2)经济利益

经济利益可以定义为与经济或财务相关的利益。一般低成本是由于低要素成本和规模经营、范围的经济性，其中包括劳动力要素成本。因此，通过外协，既可将不变成本转变成可变成

本，又可以避免盲目投资，可以将资金用于其他方面而降低成本。

稳定的和可见的成本也是影响外协的积极因素。稳定的成本使得规划和预算手续更为简便。一个环节的成本一般来讲难以清晰地与其他环节区分开来，但是外协后，因为供应商要申明成本或费用，成本的明晰性就增加了。

(3)管理利益

管理利益是与管理相关的利益。外协可以被用作为获得本公司还未曾具有的管理技能，也可以用于旨在要求内部管理资源用于其他更有利可图的用途中去，并与战略核心概念相一致。外协可以使得公司的人力资源集中于公司核心活动，而同时获益于其他公司的核心经营能力。此外，如单一资源和减少供应商的数目所带来的利益也是外协的潜在原因，单一资源减少了转移费用(公关费用)并减轻了公司在几个物流服务供应商间协调的压力。

(4)战略利益

物流外协还能产生战略利益，即灵活性，包括地理范围跨度的灵活性(设点及撤销)及根据环境变化进行其他调整的灵活性。

10.1.4　第三方物流的价值分析

第三方物流是一种专业化的物流组织，具有很强的经济效益和社会效益，第三方物流的发展给社会和企业带来了巨大的价值。随着第三方物流的发展，它的价值会发挥得更加充分。

(1)第三方物流的成本价值

在竞争激烈的市场上，降低成本、提高利润率是企业追求的首选目标。物流成本通常被认为是企业经营中较高的成本之一，控制了物流成本，就控制了企业总成本。

企业以支付服务费用的形式获得第三方物流服务，专业的第三方物流利用规模生产的专业优势和成本优势，提高各环节的利用率，节省费用，使企业能从分离费用结构中获益；第三方物流精心策划物流计划，提高运送手段，最大限度地盘活库存，改善企业现金流量，减少企业资本积压和库存。第三方物流是企业挖掘的第三利润源，随着信息化的发展及电子商务的应用，最终的结果是企业在降低物流成本中实现根本性的突破。

例如，第三方物流企业利用专业物流设施和先进的信息系统，发挥专业化物流运作的管理经验，取得整体最优效果，使企业减少投资和运营物流的成本；削减直接从事物流的人员工资支出；加强库存管理，降低存货水平，削减存货成本，减少库存，实现成本优势。在第三方物流中，资本的作用主要表现在物流的商业信用基础、支付工具以及构建产生供应链的推动作用上。

第三方物流企业的利润是从工商企业降低物流成本、提高利润率中得到的，或是物流增值服务中产生的，这样既可以在不增加资本投入的情况下，提高物流业的效益，又可以为协作企业创造“第三利润源”。

(2)第三方物流企业的服务价值

在专业化分工越来越细的时代，企业自身资源有限，只有利用第三方物流，扬长避短，专注于提高核心竞争力，才有助于企业的长远发展。企业采用第三方物流后，将更多精力投入到生产经营中。第三方物流企业，站在比单一企业更高的角度上处理物流问题，通过物流系统开发设计和信息技术能力，将供应链上下游的各相关企业的物流活动有机衔接起来，增加了企业的竞争优势。

此外，企业利用第三方物流信息网络和节点网络，能够加快对顾客订货的反应能力，加快订单处理，缩短订货到交货的时间，实现货物的快速交付，提高顾客满意度。第三方物流通过其先进的信息和通信技术，加强在途货物监控，及时发现、处理配送过程中的意外事故，尽可能实现对顾客的承诺，保证企业为顾客提供稳定、可靠的高水平服务，提高了顾客价值，提升了企业形象。

因此，第三方物流本身具有强大的市场需求和合理的产出机制，对其他相关产业具有明显的带动作用，第三方物流将成为新的经济增长点。

(3)第三方物流的风险分散价值

企业自己运作物流面临两大风险，一是投资的风险，二是存货的风险。一方面，企业自营物流需要物流设施、设备及运作等的巨大投资，企业物流管理能力相对较弱，易造成企业内部物流资源的闲置浪费，致使物流效率低下，这部分在物流固定资产上的投资将面临无法收回的风险。另一方面，企业由于自身配送、管理能力有限，为了能对顾客订货及时作出反应，防止缺货，快速交货，往往采取高水平库存的策略。在市场需求高度变化的情况下，安全库存量占到企业平均库存的一半以上，对于企业来说就存在着很大的资金风险。而且存货要占用大量资金，随着时间的推移，变现能力会减弱，将造成巨大的资金风险。

如果企业利用第三方物流的运输、配送网络，通过其管理控制能力，可以提高顾客响应速度，加快存货的流动周转，从而减少内部的安全库存量，降低企业的资金风险，或者把这种风险分散一部分给第三方物流企业来共同承担。

(4)第三方物流的竞争力提升价值

企业通过将物流外包给第三方物流公司，可以专注于核心业务，提高自身核心竞争力。采用第三方物流以后，由原来的直接面对多个客户的一对多关系(如图 10.1)变成了直接面对第三方物流的一对一关系(如图 10.2)，便于将更多精力投入自身的生产经营中。作为第三方物流企业，通过其具有的物流系统再设计能力、信息技术能力，将原材料供应商、制造商、批发商、零售商等处于供应链上下游的相关企业的物流活动有机地协调起来，使企业能够形成一种更为强大的供应链竞争优势，这是个别企业无法实现的工作。

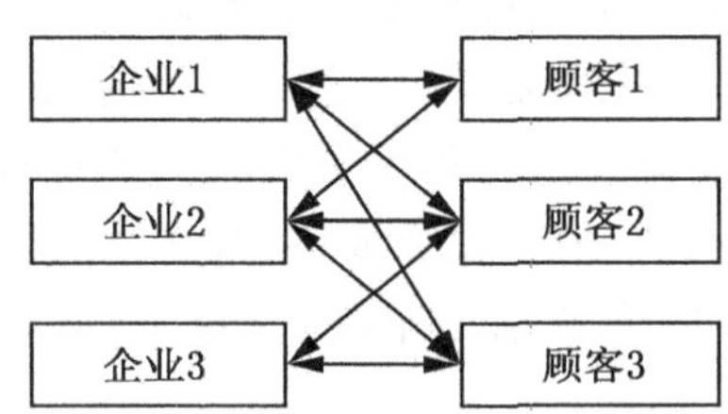

图 10.1　企业与顾客的一对多关系

(5)第三方物流的社会价值

在经济发展速度日益加快的今天，第三方物流除了其独特的经济效益外，其社会价值越来越引起社会的重视。

第一，第三方物流将社会上众多的闲散物流资源有效整合、利用起来。第三方物流专业的管理控制能力和强大的信息系统，对企业原有物流资源进行统一管理运营，组织共同存储、共同配送，将企业物流系统社会化，实现信息资源共享，促进社会物流资源的整合和综合利用，提高整体物流效率。

第二，第三方物流有助于缓解城市交通压力。通过第三方物流的专业技能，加强运输控

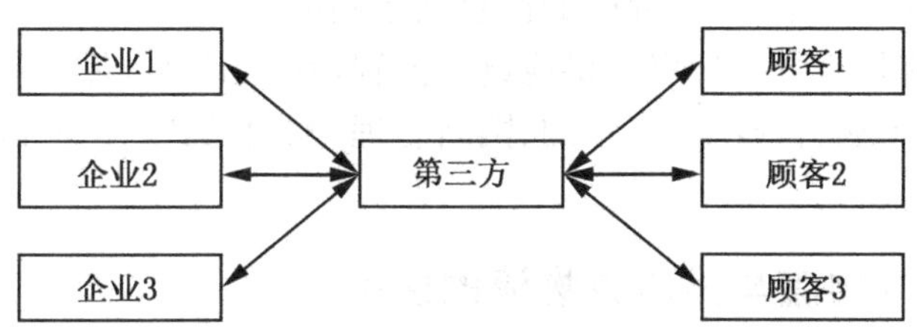

图 10.2 企业与第三方物流的一对一关系

制，通过制定合理的运输路线，采用合理的运输方式，组织共同配送、货物配载，减少城市车辆运行数量，减少车辆空驶迂回运输等现象，解决由于货车运输的无序化造成的城市交通混乱堵塞问题，缓解城市交通压力。城市车辆运输效率的提高，能够减少能源消耗，减少废气排放量和噪声污染等，有利于环境的保护与改善，促进经济的可持续发展。

10.2 第四方物流

随着物流业的发展，在第三方物流运作的过程中，客户需要提供的服务越来越多，除传统的运输、仓储服务外，还希望从物流服务商那里得到包括电子采购、订单处理、充分的供应链可见性、虚拟库存管理等服务。某些第三方物流企业通过与咨询公司、技术提供商联盟来提高服务水平。随着联盟与团队关系不断发展壮大，一种新的外包选择开始出现。第三方物流企业正向单一的组织外包其整个供应链流程，由这些组织评估、设计、制定及运作全面的供应链集成化方案。这种管理第三方物流服务的新模式正初显端倪，出现了第四方物流。

按照广义的第三方物流的定义，第四方物流仍然属于由供方和需方以外的第三方运作的形态，所不同的是功能范围更集中于信息技术与管理咨询，它在第三方物流将企业的物流业务外包的基础上进一步将企业的物流规划能力外包。

10.2.1 第四方物流的概念

第四方物流（fourth party logistics，FPL 或 4PL）是由安德森顾问公司（Anderson Consulting）首先提出的，它认为“第四方物流是一个供应链集成商，调集和管理组织自己的，以及具有互补性的服务提供商所拥有的不同资源、能力和技术，进行整合管理，提供一整套综合的供应链解决方案”。

第四方物流具有代表性的定义还有两种：一种定义是“第四方物流指集成商利用分包商来控制与管理客户公司的点到点式的供应链运作”；另一种定义是“第四方物流是一个集中管理自身资源、能力和技术并提供互补服务的供应链综合解决办法的供应者”。总之，第四方物流能够为客户提供综合的供应链解决方案，并为顾客带来更大的价值。它是有领导力量的物流提供商，可谓“总承包商”。

所以，第四方物流就是供应链的集成者、整合者和管理者。它主要通过对物流资源、物流设施和物流技术的整合，提出物流全过程的方案设计、实施办法和解决途径，形成一体化的供应链物流方案。根据集成方案将所有的物流运作，以及管理业务全部外包给第三方物流公司。第三方物流公司参与设计、咨询，提供集成管理方案，参与供应链采购、产品开发、制造、销售策略制定等活动，形成双方一定范围、程度的信息共享制度。

因此，第四方物流是负责处理多重供应链的流程，其范围超过传统的第三方物流的运输与仓储管理，包括生产、采购、行政、需求预测、网络管理、配销、运输、供应链信息科技、客户支持，以及存货管理等事项。

10.2.2 第三方物流与第四方物流的区别

(1)从服务范围看

第四方物流与第三方物流相比，其服务的内容更多，覆盖的地区更广，对从事货运物流服务的公司要求更高，要求其必须开拓新的服务领域，提供更多的增值服务。第四方物流最大的优越性在于它能够保证产品更快、更好、更廉地送到需求者手中。因此，第四方物流不只是在操作层面上借助外力，而且在战略层面上也需要借助外界的力量，以提供更快、更好、更廉的物流服务。

第四方物流公司可以提供简单的服务，即帮助客户安排一批货物运输；也可以提供复杂服务，即为一个公司设计、实施和运作整个分销和物流系统。第四方物流可以看成物流业进一步分工的结果，即进一步将企业的物流规划能力外包。

(2)从服务职能看

第四方物流侧重于在宏观上对企业供应链进行优化管理，第三方物流则侧重于实际的物流运作。第三方物流在物流实际运作能力、信息技术应用、多客户管理方面具有优势，第四方物流在管理理念创新、供应链管理方案设计、组织变革管理指导、供应链信息系统开发、信息技术解决方案等方面具有较大的优势。

(3)从服务目标看

第四方物流面对的是整个社会物流系统的要求，通过电子商务技术将整个物流过程一体化，最大限度地整合社会资源，将一定区域内甚至全球范围内的物流资源根据客户的要求进行优化配置，选出最优方案。第三方物流面对的是客户需求的一系列信息化服务，将供应链中的每一环节的信息进行比较整合，力争达到满足客户需求的目的。

(4)从服务的技术支撑看

实际上，网络经济的发展使第四方物流成为可能。首先，通过国际互联网网络平台可以达到信息充分共享。网络平台在信息传递方面具有及时性、高效性、广泛性等特点，通过互联网很容易达成信息共享的目的。其次，通过国际互联网网络平台减少了交易成本，实现了物流资源的最大整合。网络平台信息共享的优势减少了信息不对称，使中小物流企业也能够获益。另外，网络平台是一个虚拟的空间，不受物理空间的限制，也没有企业自身的利益面，容易组成第三方物流企业和其他物流企业都认可的形式，如联盟形式，最终实现物流产业整合。

10.2.3 第四方物流的基本运作模式

埃森哲管理咨询公司提出的第四方物流的运作具有以下三种基本模式。

(1)超能力组合(1＋1＞2)的协同运作模式

如图 10.3 所示，第四方物流在第三方物流企业内部工作，通过第三方物流企业来实施第四方物流的管理思想和具体策略。第四方物流和第三方物流共同开发市场。第四方物流向第三方物流提供一系列服务，如技术、供应链策略、进入市场的能力和项目管理的专业能力等。

该模式中，第四方物流和第三方物流往往采用商业合同的方式或者战略联盟的方式合作。

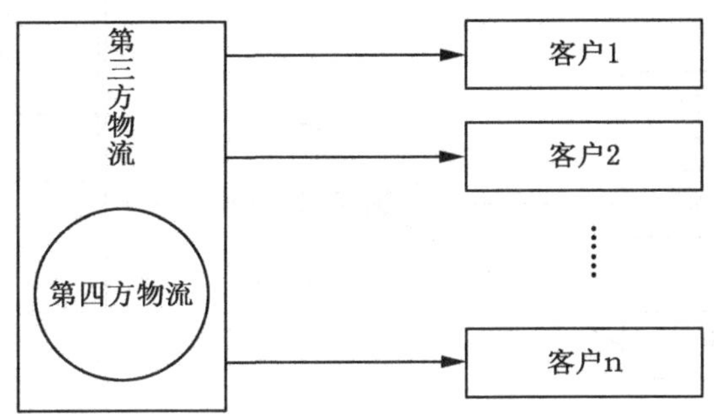

图 10.3　第四方物流的协同运作模式

(2)方案集成商模式

如图 10.4 所示，在该模式中，第四方物流为客户提供运作和管理整个供应链的解决方案。第四方物流对自身及第三方物流的资源、能力和技术进行综合管理，借助第三方物流为客户提供全面的、集成的供应链方案。第三方物流通过第四方物流的方案为客户提供服务，第四方物流作为一个枢纽，可以集成多个服务供应商的能力和客户的能力。

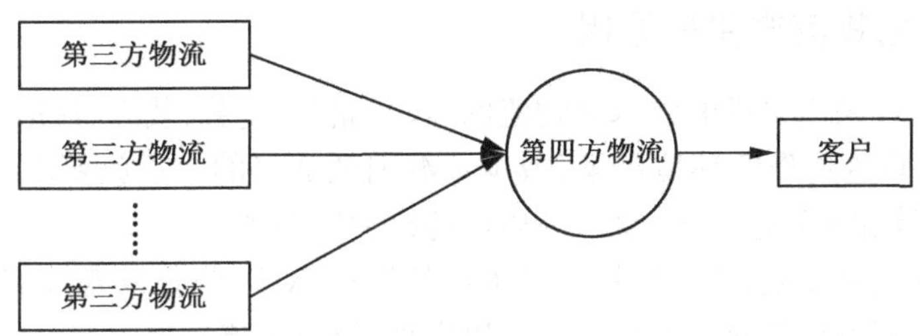

图 10.4　第四方物流的方案集成商运作模式

(3)行业创新者模式

如图 10.5 所示，第四方物流为多个行业的客户开发和提供供应链解决方案，以整合整个供应链的职能为重点。第四方物流将第三方物流加以集成，向上下游的客户提供解决方案。第四方物流在该模式中的责任非常重要，是上游第三方物流企业集群和下游客户集群的纽带，行业解决方案会给整个行业带来最大的利益。第四方物流通过卓越的运作策略、技术和供应链运作实施来提高整个行业的效率。

埃森哲管理咨询公司指出："第四方物流无论采取哪一种模式，都突破了单纯发展第三方物流的局限性，能做到真正的低成本、高效率、实时运作，实现最大范围的资源整合。第三方物流缺乏跨越整个供应链运作以及真正整合供应链流程所需的战略专业技术。第四方物流可以将每一个领域的最佳物流提供商以及其他业务合作商组合起来，为客户提供最佳物流服务，进而形成合理的物流服务提供方案或供应链平台设计方案。而第三方物流要么独自，要么通过与自己有密切关系的转包商来为客户提供服务，它不太可能提供技术、信息、规划，以及包括传统的仓储、运输、配送、分拣、流通加工等物流服务在内的多种服务的最佳结合。"

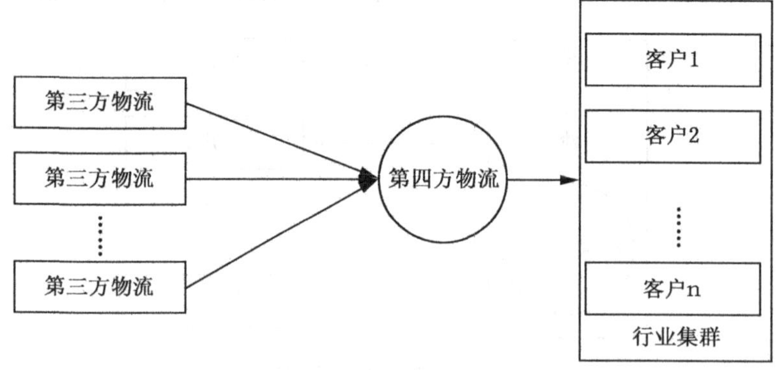

图 10.5 第四方物流的行业创新者运作模式

10.3 绿色物流

10.3.1 绿色物流产生的原因

绿色物流是通过采用先进的技术对物流的运输、储存、包装、装卸、流通加工等环节进行有效管理和控制，从而达到降低环境污染、减少资源消耗的目的。这就要求从事物流活动的单位，在物流系统设计和实施过程中，融入环境可持续发展理念。

绿色物流从诞生到发展，只有短短二三十年的历史，对于企业或者政府来说，还是一个比较新的研究课题。回顾绿色物流的发展史可以发现，绿色物流发展主要有以下三个原因：

(1)环境问题受到各方面的广泛关注

从 20 世纪 70 年代开始，环境问题受到越来越多的关注。20 世纪 90 年代初，人们开始关注运输引起环境退化的问题，如不同运输方式的场站重复建设、汽车等交通工具燃油消耗和尾气排放成为城市空气的主要污染源之一。此后，绿色物流从运输逐渐扩展到包装、仓储、废弃物回收等物流活动中，逐渐形成一个比较完整的概念和体系。一些专家学者建议把环境问题作为物流规划的一个影响因素。随着经济全球化的发展，一些传统的关税和非关税壁垒逐渐淡化，绿色壁垒逐渐兴起。尤其是进入 WTO 后，我国的物流行业在经过合理过渡期后，将取消大部分外国股权限制，外国物流企业将进入我国市场，势必给国内物流企业带来巨大冲击。企业迫切需要树立绿色理念，参与到国际市场的竞争中去。

(2)物流领域的可持续发展势在必行

我国是目前全球最富经济活力的地区之一，也是最大的消费市场，许多跨国公司有意将制造中心或采购中心转移到我国，我国国内也有越来越多的企业开始面向全球生产和经营，中国也正在逐渐成为世界制造中心，国内物流市场在不断地扩张和发展。但是机遇和风险并存，物流活动贯穿企业的生产、销售和回收利用环节，绿色化是改变我国传统粗放型经济增长模式的契机。

(3)物流的技术和要求的不断提高

现代技术的发展，也使得物资流动的方式和内容发生巨大变化，如新式的车船和保鲜储藏技术的出现，以及各种废物的实时处理技术。通信和网络技术的发展，也使世界变成一个更加广泛和巨大的国际分工体系。可以说，新技术的发展极大地促进了绿色物流的发展。国内的一批大、中城市的中心区域在对物流运输需求旺盛的同时，对汽车尾气环保的要求也与日俱增，排放标准更加严格，这对绿色物流提供了极其有利的发展环境。

10.3.2　绿色物流的概念及内涵

我国对绿色物流(environmental logistics)的定义是："在物流过程中抑制物流对环境造成危害的同时，实现对物流环境的净化，使物流资源得到充分利用。"绿色物流用其英文单词直译过来就是"环境友好的物流"，包括物流作业环节和物流管理全过程的绿色化。从物流作业环节来看，包括绿色运输、绿色包装、绿色流通加工等；从物流管理过程来看，主要是从环境保护和节约资源的目标出发，改进物流体系，既要考虑正向物流环节的绿色化，又要考虑供应链上的逆向物流体系的绿色化。

(1)绿色物流的最终目标是可持续性发展

一般的物流活动主要是为了实现企业的盈利、满足顾客需求、扩大市场占有率等，这些目标最终均是为了实现某一主体的经济利益。而绿色物流在上述经济利益的目标之外，还追求节约资源、保护环境这一既具有经济属性、又具有社会属性的目标。在某一特定时期，某一特定的经济主体经济目标和环境目标可能是矛盾的。例如城市垃圾及固体废弃物填埋与综合利用问题，对不同行业制定不同的标准和实施监管。

(2)绿色物流的行为主体多元化

绿色物流的行为主体不仅包括物流企业，还包括制造企业和分销企业，同时包括不同级别的政府和物流行政主管部门等。物流企业对运输、包装、仓储等物流作业活动的绿色化负有责任和义务。制造企业，要考虑设计绿色产品，又应该与供应链上其他企业协同起来，制定绿色物流战略和策略，从而使供应链上各企业获得持续的竞争优势。另外，各级政府和物流行政主管部门在推广和实施绿色物流战略中具有不可替代的作用。

由于物流的跨地区和跨行业特性，绿色物流的实施还需要政府的法规约束和政策支持。例如，制定统一的物流器具标准，限制运输工具的环境污染指标，规定产品报废后的回收处理责任等。

(3)绿色物流包括物流作业环节和物流管理全过程的绿色化

物流作业活动包括绿色运输、绿色包装、绿色流通加工等。

在运输环节，通过合理选择运输工具和运输路线，克服迂回运输和重复运输，以实现节能减排的目标；改进内燃机技术和使用清洁燃料，以提高能效；防止运输过程中的泄漏，以免对局部地区造成严重的环境危害；仓库布局合理，规划好货物摆放方式，充分利用现有的空间。仓库建设还应进行相应的环境影响评价，充分考虑对所在地的环境影响。

在包装环节，物品包装在考虑促进销售、方便运输功能之外，还应考虑豪华包装材料是否有利于再次回收利用的目的。

从物流管理的角度，在物流系统和物流活动的规划与决策时，尽量采用对环境污染小的方案，如治理车辆的废气排放、限制城区货车行驶路线、收取车辆排污费、促进低公害车的普及等。这是因为在企业的物流实践活动中，各种库存策略和各种运输工具的使用对环境的影响是有区别的。集中库存可以降低仓库管理成本，却增加了运输量，但对企业来说，当仅仅考虑其内部库存费用时，集中库存就表现出明显的优势，因此在物流中存在的库存与运输如何平衡的问题,对商业决策是合理的,而对社会和环境的影响却是不利的。另外,货物运输的时间安排,对企业绿色物流的实施具有明显影响。货物运输是物流过程中的主要活动,企业为了提高运输车辆的工作效率,实行货车 24 小时运营的方式。一项相关的研究表明,与白天运营相比,车辆的夜间运输可节约相当于 4%～6%订货额的费用;另外,车辆的夜间运行,避免了白天的道路拥挤,减少了车辆的等待时间,由此可以提高燃料效率。但是,尽管如此,由于劳动力费用和客户的严格要求,企业开展车辆 24 小时运营的方式受到了限制。

10.3.3 绿色物流的构成

(1)绿色供应物流

原材料供应是整条绿色供应链的源头,必须严格控制源头的污染。从大自然提取的原材料,经过各种手段加工形成零件,同时产生废角料和各种污染,这些副产品一部分被回收处理,一部分回到大自然中。零件装配后成为产品,进入流通领域,被销售给消费者,消费者在使用过程中,要经过多次维修再使用,直至其生命周期终止而将其报废。产品报废后经过拆卸,一部分零件被回收直接用于产品的装配,一部分零件经过加工形成新的零件,剩下部分废物经过处理,一部分形成原材料,一部分返回到大自然,经过大自然的降解、再生,形成新的资源,通过开采形成原材料。从材料的循环生命周期可以看出,整个循环过程需要大量的能量,同时产生许多环境污染,这就要求生产者在原材料的开采、生产、产品制造、使用、回收再用以及废料处理等环节中,充分利用能源和节约资源,减少环境污染。

(2)绿色生产物流

生产过程是为了获得所要求的零件形状而施加于原材料上的机械、物理、化学等作用的过程。这一过程通常包括毛坯制造、表面成形加工、测试等环节。绿色生产物流包括绿色设计、绿色制造工艺流程规划、绿色生产资源的选择、生产设备的利用等。

(3)绿色分销物流

绿色销售是指企业对销售环节进行生态管理,它包含分销渠道、中间商的选择、网上交易和促销方式的评价等。企业要根据产品和自身特点,尽量缩短分销渠道。减少分销过程中的污染和社会资源的损失;选用中间商时,应注意考察其绿色形象;开展网上销售,作为新的商务方式,电子商务是很符合环保原则的,发展前景广阔;在促销方式上,企业一方面要选择最有经济效益和环保效益的方式,另一方面更要大力宣传企业和产品的绿色特征。

①采用绿色包装

消费者购买产品后,其包装一般来说是没有用的,如果任意丢弃,既对环境产生污染,又浪费包装材料。绿色包装主要从这样几个方面进行考虑:实施绿色包装设计,优化包装结构,减少包装材料,考虑包装材料的回收、处理和循环使用。

②进行绿色运输

绿色运输主要评价集中配送、资源消耗和合理的运输路径的规划。集中配送是指在更宽的范围内考虑物流合理化问题,减少运输次数。资源消耗是指在货物运输中控制运输工具的能量消耗。合理规划运输路径,就是以最短的路径完成运输过程。

(4)绿色回收物流及绿色废弃物物流

工业技术的改进使得产品的功能越来越全面,同时产品的生命周期也越来越短,造成了越来越多的废弃物消费品。这不仅造成严重的资源、能源浪费,而且成为固体废弃物和环境污染的主要来源。产品废弃阶段的绿色性主要是回收利用、循环再用和报废处理。

10.4　逆向物流

传统经济生活中的废品收购，如空桶、空瓶、废旧钢铁、纸张等的重复利用是一种司空见惯的社会生活现象，因此，服务于废品回收再用的逆向物流并不是什么新东西。过去十年中人们对环境保护的高度重视，使得逆向物流有了更广泛的对象，如耐用产品和耐久消费包装。后来，新的资源再生利用技术的研究与推广，使逆向物流不仅仅意味着成本的增加，而且它能带来资源节约所影响的经济效益、社会效益和环境效益的共同增加。

10.4.1　逆向物流的概念

20 世纪 80 年代以来，随着产品更新换代速度的加快，被消费者淘汰、丢弃的物资日益增多。同时，社会对环保的日益关注，土地掩埋空间的减少和掩埋成本的增加，可利用的资源日益匮乏，引起了人们对物料循环再利用、循环再生、物料增值的日益重视，这就是逐渐受到关注的逆向物流。逆向物流作为物流活动的重要组成部分，早已存在于人们的经济活动中。但长期以来，学者和企业管理者更多关注的是产品的"正向"流动，即供应商—生产商—批发商—消费者，而对这些物品沿供应链的反向流动却不太关注。逆向物流和正向物流方向相反，而且总是相伴发生的。

关于逆向物流内涵的说法有多种，为了表述方便，这里借助河流中水的运行趋势的顺流和逆流，把从最初的供应源"供应"到最终消费者的一切物质称为顺流物，从最终消费者"返回"到最初的供应源的一切物质称为逆流物。那么，正向物流就是对顺流物的处理，而逆向物流就是对逆流物的处理。

中华人民共和国国家标准《物流术语》(GB/T 18354-2006)对逆向物流的定义如下：逆向物流也称反向物流(reverse logistics)，是指物品从供应链下游向上游的运动所引发的物流活动。

10.4.2　逆向物流的构成

逆向物流由回收物流和废弃物流构成。逆向物流的物资中，一部分可回收并再生利用，称为再生资源，形成回收物流；另一部分在循环利用过程中，基本或完全丧失了使用价值，形成无法再利用的最终排泄物，即废弃物。废弃物经过处理后，返回自然界，形成废弃物流。

10.4.3　逆向物流的特点

逆向物流和正向物流方向相反，而且总是相伴发生的。逆向物流具有以下特点：

(1)输入的多元性

正向物流的原材料供应主要由供应商实现，而逆向物流的来源来自多方。

一是制造商，主要是生产过程中产生的次品和废品。

二是经销商，主要包括过量存货、过季存货以及有质量缺陷的产品。

三是消费者，主要指终端使用过的返回产品、报废产品等。

逆流物的分布广泛，对于某一企业而言，其产品可能针对某一区域或某一市场，这样数据收集起来相对容易。而逆流物的产生不可避免，即使是一定区域或特定市场的产品进入消费者手中以后，也会由于各种原因流通到不同的地区。

(2)产生的难以预见性

废弃和回收物流产生的时间、地点、数量是难以预见的。正向物流系统一般只涉及市场需求的不确定性，而逆向物流系统中的不确定性要高得多，不仅要考虑市场对再生产品需求的不确定性，而且还要考虑废品回收供给和处理的不确定性。逆向物流的不确定性可以大致分为两个方面：内部不确定性和外部不确定性。内部不确定性如产品质量水平、再制造的交货时间、处理的产出率等；外部不确定性是指处理过程之外的因素，如逆流物返回的时间、数量和质量、需求的时间和水平等。这些将导致不稳定的库存、不准确的生产计划、市场竞争力的缺失等不确定性。

(3)发生地点的分散性

逆向物流可能产生于生产领域、流通领域或生活消费领域，涉及任何领域、任何部门、任何个人，在社会的每个角落都在日夜不停地发生。正是这种多元性使其具有分散性。而正向物流则不然，按量、准时和指定发货点是其基本要求。这是由于逆向物流发生的原因通常与产品的质量或数量的异常有关。

(4)预测的复杂性

由于顺流物是新产品或供应原材料的全部或一部分，那么对某一个产品而言是作为整体出售，只需对其需求进行预测即可。而该产品一旦解体或报废成为逆流物，就会产生一倍或几倍的逆流物种类或数量，这样需要对每一种逆流物进行预测，就增加了预测的复杂性。

(5)价值的递减性

逆向物流具有价值递减性。即产品从消费者流向经销商或生产商，其中产生的一系列运输、仓储、处理等费用都会冲减回流产品的价值。即报废产品对于消费者而言，没有什么价值。

(6)喇叭形供应链结构

与前向供应链结构相反，逆向供应链是由多到少的结构，使用过的产品是逆向物流供应链的开始，众多产品的消费者都是逆向供应链的供应者，汇集到企业是逆向供应链的终点，所以表现为供应链从源到汇，从下游到上游，数量由多到少，呈现喇叭形结构。逆向物流产生的地点较为分散、无一定的规则且数量小，不能集中一次向接收地转移。

10.4.4 逆向物流的意义

逆向物流包含回收物流与废弃物流。逆向物流虽不能直接给企业带来效益，但其对环境保护和资源可持续利用来说，意义却十分重大，也非常有发展潜力。西尔斯公司物流执行副总裁曾说："逆向物流也许是企业成本可以降低的最后的未开垦地了。"

一方面，逆向物流处理得好，可以增加资源的利用，降低能源的消耗，降低经济成本，有效减少环境污染，提高经济效益。例如，目前全世界生产的金属产品中，约45％的钢、40％的铜、50％的铅等，都是由回收的废金属经加工冶炼后而获得的。

另一方面，逆向物流如果处理不当，则会造成许多公害。例如：把有毒物质弃入江河，对饮用水的人的健康有害；将废电池随意丢弃，对土壤损害性极大；等等。一些有毒有害的废弃物已经对土壤、地下水、大气等造成现实或潜在的严重污染。

对逆向物流的处理程序是将逆向物流的物资中有再利用价值的部分加以分拣、加工、分解，使其成为有用的物质，重新进入生产和消费领域。另一部分基本或完全丧失了使用价值的最终排泄物或焚烧，或送到指定地点堆放掩埋，对含有放射性物质或有毒物质等一类特殊的工业废物，还要采取特殊的处理方法，返回自然界。

※ 链接

从目前国内逆向物流整体商业生态来看，大体可以归纳为5种商业模式(如表10.1所示)。从各种模式实践的行业领先者来看，其经营状况总体良好，业务量及流量增长速度都较快，赢利趋势明显，未来发展空间巨大，这也是吸引众多投资机构加大注资的关键原因所在。

表10.1 逆向物流的五种商业模式

商业模式	代表企业	服务内容	业务特色	涉及产品
互联网+再生资源(电子产品)	爱回收、回收宝、转转、咸鱼、阿拉环保网、易再生网等	回收交易；二手商城；拆解物交易；以旧换新	再生资源公共服务平台； 回收商竞价模式； 二手电子产品检测与评级； 平台与专业处理商、第三方回收商、第三方物流，三方支付合作。	手机、平板电脑、笔记本、智能数码、家用电器、摄影摄像
一体化逆向物流供应链服务(时尚产品、电子产品)	众城一家、云丰国际、利丰物流等	返品管理；全检服务；整理维修；产品复原；"仓卖"消纳	逆向供应链全环节增值服务； 专业化的产品复原技术和流程管理； 精益化运营模式。	服装、皮件、首饰、鞋、手表、电子产品、消费品等
第三方逆向物流快递服务	顺丰等	单程逆向服务；多程逆向服务；分仓退货、换货；一键退货	订单信息电子化； 运单信息全程监控； 退款服务； 智能验货服务。	电商网购和网络直销产生的退换货；商品的日常维护、保养；3C类产品的维修、回收；产品召回类订单；电视购物平台的逆向物流订单
原厂逆向物流服务	华为、魅族等	原厂通过渠道回收产品；折扣价格换新机	循环利用并践行保护环境的社会责任； 销毁产品并最大程度获得可回收材料。	手机、平板电脑、电子设备
电商/零售平台逆向物流服务	京东、苏宁易购等	旧机回收；二手优品	传统电商平台延伸客户持续价值； 通过反向回流拉动正向销售。	手机、电脑平板、数码摄影、电脑配件、娱乐影音、家用电器

(资料来源：http://www.sohu.com/a/130557624_481866.)

10.5 冷链物流

10.5.1 冷链物流的概念

(1)冷链的概念及其作用

①冷链的概念

中华人民共和国国家标准《物流术语》(GB/T 18354-2006)对冷链给出的定义是:冷链是指为保持新鲜食品及冷冻食品等的品质,使其在从生产到消费的过程中,始终处于低温状态的配有专门设备的物流网络。可见在我国,冷链是泛指易腐食品从产地收购或捕捞之后,在产品加工、贮藏、运输、分销和零售,直到消费者手中的各个环节始终处于产品所必需的低温环境下,以保证食品质量安全,减少损耗,防止污染的特殊供应链系统。

关于冷链的定义,各个国家有所不同。欧盟定义冷链为:从原材料的供应,经过生产、加工或屠宰,直到最终消费为止的一系列有温度控制的过程。美国食品药物管理局这样定义冷链:贯穿从农田到餐桌的连续过程中维持正确的温度,以阻止细菌的生长。

②冷链的作用

作为一个普通消费者,在综合大卖场、超市或是传统的菜场购买肉类、乳制品、冷冻的包装食品等一系列需要温度控制来保鲜的产品时,除考虑产品是否是货真价实,无造假、伪劣和质量可靠外,有没有考虑到这些产品是如何从生产厂家配送到零售终端的呢?因为再好的产品如果由于运输和储存中的问题而造成不新鲜,不但会影响营养和味道,更严重的还会对身体健康产生不利影响,因此非常温产品在整个供应链中的质量保证是非常重要的,但是这背后的供应链则往往是广大的消费者无法了解到的。

冷藏和冷冻食品需要一个完整的冷链物流对货物进行全程的温度控制(根据相关的标准),以确保食品的安全,包括装卸货物时的封闭环境、储存和运输等,一个环节都不能少。由此看来,冷链是以保证冷藏冷冻类食品品质为目的,以保持低温环境为核心要求的供应链系统,通过对温度进行监控,以保证其品质的优良性和安全性。完整的冷藏食品供应链是食品安全不可或缺的元素。

(2)冷链物流的概念

冷链物流是指冷藏冷冻类产品在生产、存储运输、销售,直至消费的各个环节中始终处于规定的低温环境下,以保证产品质量、减少产品损耗的一项系统工程。它是一种以冷冻工艺为基础、以制冷技术为手段的低温物流过程。

10.5.2 冷链物流的特点

冷链物流的目的是保证冷藏冷冻类物品品质,它的核心是供应链系统下的低温环境。因此,与其他物流系统相比,冷链物流具有以下几个特点:

(1)复杂性

冷链物流必须遵循3T原则,即储藏温度(temperature)、流通时间(time)和产品本身的耐储藏性(tolerance),这三个因素共同决定了冷链物流的最终质量。冷藏物品在流通过程中质量随着温度和时间的变化而变化,不同的产品都必须要有对应的温度控制和储藏时间,要综合考虑到以上因素就决定了冷链物流的复杂性。

(2)协调性

由于冷链物流存在很多中间流程,任何一个环节出现问题就会导致冷链的“断链”,影响冷链商品的品质和安全。因此要求冷链物流上的冷冻加工、冷冻储藏、冷藏运输及冷链配送、冷冻销售等各个环节要相互协调、有效衔接,这样才能保证整个链条的稳定运转。

(3)高成本性

为了确保冷链商品在流通各环节始终处于规定的低温条件下,必须安装温度控制器,使用冷藏车或低温仓库，采用先进的信息系统等，这就导致冷链物流的运作成本高昂。

10.5.3　冷链物流的分类

随着冷链需求的增加，冷链物流的技术不断提高，服务稳步上升，服务对象的范围持续扩大。而对冷链物流进行分类主要有两种方法，一种是按照温度使用范围进行分类，另一种是按照冷链物流所服务的产品进行分类。

(1)按照冷链物流的温度范围进行分类

冷链物流按温度范围不同可分为五类，如表 10.2 所示。

表 10.2　　**冷链物流的分类**

冷链物流种类	温度范围
超低温物流	－50℃以下
冷冻物流	－18℃以下
冰温物流	－2℃～2℃
冷藏物流	0℃～10℃
常温物流	10℃～25℃

(2)按照冷链物流的适用对象进行分类

冷链物流按适用对象的不同可分为以下几类：

第一类，肉类冷链物流：主要为畜类、禽类等初级产品及其加工制品提供冷链物流服务。

第二类，水产品冷链物流：主要为鱼类、甲壳类、贝壳类、海藻类等鲜品及其加工制品提供冷链物流服务。

第三类，果蔬冷链物流：主要为水果和蔬菜等鲜品及其加工制品提供冷链物流服务。

第四类，冷冻饮品冷链物流：主要为雪糕、食用冰块等提供冷链物流服务。

第五类，乳品冷链物流：主要为液态奶及其乳制品等物品提供冷链物流服务。

第六类，速冻食品冷链物流：主要为米、面类等食品提供冷链物流服务。

第七类，药品冷链物流：主要为中药材、中药饮片、中成药、化学原料药及其制剂、抗生素、生化药品、放射性药品、血清、疫苗、血液制品和诊断药品等提供冷链物流服务。

第八类，其他特殊物流冷链物流：主要为胶卷、定影液、化妆品、化学危险品、生化试剂、医疗器械等提供冷链物流服务。

10.5.4　冷链物流的构成

冷链是随着制冷技术的进步、物流的发展而兴起的，是以冷冻工艺学为基础、制冷技术为手段的低温物流过程。

绝大多数冷链物流由低温加工、低温贮藏、冷藏运输及配送、低温销售四个环节构成。

(1)低温加工

低温加工包括肉禽类、鱼类和蛋类的冷却与冻结，以及在低温状态下的加工作业过程，果蔬的预冷、各种速冻食品和奶制品的低温加工等。在这个环节上主要涉及的冷链装备有冷却、冻结装置和速冻装置。

(2)低温贮藏

低温贮藏包括食品的冷却储藏和冻结储藏、水果蔬菜等食品的气调贮藏等，保证食品在储存和加工过程中的低温保鲜环境。在此环节主要涉及各类冷藏库(加工间)、冷藏柜、冻结柜及家用冰箱等。

(3)冷藏运输及配送

冷藏运输及配送包括食品的中、长途运输及短途配送等物流环节的低温状态。它主要涉及铁路冷藏车、冷藏汽车、冷藏船、冷藏集装箱等低温运输工具。在冷藏运输过程中，温度波动是引起食品品质下降的主要原因之一，所以运输工具应具有良好的性能，在保持规定低温的同时，更要保持稳定的温度，长途运输中尤其重要。

(4)低温销售

低温销售包括各种冷链食品进入批发零售环节的冷冻储藏和销售，它由生产厂家、批发商和零售商共同完成。随着大中城市各类连锁超市的快速发展，各种连锁超市正在成为冷链食品的主要销售渠道，在这些零售终端中，大量使用了冷藏(冻)陈列柜和储藏库，由此逐渐成为完整的食品冷链中不可或缺的重要环节。

复习思考题

一、单项选择题

1. 第四方物流集成了(　　)和第三方物流服务商的能力，它为客户提供一整套完善的供应链解决方案。

A. 管理咨询　　B. 仓储企业

C. 运输企业　　D. 供应链管理

2. 企业在外包物流(　　)之间需要反复权衡，采取一定的防范措施，做出科学的决策。

A. 风险和收益　　B. 风险和费用

C. 风险和利润　　D. 成本和收益

3. 以下哪种风险往往使企业付出高额花费，甚至丢失订单和客户，同时也会对整个供应链产生影响？(　　)

A. 对外包依赖控制程度

B. 外包可靠性风险

C. 可能影响企业的核心业务

D. 由于第三方物流服务商提供较差的服务或提高价格而对企业造成的损失

二、案例分析题

中国著名的家电企业海尔集团从1999年初开始物流改革，将物流重组定位在增强企业的竞争优势的战略高度上，希望通过物流重组有力地推动海尔的发展。因为零部件库的管理不太先进，库存资金占用比较大，甚至有些呆滞，所以海尔集团首先选择零部件作为首要的突破点，建立了现代化的立体库，开发了库存管理软件，使其达到最先进水平。之后，发现车间、分货方和经销商的管理水平跟不上，于是又向他们推荐先进的作业方法。立体库带动了机械化搬运和标准化包装，采用标准的托盘和塑料周转箱，都符合国际标准。因海尔生产的零部件种类繁多，所以就用标准的容器将其规范化，便于机械化搬运，便于管理。这些搞好后，又发现检验是一个薄弱环节，检验时间长，造成大量库存积压，于是又把检验尽量分散到各供方和第三方仓库去进行。这样企业中的物流就没有检验这一环节，减少了大量的库存，目前只有3天的库存量，库存资金也大大减少。

海尔集团从1999年初开始实施物流发展计划，不到一年的时间，效果已经非常明显。同时，海尔也利用第三方物流进行内部配送，企业物流把社会力量整合起来了。

当然，在物流实施的过程中，海尔也遇到了一些困难，其中最主要的是人们头脑中的习惯思维问题，观念还不适应整合起来后总的效果，只从自身是否方便来考虑问题。为解决这个问题，海尔成立了物流推进本部，专业从事物流改革的推进工作，由集团见习总裁亲自负责。该事业本部下属采购、配送、运输三个事业部，专业从事海尔全集团的物流活动，使得采购、生产支持、物资配送从战略上一体化。其次是国内研究物流的专业公司还不多，大部分从事的还只是物流中某个部分，可以借鉴的经验很少。因此，海尔计划在尽可能短的时间内，摸索出一套海尔独有的物流管理模式，创立海尔独特的物流体系。目前，海尔正努力建设企业内部的物流事业部门，并在为海尔集团服务的基础上，最终社会化，使海尔的企业物流最终成为海尔的物流企业。

思考：

(1)分析案例中出现的第三方物流与第四方物流的区别。

(2)海尔若要开展第四方物流，你认为其关键是什么？

读一读

"退货"这件大生意：谁正在成为逆向物流的独角兽？

在2006年的国家标准《物流术语》中提到，逆向物流是指物品从供应链下游向上游的运动所引发的物流活动。与正向物流相比，逆向物流无论在运营模式、分销与运输管理上都较正向物流有着明显的差别，同时由于国内逆向物流的智能化运营仍处在起始阶段，如何利用大数据最大化地降本增效，同时在此基础上发掘出新的商业模式，已经成为各大厂商新的聚焦点。可以说，逆向物流作为智慧物流领域的新蓝海，它将比逐渐成熟的正向物流有着更大的想象空间。

逆向物流困难重重，但有远见的逆行者已负重前行

当前一个不可忽略的事实是，企业和社会对逆向物流缺乏足够的认识和重视。目前中国很多企业逆向物流成本占总成本20%以上，远高于发达国家企业4%的平均水平等数据，逆向物流成本高企，让企业望而却步。再加上逆向物流可能发生在任何一个逆向供应链循环中，产品也不一定被送回他们的来源地，即逆向物流的终点可以是资源恢复链上的任何节点。整个产业链呈现散而杂的特点，无法提前预估，相关标准的探索与制定艰巨。可以说，逆向物流的管理和技术难度远大于正向物流，这对企业的生产能力、物流技术、信息技术、人员素质等都提出了更高的要求。

基于以上种种，目前能够提供成熟完善的逆向物流业务的第三方物流供应商相对较少。绝大部分的企业管理者还只是将注意力集中在正向物流的发展上，整个逆向物流仍然处于被动式管理阶段。

不过，行业中并不乏远见者。如美国联邦快递公司早在2014年就通过收购进入逆向物流领域，UPS则通过开发逆向物流系统，帮助企业取得了年15%的业务增长率，极大地提高了客户服务满意度和退货管理水平。

综观全行业，不少进入逆向物流的企业往往选择通过信息化系统来优化逆向物流，但对逆向物流终端设备却鲜有涉足及创新，但在中国，智能快递柜龙头企业中邮速递易则选择了从终端硬件入手，于2016年正式推出24小时自助寄件智能终端——中邮速递易小黄筒，率先向逆向物流领域发力。

据介绍，中邮速递易小黄筒由中国邮政与中邮速递易共同缔造，是一款可提供24小时自主寄件服务的终端设备。其目的是为了解决用户与快递员在寄件问题上的时间不对等，满足用户“随时寄”的需求。同时，通过密集布点，小黄筒采用集取的方式，减少快递员上门取件的等候时间，解决逆向物流散而杂的问题，提高快递行业的运营效率。

逆行者们为何仍坚定拥抱“有刺”的逆向物流？

企业进入一个没有前人经验可循的新领域，其面临的挑战不可谓不大。那么，为何国内外的物流公司仍然坚定前行？中邮速递易相关负责人表示，发力逆向物流最直接的目的就是实现降本增效。在此基础上，则是基于落实便民服务以及逆向物流巨大的市场空间等因素的考量。

具体来看，物流行业降本增效已经成为近几年的国家议题。2016年《物流业降本增效专项行动方案(2016—2018年)》、2017年《关于进一步推进物流降本增效促进实体经济发展意见》以及2018年政府“两会”工作报告等，都多次提出了要为物流行业减负，实现降本增效。

与此同时，逆向物流领域还是一个真正待开发的宝藏。根据专业机构的调研预测，中国物流市场的容量大概在5万亿元，而逆向物流约占其中的20%，也就是说，逆向物流市场高达1万多亿元。万亿元规模的市场蛋糕，参与者寥寥，这意味着中邮速递易等率先进入的企业已经有了先发竞争优势，其在逆向物流领域的主动探索，更是创造了巨大的机遇。

业内专家指出，逆向物流的价值将不再局限于物流行业本身，它将让供应链上的每一个主体都能在逆向物流大数据、逆向物流服务等赋能作用下，以流程化、系统化和标准化的程序模式持续增加企业利润收益，降低企业的风险概率。与此同时，通过对逆向物流合理化管理及逆向回收管理系统的优化，将大大提高整个产业链对资源的二次利用率，带动经济的绿色可持续发展。也正因为如此，中邮速递易等企业所聚焦的逆向物流，还将在绿色物流、绿色经济等方面产生更大的作用，其社会意义完全不亚于经济意义。

逆向物流争夺战在即，谁会成为行业的独角兽？

逆向物流成为物流行业下一个争夺点已是必然，那么在这一次的争夺中，谁会成为真正的独角兽？其实，在当前的经济环境下，独角兽早已不“独”，入场时间、商业模式、背后拥有的资源等综合实力的比拼才是关键。而就当前的逆向物流市场现状来看，率先入场、几乎没有同行对手的中邮速递易无疑是种子选手。其原因有以下三点：

一是先发优势。作为行业中最早进入逆向物流的企业，中邮速递易已经形成了自己的产品矩阵。目前除了小黄筒，中邮速递易还有兼具物流两端的智能信报箱。完整并不断丰富的产品矩阵让中邮速递易构建起了属于自己的逆向物流壁垒，这对于后入者来说，压力不小。

二是资源优势。中国邮政拥有世界上最大的邮政网络，这意味着背靠中国邮政的中邮速递易有着其他企业难以比拟的国家资源优势。如小黄筒和智能信报箱将有能力覆盖全国大中小城市，尤其是其他物流企业难以进入的三、四线城市及农村地区。有消息透露，中邮速递易小黄筒将按照邮政绿筒的路径向全国铺设。除此之外，大力推进物流末端服务始终都是中国邮政的便民策略，智能信报箱作为社区基础设施，能以免租金的方式进入事业单位、居民小区等地，参与国家邮政服务基础设施建设，这更是中邮速递易所拥有的独家资源优势。

三是逆向物流品牌认知已初步形成。作为最早进入逆向物流行业的企业，经过近几年的深耕，中邮速递易逆向物流产品已经在市场教育等方面取得阶段性成果，并获得了行业和用户的认可。再加上央视新闻、京交会、交通设备展、全球智慧物流峰会等媒体新闻和重要会议的高调亮相，中邮速递易更是隐隐有了逆向物流代名词的称号。而品牌认知度的形成，也再度提高了行业的准入门槛。

（资料来源：咸宁新闻网财经，2018—06—07.）

参考文献：

[1]吴彪，陈宁.第三方物流管理[M].北京：中国财富出版社，2014.

[2]董向红，汪丽，冯方友.第三方物流[M].长沙：湖南师范大学出版社，2012.

[3]张旭辉，杨勇攀.第三方物流[M].北京：北京大学出版社，2010.

[4]李传荣.物流管理概论[M].北京：北京大学出版社，2012.

[5]姚建明.第四方物流整合供应链资源研究[M].北京：中国人民大学出版社，2013.

[6]刘元洪.物流管理概论[M].重庆：重庆大学出版社，2009.

[7]刘佳霓.冷链物流系统化管理研究[M].武汉：湖北教育出版社，2011.

[8]甘卫华.逆向物流[M].北京：北京大学出版社，2012.

[9]姬中英.物流业态认知与创新[M].北京：中国财富出版社，2013.